O RENASCIMENTO DO HERÓI

Keiron Le Grice

O RENASCIMENTO DO HERÓI

O Estudo da Mitologia para a Transformação e o Crescimento Pessoal

Tradução
Sandra Trabucco Valenzuela

Editora Cultrix
SÃO PAULO

Título do original: *The Rebirth of the Hero.*

Publicações ITAS © 2021 Keiron Le Grice.

www.itas-psychology.com/publications

Edição original © 2013 Keiron Le Grice. Publicado pela primeira vez pela Muswell Hill Press, Londres, 2013.

1ª edição 2024.

Editor: Adilson Silva Ramachandra
Gerente editorial: Roseli de S. Ferraz
Preparação de originais: Marta Almeida de Sá
Gerente de produção editorial: Indiara Faria Kayo
Editoração Eletrônica: Join Bureau
Revisão: Ana Lucia Gonçalves

Dados Internacionais de Catalogação na Publicação (CIP)
(Câmara Brasileira do Livro, SP, Brasil)

Grice, Keiron Le
O renascimento do herói: o estudo da mitologia como instrumento para a transformação e o crescimento pessoal / Keiron Le Grice; tradução Sandra Trabucco Valenzuela. – 1. ed. – São Paulo: Editora Cultrix, 2024.

Título original: The rebirth of the hero
Bibliografia.
ISBN 978-65-5736-342-3

1. Autorrealização (Psicologia) 2. Formação espiritual 3. Heróis 4. Heróis (Filme cinematográfico) 5. Heróis – Mitologia 6. Mitologia – Aspectos psicológicos I. Título.

24-216882 CDD-150.1954

Índices para catálogo sistemático:

1. Herói: Mitologia: Psicologia 150.1954
Cibele Maria Dias – Bibliotecária – CRB-8/9427

Direitos de tradução para a língua portuguesa adquiridos com exclusividade
pela EDITORA PENSAMENTO-CULTRIX LTDA., que se reserva a
propriedade literária desta tradução.
Rua Dr. Mário Vicente, 368 — 04270-000 — São Paulo, SP – Fone: (11) 2066-9000
http://www.editoracultrix.com.br
E-mail: atendimento@editoracultrix.com.br
Foi feito o depósito legal.

Para meu filho, Lukas

Sumário

Agradecimentos

Grande parte do material incluído neste livro foi baseada, a princípio, em um curso de pós-graduação que explorou o significado psicológico do padrão mítico da jornada do herói, por intermédio da obra de Joseph Campbell; curso este que ministrei no California Institute of Integral Studies, localizado em San Francisco, no verão de 2010. Desejo expressar meus agradecimentos aos meus alunos desse curso, cujas perguntas e cujos comentários astutos ajudaram a moldar minha abordagem ao presente projeto e a destacar aspectos específicos do texto que você vê diante de si. Sou grato sobretudo a Chad Harris e Jessica DiRuzza (que nasceu em Garfield-Kabbara) pela assistência em sala de aula e por me fornecerem gravações de áudio das palestras. O livro também foi enriquecido pelo meu envolvimento como docente no curso de especialização em Estudos Junguianos e Arquetípicos do programa de Psicologia Profunda do Pacifica Graduate Institute, da Califórnia.

Sou grato pela ajuda de Tim Read e Mark Chaloner com a publicação da primeira versão deste livro pela Muswell Hill Press, em 2013. Agradeço também a David e Margaret Davies, cujo apoio contínuo possibilitou-me dedicar tempo à escrita entre o final de 2010 e o ano de 2011.

Acima de tudo, gostaria de expressar minha gratidão à minha esposa, Kathryn, por me incentivar a transformar as ideias do curso e lhes dar uma forma de livro e por proporcionar uma assistência editorial inestimável na preparação dos originais para publicação. Sinto-me de verdade muito feliz pelo fato de nossas vidas e atividades criativas terem se desenvolvido em conjunto por tantos anos.

KLG,
2013/2021
Ojai, Califórnia

Prefácio

"E enquanto você não tiver experimentado,
isto: morra e torne-se!
Você é apenas um visitante sombrio
na Terra escura."[1]
— GOETHE

O processo de transformação psicoespiritual está entre as mais profundas e consequentes de todas as experiências humanas. Este livro baseia-se em uma série de perspectivas que descobri serem particularmente úteis para iluminar e navegar neste processo, incluindo as teorias de C. G. Jung em psicologia profunda, o trabalho de

1 Goethe, "Selige Sehnsucht" ["Psicologia Profunda Moderna"]. Disponível em: https://kalliope.org/en/text/goethe2000082806. Acesso em: 25 jan. 2021. ("Und so lang du das nicht hast, Dieses: Stirb und werde! Bist du nur ein trüber Gast, Auf der dunklen Erde.")

Joseph Campbell sobre o significado psicológico do mito da jornada do herói, os escritos do filósofo alemão Friedrich Nietzsche e a enigmática *logia* no livro *O Evangelho de Tomé*. Em especial nas reflexões e nos testemunhos pessoais de Jung e Nietzsche, encontrei relatos de transformação psicológica que se assemelham mais à minha própria experiência de vida. *O Renascimento do Herói* é uma tentativa de situar a jornada pessoal de transformação do indivíduo dentro da narrativa mais ampla da evolução da civilização ocidental e de transmitir algo da minha compreensão desse processo, na esperança de que outros possam considerá-lo valioso.

Muito tem sido escrito nas últimas décadas sobre a "evolução da consciência" e o potencial surgimento de níveis transpessoais ou integrais mais elevados de consciência e funcionamento psicológico em nosso tempo. No entanto, muitas vezes, esses relatos não conseguem dar a ênfase adequada no mais crucial dos processos para o desenvolvimento psicoespiritual humano: a morte da antiga personalidade do ego e o renascimento para um modo de existência mais profundo e pleno. A experiência de morte-renascimento ou "segundo nascimento", como também é conhecida, é fundamental tanto para o xamanismo quanto para as antigas tradições de mistério do Oriente Próximo, para o mito de Cristo com seu simbolismo da crucificação e também para a tradição alquímica e os mitos dos heróis do mundo. Essas fontes compõem a psicologia profunda contemporânea, sobretudo as ideias de Jung e de seus seguidores, e o trabalho de psicólogos transpessoais como Roberto Assagioli, John Weir Perry, Ralph Metzner e Stanislav Grof, que ofereceram suas contribuições para explicar a relevância das histórias míticas e o simbolismo religioso para a experiência de morte-renascimento e o processo de desenvolvimento psicológico que Jung chamou de *individuação*. No entanto, foi Joseph Campbell, mais do que ninguém, o responsável por chamar a atenção da cultura de forma mais abrangente ao trazer o valor do mito como um guia para a individuação e a transformação espiritual. Em específico, é por intermédio do trabalho de Jung e Campbell que abordo o tema deste livro.

*O Herói de Mil Faces**, de Campbell, publicado pela primeira vez em 1949, continua sendo sua obra mais influente. Esse notável estudo do padrão arquetípico da aventura do herói, iluminado com exemplos da mitologia mundial e interpretado com base nas teorias de Freud e Jung, ressoou em uma ampla gama de pessoas em muitos níveis, inspirando tanto o contador de histórias quanto artistas e cineastas, e também o mitólogo, o psicoterapeuta e o buscador espiritual. Com mais de um milhão de cópias vendidas até hoje, o *Herói*, como é carinhosamente conhecido, tornou-se uma espécie de guia para o autoconhecimento psicológico na década de 1960. Desde então, as ideias de Campbell inspiraram diversos produtores e proeminentes roteiristas de cinema, influenciando uma série de filmes de Hollywood com temas míticos – tanto na recontagem de mitos clássicos como na criação de novos, retratados de modo vívido por intermédio desse mais poderoso meio de comunicação.

Apesar do apelo popular do trabalho de Campbell e das respostas apaixonadas do público às aventuras míticas retratadas em filme, o processo de individuação – ao qual o mito do herói se refere em princípio – permanece pouco compreendido. "Não sabemos nada sobre o homem", proclamou Jung numa entrevista televisiva quase no fim da sua vida, lamentando a alarmante falta de conhecimento na cultura moderna das profundezas da alma e da psique.[2] A *Individuação* – o processo de transformação que conduz à totalidade psicológica e à realização de uma identidade maior – expõe-nos aos mistérios mais profundos da existência; é um processo obscuro, incerto e extraordinariamente difícil e, por esta

* Publicado pela Editora Cultrix, São Paulo, 1989.

2 Jung, *Face to Face Interview* (entrevista com John Freeman), na BBC Television, exibida em 22 de outubro de 1959. Uma transcrição dessa entrevista pode ser encontrada em: Jung, C. G. *Jung Speaking: Interviews and Encounters*, pp. 380-93.

razão, continua sendo uma ocorrência rara. No entanto, se acreditarmos nas notícias e nas estatísticas de saúde mental, veremos que as experiências psicológicas que podem proporcionar abertura às profundezas da psique e, assim, iniciar potencialmente a individuação – tais como colapsos psicológicos, crises existenciais, episódios de depressão, despertares espirituais, estados não comuns de consciência, estados psicóticos e até esquizofrenia – são ocorrências cada vez mais difundidas. Vistas de modo isolado, essas experiências são, com frequência, percebidas como patológicas em sua totalidade, algo a ser prevenido e tratado, em vez de serem encaradas como fases potencialmente construtivas dentro de um processo ou uma jornada mais ampla de transformação psicológica. Um dos objetivos principais deste livro, portanto, é fornecer uma estrutura e um contexto que mostrem como, em alguns casos, esses tipos de experiências podem se relacionar com a individuação e mapear o modelo da jornada do herói de Campbell, que, como veremos, pode ser interpretado como uma representação mítica do processo de individuação.

Usando exemplos de filmes modernos, mitos clássicos e as biografias de Nietzsche, Jung e Campbell, a narrativa apresentada nas páginas a seguir leva o leitor a uma viagem guiada pelas diferentes fases da jornada do herói, explicando como essas fases se relacionam à vida espiritual e à transformação pessoal. A análise visa a tornar o significado do trabalho de Jung e Campbell acessível a leitores que possam estar imersos em questões espirituais, mas que talvez não vejam com facilidade ligações entre as próprias experiências e os temas transmitidos nos mitos. Destina-se também a indivíduos que estejam em meio a períodos de transformação psicoespiritual e que sintam necessidade de receber orientação crítica nesse processo que é tão difícil e perigoso. Para o leitor em geral, o livro pode fornecer informações sobre a dinâmica psicológica mais profunda que integra a imaginação humana e é retratada no cinema e na literatura.

Como Campbell, estou menos preocupado com o estudo acadêmico da mitologia em si e mais focado em ajudar as pessoas a encontrar orientação e significado para os próprios caminhos de vida, tanto por meio da individuação como por intermédio de um envolvimento profundo com o processo criativo. Essa ênfase se reflete no estilo da presente obra. A Parte Um apresenta o quadro teórico, a perspectiva evolutiva e a visão histórica, que são essenciais para a compreensão dos processos transformativos que ocorrem na psique humana. A Parte Dois explora o processo interno e profundamente pessoal de individuação. Dada a natureza deste material, considerei apropriado, algumas vezes, dirigir-me ao leitor e à leitora de forma direta, usando o pronome de tratamento "você", entrelaçando perspectivas teóricas com exemplos e descrições de como as diferentes fases da transformação espiritual são de fato vivenciadas.[3]

---

[3] O termo *espiritual* tem muitas conotações diferentes, mas eu o associo essencialmente ao que Paul Tillich chamou de nossa "preocupação última" e nossa relação com uma realidade além da vontade pessoal e não imediatamente disponível à percepção sensorial ou ao intelecto. O espiritual pode ser caracterizado como "numinoso", conforme definição de Rudolf Otto, em *The Idea of the Holy* (*O Sagrado*), como o *mysterium tremendum et fascinans* – isto é, uma experiência de uma dimensão da realidade que nos preenche com uma sensação de admiração, mistério, majestade e poder. A espiritualidade também está relacionada de forma natural, portanto, a questões de significado, propósito e origem religiosos. O termo implica uma certa sensibilidade, distinta do nosso modo comum de ser, de interagir com o mundo e de viver vidas que estão, de forma essencial, carregadas de importância para além das preocupações meramente pessoais, sociais, econômicas e utilitárias. Isso nos leva a concluir que nos vemos como parte de um "drama cósmico" (tomando de empréstimo uma descrição de Jung) de importância histórica, evolutiva ou metafísica. Pode sugerir estar em contato com um reino transcendente, além do mundo fenomênico. Algumas espiritualidades são afirmativas do mundo, vendo o Universo como a manifestação sagrada da divindade, portanto, a ser reverenciado e celebrado; outros negam o mundo, rejeitando as reivindicações e, na verdade, a realidade do mundo manifesto e buscando a realização numa esfera transcendente do outro mundo. Para Jung, a espiritualidade está intimamente ligada à individuação e à realização de nossa singularidade mais íntima. A questão fundamental, observou certa vez, é se nos consideramos ou não relacionados com o infinito, com um "princípio extramundano" capaz de

Acredito que uma compreensão clara e acessível da individuação (e de sua ligação com o que Campbell chama de era da "mitologia criativa") torna-se cada vez mais importante na medida em que mais e mais pessoas embarcam em seus próprios caminhos espirituais. Como enfatizou Campbell, a renovação da nossa civilização depende da renovação espiritual e da vitalidade criativa dos indivíduos. Espero que as ideias deste livro possam servir a esses fins.[4]

---

resistir às exigências que a realidade consensual nos impõe e também capaz de nos ancorar em nossa verdade. É imperativo, enfatizou ele, que cada um de nós tenha, de uma forma ou de outra, uma experiência direta do numinoso, que pode então ser o fundamento moral de nossas vidas. Ver sobretudo a discussão de Jung sobre esse tópico em *The Undiscovered Self* (*O Eu Desconhecido*).

4 Na presente edição da ITAS Publications (2021), fiz um pequeno número de correções e refinamentos no texto, omiti diagramas incluídos na primeira edição e efetuei alguns pequenos acréscimos às notas; de qualquer forma, o conteúdo permanece inalterado em sua essência em relação à versão original.

PARTE UM

O contexto

CAPÍTULO 1

Joseph Campbell e o lugar do mito na cultura moderna

"A mitologia é o útero para a iniciação
da humanidade à vida e à morte."[1]
— Joseph Campbell

Vivemos num período de transição cultural e espiritual de longo alcance, um período em que as religiões tradicionais e as visões de mundo dominantes se encontram num estado de declínio e dissolução. Muitos de nós reconhecemos, tanto em nossa experiência interior como na exterior, na crise ecológica e na turbulência econômica e política que nos cerca, que estamos nos aproximando do fim do atual modelo de civilização ocidental e que estamos sentindo as dores do parto, acompanhando a emergência crítica de algo novo em seu lugar – novos modos de consciência, novas formas de viver e se relacionar, novas

---

1 Campbell, *Flight of the Wild Gander*, p. 51.

atitudes em relação à Terra e à natureza e, talvez, até uma compreensão alterada da natureza do divino. Qual será a nossa nova visão de mundo ou do mito que substituirá o antigo? Para onde devemos nos voltar hoje em busca de orientação espiritual e psicológica? Como podemos acessar as profundezas do espírito para nos rejuvenescer de modo criativo e dar forma à nossa civilização planetária emergente?

O trabalho de Joseph Campbell constitui uma fonte de direcionamento e orientação para o nosso tempo. Campbell foi uma das maiores autoridades em mitologia e, sem dúvida, o seu defensor mais bem-sucedido. Erudito e carismático, com um amplo conhecimento da mitologia mundial, da religião, da psicologia profunda, da filosofia e das artes, ele foi um grande contador de histórias, capaz de comunicar ideias complexas e uma ampla gama de histórias mitológicas de diferentes culturas de uma maneira que destacou a relevância do mito para a vida do indivíduo moderno. Seu trabalho tem sido influente sobretudo para as pessoas que buscam encontrar uma fonte mais profunda de significado de vida e orientação espiritual no mundo contemporâneo.

O ano do nascimento de Campbell, 1904, ocorreu em meio a um período de transformação acelerada na civilização ocidental.[2] Muitas áreas que tiveram um grande desenvolvimento nas primeiras décadas do século XX produziriam um impacto imenso na sensibilidade moderna e em nossa compreensão do Universo. A teoria da relatividade e a mecânica quântica na física estavam transformando totalmente nossa compreensão da natureza da matéria, do espaço, do tempo e da causalidade. A psicologia

---

2 Para obter informações sobre a vida e a obra de Campbell, consultar a excelente biografia *A Fire in the Mind: The Life of Joseph Campbell*, de Stephen Larsen e Robin Larsen. Ver também: Campbell, *The Hero's Journey: Joseph Campbell on His Life and Work*; e Campbell, *Reflections on the Art of Living: A Joseph Campbell Companion*.

profunda estava surgindo, com Freud e Jung iluminando os recônditos ocultos da psique humana. O mundo artístico passava por uma mudança dramática com a ascensão e o surgimento da arte moderna, influenciada por personalidades como Cézanne, Matisse e Picasso. Dos muitos desenvolvimentos tecnológicos desse período, a invenção do avião foi um dos mais significativos, pois a aviação ajudou a unir com mais rapidez culturas diversas e distantes. Como veremos, o trabalho de Campbell é efetivamente uma ponte entre vários desses desenvolvimentos e a situação em que nos encontramos hoje – relacionando as ideias de Schopenhauer e Nietzsche, Freud e Jung, Joyce e Mann aos problemas espirituais e psicológicos da vida moderna. O trabalho de Campbell também une a alta cultura europeia e a contracultura espiritual americana, a religião oriental e ocidental, as mitologias pré-modernas e a ciência moderna. Seus ensinamentos são uma resposta aos problemas, aos desafios e às oportunidades da nossa época. A fonte primária de seus ensinamentos é o tesouro de sabedoria contido na mitologia mundial.

Neste capítulo, examinaremos a compreensão de Campbell sobre o mito e o seu lugar no surgimento de uma nova sensibilidade mítica e de uma consciência espiritual na cultura moderna ao longo das últimas décadas. Qual é o valor do mito para a visão de mundo moderna? Como a compreensão do mito, a partir de Campbell, se relaciona com a psicologia profunda, a religião e o Romantismo? Como a abordagem de Campbell ao mito pode nos auxiliar em nossa trajetória de vida individual?

Para começar, vamos obter uma noção geral do que é a mitologia, explorando as abordagens aceitas do mito, as diferentes teorias que o explicam e suas principais funções. Podemos, então, olhar especificamente para Campbell, para tentar compreender suas opiniões dentro desse campo mais amplo.

Abordando mitos

A palavra "mito" refere-se às histórias e aos conjuntos de imagens simbólicas que conformaram as vidas humanas ao longo dos tempos, moldando sociedades tribais, culturas locais e também as grandes civilizações do mundo.[3] Os mitos são histórias que fornecem perspectiva e significado para ajudar os indivíduos e as culturas a se orientarem para as exigências da vida. Servem como um registro da herança espiritual da humanidade e inspiraram todas as grandes religiões e visões culturais do mundo.

Hoje, é claro, essa compreensão da palavra "mito" é secundária em relação ao seu uso mais comum, que representa mera falsidade ou crença supersticiosa. O termo é usado com desdém. Os mitos são agora vistos como ilusões e enganos a serem expostos, desmascarados e rejeitados. Mesmo que em algum momento se acreditasse que os mitos eram verdadeiros, hoje em dia é comum assumirmos – ou sermos levados a acreditar – que agora sabemos mais e que a ciência nos mostrou o contrário. Os mitos são agora vistos como formas primitivas e ingênuas de compreender o mundo que foram substituídas por explicações científicas e filosofias racionais. No entanto, a razão e a ciência, desconectadas de uma visão mítica do mundo, conduziram-nos a um beco sem saída. Sentimo-nos espiritualmente desolados e alienados da consciência de nossa natureza sagrada essencial e de nosso propósito de vida.

Em contraste com essa visão depreciativa dos mitos, Campbell os encarava como elementos exaltados, até mesmo grandiosos, como narrativas simbólicas que comunicam verdades espirituais profundas sobre a experiência humana e a natureza do Universo. Para Campbell, os mitos são as forças vivas da sociedade fornecendo imagens e símbolos

---

[3] Para um tratamento das diferentes abordagens do mito e das definições de mito, ver: Dundes, *Sacred Narrative* e Segal, *Myth: A Very Short Introduction*.

orientadores "por meio dos quais as energias da aspiração são evocadas e reunidas em direção a um foco".[4] Sua abertura dramática para *O Herói de Mil Faces* dá o tom de seu estudo:

> Em todo o mundo habitado, em todas as épocas e sob todas as circunstâncias, os mitos humanos têm florescido; da mesma forma, esses mitos têm sido a viva inspiração de todos os demais produtos possíveis das atividades do corpo e da mente humanos. Não seria demais considerar o mito a abertura secreta através da qual as inexauríveis energias do cosmos penetram nas manifestações culturais humanas. As religiões, as filosofias, as artes, as formas sociais do homem primitivo e histórico, as descobertas fundamentais da ciência e da tecnologia e os próprios sonhos que nos povoam o sono surgem do círculo básico e mágico do mito.
>
> O prodígio reside no fato de a eficácia característica, no sentido de tocar e inspirar profundos centros criativos, estar manifesta no mais despretensioso conto de fadas narrado para fazer a criança dormir da mesma forma como o sabor do oceano se manifesta numa gota ou todo o mistério da vida num ovo de pulga. Pois os símbolos da mitologia não são fabricados; não podem ser ordenados, inventados ou permanentemente suprimidos. Esses símbolos são produções espontâneas da psique, e cada um deles traz em si, intacto, o poder criador de sua fonte.[5]

Como, então, devemos explicar duas perspectivas tão contrastantes quanto ao valor e ao significado do mito?

---

4 Campbell, *Creative Mythology*, p. 5.

5 Campbell, *The Hero with a Thousand Faces*, p. 1-2. [*O Herói de Mil Faces*. São Paulo: Cultrix, 1989, pp. 15-6.]

Definições de mito

Uma resposta reside na definição de mito, na forma como entendemos o seu significado. O mito pode ser definido de modo diferente de acordo com nossa abordagem sobre sua origem, seu propósito ou seu conteúdo. Em geral, é possível distinguir tanto os mitos das lendas quanto os dos contos de fadas. Uma lenda versa, em geral, sobre uma pessoa histórica real ou sobre uma pessoa que provavelmente tenha existido – como as lendas britânicas de Robin Hood e do Rei Arthur –, cuja história é embelezada à medida que vai sendo transmitida com o passar do tempo. Na mitologia, as características dos personagens são frequentemente relacionadas a seres humanos e poderes sobrenaturais, como no caso dos deuses e deusas. As lendas são ambientadas, em geral, num passado remoto, enquanto os mitos parecem apontar para dimensões da realidade fora da história, sugeridas por referências intencionalmente vagas, como "era uma vez" ou "numa galáxia muito, muito distante", apenas para citar dois exemplos bastante conhecidos.[6] O cenário da história mítica costuma ser desconhecido, não costuma ter uma localização geográfica específica e nem um momento histórico determinado. Entendido em termos de sua importância psicológica, o mito, como veremos, refere-se ao reino atemporal da psique profunda – ao que Jung chamou de *inconsciente coletivo*.

Um mito também se distingue de um conto de fadas, que, em geral, é contado como entretenimento, ao passo que os mitos pretendem ser verdadeiros em algum sentido fundamental; devidamente compreendidos, eles têm um significado espiritual e cosmológico ou existencial. Um mito constitui uma *narrativa sagrada*, uma história com importância espiritual que nos coloca em contato com o numinoso – o "mistério incrível

[6] Muitos desses pontos são discutidos no ensaio de William Bascom, "The Forms of Folklore: Prose Narratives," em Dundes, *Sacred Narrative*, pp. 5-29.

[...] dentro e para além de todas as coisas".[7] Essas narrativas sagradas podem, mais tarde, assumir a forma de doutrinas se chegarem a se tornar religiões estabelecidas.

Para Campbell, contudo, as distinções entre mitos, lendas e contos de fadas, e entre mitos e religiões, são menos significativas do que a sua base comum. Todos esses tipos de narrativa, pensava ele, expressam os mesmos arquétipos básicos ou padrões fundamentais na mente e, portanto, transmitem verdades psicológicas, revelando-nos algo importante sobre a psique humana e sobre a natureza universal da experiência humana.[8] A história de *A Bela e a Fera,* por exemplo, tem valor instrutivo mesmo quando contada para fins de entretenimento, explorando temas perenes na vida humana, como o poder transformador do amor. Embora certos mitos ou determinadas obras da literatura espiritual penetrem obviamente com mais profundidade nas dimensões mais entranhadas da existência do que os contos de fadas, tanto os mitos como os contos de fadas expressam, em geral, os mesmos motivos centrais.

Uma distinção adicional pode ser feita entre mitos modernos – exemplificados por filmes como os das séries *Star Wars* (1977) e *O Senhor dos Anéis* (The Lord of the Rings, 2001-2003), que consideraremos mais adiante – e mitos antigos. No passado, os mitos eram vistos como verdadeiros, com base no que se sabia sobre o Universo. Eles transmitiam uma verdade profunda sobre a natureza da existência e o nosso lugar no esquema mais amplo das coisas. Os mitos modernos, como os contados em *Star Wars*, de George Lucas, não são vistos como verdadeiros no sentido metafísico ou histórico, mas são histórias contadas para inspiração e entretenimento.

---

7 Campbell, *Creative Mythology,* p. 6.

8 Campbell tende a ver arquétipos nos termos da biologia; assim, em sua opinião, o mito é meramente o resultado das "energias dos órgãos do corpo em conflito umas com as outras" (Campbell e Moyers, *The Power of Myth*, p. 46). Isso poderia ser interpretado como uma forma de reducionismo biológico.

Por mais inspirados que nos sintamos ao entrar no mundo mítico do filme numa sessão de cinema, ao sair, retornamos ao "mundo real", deixando para trás a aventura mítica. Sorrimos para as pessoas que optam por indicar a sua religião oficial como "Jedi" nos questionários do censo, entretanto, é óbvio que poucas pessoas de fato tomariam o significado de um filme mítico e o transformariam em uma visão de mundo ou uma filosofia de vida. Vivemos com uma divisão nítida entre o mundo mítico da imaginação e o mundo real das preocupações práticas.

O trabalho de Campbell nos ajuda a compreender como interpretar as formas antigas e modernas de mito e a extrair delas o seu valor espiritual e instrutivo. Essa tarefa assumiu hoje particular urgência e importância na moderna sociedade secular e consumista. Ao visitarmos o Metropolitan Museum, em Nova York; o Louvre, em Paris; ou o Museu Britânico, em Londres, evidencia-se o fato de que as formas de arte das grandes culturas do passado serviram como veículos para a revelação do espírito. Quer seja da China, do Japão, da Índia, do Egito, da Grécia, de Roma ou de qualquer outro lugar, a energia criativa dessas culturas foi explicitamente formada pelo mito ou pela religião orientadora, refletindo uma visão espiritual abrangente. Essa situação contrasta fortemente com a nossa época, em que a espiritualidade não está no centro da visão moderna do mundo, do estilo de vida moderno; na verdade, no modelo médico ocidental, as experiências espirituais são, com frequência, vistas como anomalias patológicas, em vez de revelações numinosas. A rápida emergência da civilização industrial moderna ao longo dos últimos três séculos trouxe inúmeras melhorias nas condições de vida, proporcionando-nos uma liberdade de oportunidades e um acesso à tecnologia nunca sonhados pelas gerações anteriores. Porém, durante esse processo, parece que experimentamos uma diminuição na profundidade do significado da experiência humana – uma consequência, em grande medida, de não termos um mito coletivo coerente para formar a nossa compreensão de como as nossas vidas estão relacionadas com a cultura, o mundo, o cosmos e Deus (ou qualquer nome que dermos à dimensão espiritual da realidade).

Encontramo-nos vivendo em meio a um período de profundas transformações, em que, como enfatizou Campbell, as culturas locais e as mitologias fechadas pertencentes a regiões geográficas específicas se dissolveram efetivamente na medida em que entramos na era global e planetária. Em resposta, precisamos agora de um mito global que forneça orientação para a vida – isto é, um mito que possa servir e ajudar a unificar os povos da Terra. Isso nunca aconteceu antes. Religiões poderosas espalharam-se por todo o mundo – hinduísmo, budismo, judaísmo, cristianismo, islamismo –, mas estamos agora à procura de um novo meio de encontrar orientação no cosmos, um mito ou uma visão do mundo que se fundamente; talvez, porém, vá além dessas religiões específicas; buscamos um mito adequado aos desafios únicos do nosso tempo, que complemente e seja coerente com a nossa compreensão científica e, ainda, possa nos levar para além disso tudo.

Um dos propósitos para os quais o mito serve na vida humana consiste, assim, em atribuir significado. Tal significado, contudo, é mais profundo e abrangente do que a mera compreensão intelectual. É, antes, um significado vivo, relevante para o coração e para o espírito, tanto quanto para a mente, e é transmitido por meio da pintura, da dança, da música, da poesia e da literatura, e não apenas por meio de discursos e teorias racionais. Como cultura, ressentimo-nos da falta de um mito coletivo que nos possa colocar em contato com essa forma mais profunda de significado e que seja capaz de orientar nossa vida. Vemos as consequências em todos os tipos de males sociais e psicológicos. "A falta de sentido", escreveu Jung em sua autobiografia, "inibe a plenitude da vida e é, portanto, equivalente à doença".[9] Se você não está vivendo uma vida plenamente

---

[9] Jung. *Memories, Dreams, Reflections*, p. 373.

significativa, de modo que se sinta vitalmente conectado às fontes numinosas da psique, então é muito provável que não esteja vivendo com todo o seu poder e potencial. Nesse cenário, você poderia ficar psicológica ou mesmo fisicamente doente, pois o poder vital que pode experimentar e expressar como uma força positiva, em vez disso, encontra expressão no inconsciente, ou, se suprimido, manifesta-se de forma destrutiva. Por isso, é importante, talvez até imperativo, ter um mito orientador ou uma filosofia de vida que ajude a aproveitar e expressar tudo o que você é, de modo que possa propagar todo o seu ser em sua vida, afirmando tanto a alegria quanto o sofrimento. É isto o que os ensinamentos de Joseph Campbell ajudam as pessoas a fazer: cultivar uma resposta afirmativa à vida. Como veremos, essa atitude afirmativa de "dizer sim" é também um objetivo central e um requisito do processo de individuação.

Os teóricos da mitologia são, com frequência, mais interessados em diferenças entre os mitos do que em seus temas comuns. Muitos antropólogos, por exemplo, querem compreender qualquer mito dentro da cultura, da sociedade e do ambiente em que se originou, e estão menos preocupados com a possível sabedoria universal que o mito transmite. Essa abordagem, que enfatiza a relevância sociocultural e a função do mito, está muito em voga em nosso tempo, em que, no espírito do pós-modernismo, as diferenças e a pluralidade são defendidas à custa de visões universais e de quadros metafísicos. Vivemos numa época de imensa especialização, em que os campos do conhecimento humano foram fragmentados a um grau extraordinário, mas o que nos falta é uma perspectiva para reunir essas especializações, para fornecer um quadro unificador. Campbell teve uma visão "ampla" do campo da mitologia, tentando ver temas comparativos, padrões comuns, dentro de diferentes mitos – comparando uma lenda arturiana, talvez, com a jornada de iluminação de Buda ou a vida de Jesus com as aventuras de Odisseu.

Campbell procurava sobretudo pontos em comum em vez de diferenças, e, ao fazê-lo, ia contra a corrente do foco dominante na academia.

Cristianismo e ciência

Por que, então, a cultura moderna tem uma visão tão negativa do mito? Por que os mitos são vistos como falsos? Em parte, essa visão negativa relaciona-se com a ascensão do cristianismo no Ocidente e o seu estabelecimento como religião oficial do Império Romano. Os mitos greco-romanos foram substituídos pelo cristianismo, que se tornou então a perspectiva espiritual-religiosa dominante. O deus judaico-cristão foi proclamado como o único deus verdadeiro. Os deuses e deusas gregos e romanos foram esquecidos. Reconhecer um panteão mítico de muitos deuses era visto como uma blasfêmia, conforme decretado no mandamento inscrito em pedra no Sinai: "Não terás outros deuses diante de mim" (Êxodo 20:3). E foi assim que o monoteísmo judaico-cristão (a crença em um único deus) substituiu o politeísmo (a crença em muitos deuses) das religiões da natureza e dos mitos greco-romanos.

A ascendência do cristianismo é um fator no processo pelo qual os mitos foram rejeitados e esquecidos, contudo, e mais importante, eu diria, foi a ascensão da visão de mundo do Iluminismo moldada pelo dualismo cartesiano e pela filosofia do materialismo mecanicista, que atingiu seu auge na ciência do século XIX. René Descartes, o filósofo francês do século XVII, estabeleceu uma distinção fundamental entre o interior e o exterior, o sujeito e o objeto, a mente e a matéria. O mundo interior é o mundo do pensamento, do sentimento, o reino subjetivo; o mundo exterior é aquele que se estende no espaço e pode ser medido, e o seu funcionamento é compreendido em termos da interação mecanicista de forças – como uma cadeia de causalidade de bola de bilhar, com cada evento desencadeado por uma sequência de causas anteriores. O modelo matemático de Isaac Newton, incluindo as três leis do movimento e a teoria da gravidade, ajudou a apoiar a afirmação de Descartes de que o mundo poderia ser explicado em termos mecanicistas. A distinção cartesiana permitiu a coexistência da religião e da ciência. Alcançou-se um compromisso implícito: as artes, a religião e os mitos, supunha-se, pertenceriam ao mundo interior da experiência subjetiva; ciência, cosmologia e história pertenceriam ao mundo exterior da experiência objetiva e dos fatos concretos. Assim, a religião e a ciência governam cada uma os seus próprios domínios de relevância e influência e não precisam, portanto, entrar em conflito total – embora essa divisão bastante artificial seja cada vez mais desafiada à medida que a ciência continua a ganhar poder.

Em consequência, embora um antigo mito da criação pudesse ter sido encarado como uma referência real do processo de criação do Universo, hoje seria visto como nada além de uma história, um relato fantástico, porém falso, de como o Universo surgiu. Embora muitas pessoas no mundo ainda acreditem que Deus criou o mundo em sete dias e que os primeiros seres humanos viveram no Jardim do Éden, essa visão é, obviamente, contestada pela ciência. Se aceitarmos a ciência, não poderemos, sem entrar em total contradição, acreditar que o mundo foi criado pelas ações e intervenções de Deus ou de forças sobrenaturais. Hoje, da perspectiva da mentalidade científica da era moderna, ninguém crê de fato que o mito grego da criação que descreve o nascimento da deusa Gaia a partir do Caos primordial tem uma relação real com a cosmologia. Isso também pode ser dito em relação à história bíblica da criação em Gênesis. São afirmações óbvias; no entanto, é importante ressaltar que essa incredulidade quanto às explicações míticas consiste em uma das razões pelas quais o estatuto do mito foi relegado a pertencer apenas ao mundo interior ou, inclusive, tenha sido totalmente rejeitado. A ciência demonstrou que os mitos não são verdadeiros no âmbito literal e histórico – fato que impressionou Campbell enquanto ele buscava transmitir o significado mais profundo contido neles.

O Iluminismo e as visões românticas do mito

A teoria iluminista do mito o observa como uma forma de explicação primitiva e pré-científica. A ideia de que Zeus ou Thor ou Yahweh possam provocar uma tempestade, demonstrando, assim, sua expressão de raiva ou ira, seria compreendida, na opinião de alguns teóricos, como um reflexo da mente pré-científica tentando encontrar uma explicação para um fenômeno particular que foi inexplicável nos termos do conhecimento da época. Supõe-se agora que a ciência torna desnecessários tais relatos animistas fantasiosos; sabemos hoje que uma tempestade nada tem a ver com o humor de um deus, pois ela deve ser explicada apenas em termos de condições meteorológicas. Os mitos são considerados, portanto, histórias contadas pelas pessoas menos "evoluídas" para explicar algo que elas não entendiam. Essa suposição emerge do pensamento iluminista e de um ponto de vista evolucionista, o qual vê a cultura humana como se estivesse progredindo de formas "primitivas" para a cultura científica considerada avançada da era moderna. A perspectiva iluminista foi dominante no final do século XIX, no auge da visão de mundo mecanicista e materialista.[10] À época, a compreensão predominante do

[10] No fim do século XIX e início do século XX, muitos estudiosos subscreveram a visão iluminista do mito de uma forma ou de outra. E. B. Tylor interpretou o mito como se este houvesse surgido de uma visão de mundo animista, com relíquias desse animismo sobrevivendo na religião moderna. Bethe, em 1904, descreveu o mito como "filosofia primitiva", servindo a uma função explicativa; Gomme, em 1908, defendeu que o mito era uma forma primitiva de explicação; e, mais notavelmente, James G. Frazer declarou que os mitos são "explicações equivocadas de fenômenos". Ver Bascom, "Forms of Folklore", em: Dundes, *Sacred Narrative*, pp. 23-8.

mito também era caracterizada por um colonialismo europeu que via os mitos das culturas não ocidentais e pré-modernas como essencialmente inferiores à compreensão científica moderna.

A tradição iluminista compôs o trabalho de Sigmund Freud nas primeiras décadas do século XX. No entanto, Freud não só considerava os mitos como falácias como também os considerava inerentemente patológicos. Mito e religião, para Freud, consistiam em delírios infantis, a dinâmica da psicologia parental projetada na metafísica. Para ele, a crença religiosa em Deus é a ilusão reconfortante da mente neurótica que não consegue aceitar a realidade como ela de fato é: conforme ele pensava, era uma situação semelhante ao estado infantil em que a criança precisa saber que existe uma mãe ou um pai protetores e amorosos que cuidam dela. Segundo Freud, quando alguém atinge a maturidade psicológica, não deve mais precisar desse tipo de suporte ilusório.

Freud também fornece uma explicação da origem do mito em termos da psicologia do inconsciente. Os mitos e as religiões parecem pertencer ao cosmos, ao mundo exterior, mas na verdade só pertencem – de acordo com Freud – ao mundo interior. O que estava acontecendo em nosso mundo psicológico interno foi projetado no mundo externo: uma psicologia projetada que se tornou mitologia e religião. Se compreendermos a dinâmica da psique inconsciente, como ele propôs, veremos esse processo de projeção em ação; perceberemos que a mitologia surge da psicologia e não tem relação com a metafísica ou a cosmologia.

Apesar dessa explicação bastante simplista, Freud é também uma figura-chave na compreensão romântica do mito. Ele não se restringe a afirmar apenas que o mito é um absurdo, pois está enraizado numa realidade psicológica. Para Freud, embora o mito não seja verdadeiro de fato, ao refletir quanto ao seu significado aparente e superficial, seu significado oculto ou latente expressa uma verdade sobre a psique. O mito não é apenas um pensamento primitivo, ele vem de uma fonte mais profunda e inconsciente. Tal posição marca uma mudança de extrema importância para a compreensão moderna do que é o mito e de como ele se origina.

A tradição iluminista sustenta que a "luz da razão" pode erradicar todas as explicações primitivas, infantis, ilusórias, supersticiosas e mágicas do mundo, iluminando "a verdade" à luz do dia. O Iluminismo defende a razão e a ciência como os poderes que podem libertar os humanos da ignorância, mesmo que essa busca seja, às vezes, alimentada por um zelo quase religioso. O Romantismo, por outro lado, preocupa-se com o mundo interior irracional da psique humana, dos sentimentos e instintos, da imaginação, da poesia e da arte, da natureza e das suas profundezas ocultas, bem como do mistério e daquilo que transcende a razão. A tradição romântica remonta a poetas como Blake, Wordsworth e Shelley na Grã-Bretanha, e a Hölderlin na Alemanha, assim como aos filósofos idealistas e românticos alemães – Goethe, Schelling, Schopenhauer e Nietzsche. Essa tradição tem continuidade com a psicologia profunda de Freud e Jung. A interpretação de Campbell do mito, configurada pela psicologia profunda, também se enquadra nessa linha romântica.

Uma perspectiva romântica do mito busca compreender a sua importância espiritual mais profunda. Os românticos não afirmam que o mito seja necessariamente verdadeiro no que diz respeito aos seus relatos da história ou da criação do mundo, e assim por diante, mas também não afirmam que o mito seja totalmente falso. Os românticos estão, na verdade, propondo que o mito pode revelar algo que a razão e a ciência não conseguem. O mito pode ajudar a iluminar os dados irracionais da existência e a dimensão espiritual da experiência humana de uma forma que a racionalidade não alcança. Na verdade, em alguns aspectos, cultivar uma visão mítica da vida pode ser entendido como um avanço em relação a uma visão puramente racional. "Na vida dos seres humanos", como observou Thomas Mann, "o mítico é um estágio inicial e primitivo; já na vida do indivíduo, o mítico constitui um estágio tardio e maduro".[11]

Mann dá uma reviravolta original e esclarecedora no padrão e na compreensão em geral aceitos de que o mito é um estágio primitivo do desenvolvimento humano tanto para uma cultura quanto para um indivíduo. Vários teóricos da evolução da consciência veem a consciência mítica como um desenvolvimento anterior ao surgimento da consciência racional, que é substituída por modos de consciência integrais ou espirituais. O *insight* de Mann sugere, contudo, que, na experiência individual, a consciência mítica pode ser tanto transracional quanto pré-racional. O nível mítico de existência não é algo que seja superado quando você desenvolve o pensamento conceitual e a racionalidade. Para os poucos indivíduos que de fato compreendem o mito no seu nível de significado mais profundo e representativo, o mito é transpessoal, está além da racionalidade, é mais elevado, surge mais tarde no esquema de desenvolvimento e tem o potencial de iluminar a existência de uma forma mais profunda e interiorizada do que a razão consegue.

Para o romântico, o mito é a revelação do mistério e o seu significado não é, portanto, tão fácil e aparente como poderia ser, digamos, num trabalho acadêmico, em que uma frase leva à outra de maneira lógica, as palavras são usadas de forma clara e concisa, e o significado torna-se claro. Nas histórias do mito, como na poesia, as palavras são usadas a fim de apontar para além de si mesmas, para o mistério inefável da experiência, pois os mistérios mais profundos da alma, da vida espiritual, não podem ser transmitidos de modo adequado por meio de palavras. O objetivo do mito é colocar você em um estado de espírito de modo que você permaneça receptivo à revelação desses mistérios. O mito – como Campbell

[11] Mann. "Freud and the Future", p. 371.

gostava de afirmar – é a penúltima verdade, apontando para além da conceitualização, para o mistério último da existência.

A visão iluminista do mito, que se reflete na visão de mundo científica e racional moderna predominante, efetua o que tem sido chamado de *desmitologização total*, de tal maneira que o mundo é despojado de todos os elementos míticos; todos os mitos são rejeitados abertamente, considerados como obsoletos e não verdadeiros.[12] A visão romântica engendra uma *desmitologização parcial ou interpretativa*, pois, embora o mito já não seja visto como pertencente ao mundo, ele não é descartado como absurdo, e sim interpretado em termos de seu significado simbólico e metafórico para a experiência humana; ele é lido em termos de seu significado latente, e não de seu significado manifesto. Desse modo, o mito é retomado desse descarte, sendo que seu valor e seu significado para a vida moderna são recuperados e renovados.

Romantismo e psicologia profunda

A interpretação romântica do mito foi desenvolvida no campo da psicologia profunda no início do século XX, o que trouxe a ênfase iluminista no empirismo científico e na investigação racional para dar suporte às profundezas internas da experiência humana. Ao fazê-lo, a psicologia profunda reuniu elementos importantes das tradições romântica e iluminista, confirmando, por um lado, *insights* sobre a base inconsciente das motivações humanas, identificadas pelas filosofias de Schopenhauer e Nietzsche, e, por outro, aplicando-se à psicologia humana o racionalismo e o determinismo causal que formaram a ciência natural e a medicina.

---

12 Os termos *desmitologização total* e *desmitologização parcial* são empregados por Lauri Honko em "The Problem of Defining Myth", em: Dundes, *Sacred Narrative*, pp. 42-3.

Uma figura-chave, cujas ideias, escritas no final do século XIX, antecipam a interpretação psicológica profunda do mito, é Adolf Bastian. Ele apresentou uma teoria de "ideias elementares", sugerindo que os mesmos temas e os mesmos motivos centrais se manifestam em diversos mitos de diferentes partes do mundo e de diferentes períodos da história, porque todos expressam ideias formativas universais que são intrínsecas à mente humana. Esse conceito influenciou C. G. Jung na medida em que este desenvolvia sua teoria dos arquétipos, que é especialmente importante para a perspectiva que estamos aqui considerando.

Em geral, se um mito de uma cultura é semelhante a outro mito em outra cultura, a semelhança é explicada como um processo de *difusão* baseado na ideia de que o mito é transmitido de um lugar para outro, no âmbito geográfico, por intermédio de ligações comerciais ou por meio da migração de pessoas para diferentes regiões. A difusão oferece uma explicação do modo como os mitos de culturas tão diversas entre si têm elementos comuns. As ideias elementares de Bastian e a teoria dos arquétipos e do inconsciente coletivo de Jung, contudo, sugerem outra possibilidade citada nos seguintes termos: elementos e temas comuns no mito podem surgir da psicologia humana. Nessa visão, os mitos assemelham-se entre as culturas não necessariamente porque foram transmitidos no âmbito geográfico, mas porque expressam uma estrutura profunda partilhada de modo universal na psique humana.

Nessa perspectiva, os mitos abordam temas comuns e têm formas estruturais comuns porque a mente humana tem uma estrutura psicológica universal, isto é, nas palavras de Jung, um inconsciente coletivo. Em qualquer parte do mundo, em qualquer cultura ou período da história, a imaginação humana funciona de um modo consistente para moldar mitos, os quais são modelados pelos mesmos princípios fundamentais ou pelas mesmas imagens arquetípicas universais na psique, como o herói, o velho sábio, a grande mãe, a criança, o malandro e o processo de renascimento.

Em muitos mitos, por exemplo, encontra-se a ideia de que o deus ou o herói morre e ressuscita e renasce numa forma diferente. Esse tema evidencia-se nos mitos de Osíris, Átis, Adônis, Perséfone, Dionísio, Mitras, Cristo e tantos outros. É intrínseco também à mitologia xamânica, na qual o xamã, afligido por uma misteriosa doença espiritual, embarca numa descida iniciática ao submundo dos espíritos (em geral, envolvendo um encontro com a morte) e regressa ao mundo diurno, transformado e transfigurado, como resultado da experiência, podendo, então, servir como guia e curandeiro para a comunidade. De uma perspectiva junguiana, todos esses mitos podem ser vistos como originados de uma imagem arquetípica: a do renascimento – uma experiência arquetípica que também é evidente no mundo natural. Na verdade, James G. Frazer demonstrou que os mitos de deuses e heróis que morrem e ressuscitam, como os listados aqui, eram variações do mito agrícola do espírito do milho, que fala da morte do espírito do milho na colheita e de sua ressurreição na próxima primavera, com o surgimento de uma nova vida.

O processo arquetípico de mudança e transformação é inerente à vida. Estamos sempre morrendo para o que éramos, tornando-nos outra coisa, algo mais. Não podemos escapar disso, por mais que desejemos. O ego humano é a parte de nós que ergue um muro para tentar parar ou deter esse processo, para tentar manter as coisas de uma determinada maneira, para permanecer no controle, para garantir que o ego tenha a vida que acreditamos almejar. No entanto, apesar de nossos desejos, o ser maior do qual o ego é apenas uma parte está sempre participando desse processo de transformação que implica uma morte contínua para a antiga vida.

Da mesma forma, o motivo da viagem é arquetípico: a história de um herói que deixa para trás a sua vida anterior e parte numa aventura é quase onipresente, comum a muitos mitos em todo o mundo. Campbell observou paralelos, por exemplo, entre a jornada de Buda – encontrando o sofrimento, a velhice e a morte no mundo, e depois embarcando em uma busca pela iluminação antes de retornar para proclamar as Quatro Nobres Verdades e o Caminho Óctuplo para a libertação espiritual – e a longa jornada marítima de Odisseu, na qual ele superou o Ciclope, encontrou as deusas Calipso e Circe e passou por uma sequência de experiências transformadoras antes de, por fim, completar o ciclo, voltando para casa, para sua esposa, Penélope. Embora o conteúdo específico dessas histórias apresente diferenças óbvias e marcantes, ambas expressam motivos centrais de transformação, realização, testes e provações bem como a realização de uma viagem, com uma partida e uma aventura, que consiste numa série de experiências iniciatórias e, depois, em alguma forma de retorno. Embora muitos teóricos que estudam os mitos estejam mais preocupados com as diferenças, Campbell era um universalista, porque acreditava que o mito fala de e para o mais íntimo da natureza humana e das profundezas do espírito, lidando com os temas universais e constantes na experiência humana. Por mais diversos que sejam tanto o seu conteúdo como o local de origem, os mitos expressam os mesmos motivos arquetípicos centrais. Os mitos não se aplicam apenas às culturas que os criaram.

Jung descobriu que os temas arquetípicos são sobretudo aparentes em certos tipos de "grandes sonhos" – como ele os chamava –, sonhos que têm uma estranha qualidade numinosa e são povoados por figuras e símbolos míticos, em vez de imagens extraídas apenas de cenas familiares da experiência pessoal. Esses sonhos fornecem *insights* sobre a atividade dos arquétipos e do inconsciente coletivo, contrabalançando o ponto de vista inevitavelmente unilateral e a atitude consciente do indivíduo. Os sonhos numinosos fornecem, por assim dizer, uma perspectiva universal sobre uma vida individual com suas particularidades históricas, culturais e o contexto pessoal, revelando a atividade dos arquétipos como fatores de ordenação criativa no pano de fundo da experiência.

De uma perspectiva psicológica profunda, a interpretação do mito segue princípios semelhantes aos da interpretação de um sonho. Como enfatizou Campbell, o sonho pode ser interpretado como uma expressão do próprio mito do indivíduo, mas também do modo como o mito pode ser imaginado como um sonho compartilhado dentro de uma cultura. Ao contrário de um sonho, no entanto, o conteúdo de um mito foi *ampliado*, que é o termo de Jung para o processo de trabalhar conscientemente com imagens oníricas para expandi-las e compreender melhor o seu significado, encontrando conexões e associações nas tradições míticas e religiosas do mundo relacionadas aos temas que se apresentam no sonho. Por terem sido ampliados ao longo dos séculos, os símbolos dentro de um mito são, em geral, mais desenvolvidos e mais trabalhados do que os dos sonhos. A produção espontânea, mas muitas vezes caótica ou confusa, de imagens simbólicas no sonho torna-se parte de uma narrativa mais coerente e de um sistema de símbolos no mito. Os mitos são "produções espontâneas da psique", que chegam à consciência por intermédio de indivíduos excepcionalmente especiais, como xamãs e visionários, os quais dão forma ao mito e o comunicam em nome de toda a cultura.[13]

Na opinião de Campbell, na ausência de uma mitologia coletiva viva, hoje cada um de nós poderia desempenhar esse papel por si próprio e, talvez, no processo, trazer à luz percepções de valor para a cultura mais ampla. Poderíamos descobrir dentro de nós os nossos próprios mitos, reunidos a partir de sonhos, fantasias, sincronicidades e das nossas intuições mais profundas sobre o que é a vida, mas guiados pela sabedoria dos mitos antigos, lidos e interpretados por meio de seu significado psicológico e de seu significado espiritual. Esse esforço, acreditava ele, oferece uma forma de contrabalançar a perda coletiva de significado que temos experimentado no Ocidente.

---

[13] Campbell. *The Hero with a Thousand Faces*, p. 2. [*O Herói de Mil Faces*. São Paulo: Cultrix, 1989, p. 16.]

A exploração do conteúdo dos sonhos e das fantasias na psicologia profunda junguiana demonstra que os mitos e a capacidade humana de criá-los ainda estão muito ativos na psique dos indivíduos modernos, moldando as nossas experiências, quer tenhamos consciência disso, quer não. Essa ideia, mais uma vez, está em estreita concordância com a interpretação romântica do mito, que, em contraste com a perspectiva iluminista, vê o mito como algo que ainda está sendo criado, e não como algo pertencente apenas ao passado. Como observa Henry A. Murray, "nenhuma definição de mitos primitivos e clássicos abre espaço para algum tipo de nova emanação das mentes contemporâneas".[14] Ele salienta que coube aos românticos como D. H. Lawrence e W. B. Yeats reivindicar a palavra *mito* para o artista contemporâneo. Campbell assimilou essa perspectiva como sendo a sua, argumentando com grande efeito que o mito é algo ainda em evolução, que continua a ser uma forma de expressão viva e vital. O mito não tem apenas que ver com algum passado histórico, real ou imaginário, mas molda ativamente nossas experiências de vida nas profundezas da psique de cada indivíduo.

As funções do mito

Com base nos estudos de Campbell sobre a mitologia em todo o mundo, ele identificou quatro funções principais do mito. A primeira é a função *metafísica* ou *mística*, a qual deveria servir, como ele propõe, "para reconciliar a consciência desperta com o *mysterium tremendum et fascinans* deste universo tal como ele é".[15] Ao cumprir essa função, o mito deve colocar os indivíduos ou o grupo cultural como um todo num modo de realização, no qual possam experimentar a fonte última ou a base espiritual de

---

[14] Murray, *Myth and Mythmaking*, p. 22.

[15] Campbell, *Creative Mythology*, p. 4.

onde vieram. Essa função pode referir-se à experiência direta de Deus por um místico cristão, por exemplo, na qual o divino é realizado como a fonte criativa absoluta do mundo ou como o poder transcendente final fora da criação – uma experiência que dá apoio a uma compreensão metafísica do Universo e conforma a vida humana dentro dele. Ou pode referir-se a um budista que experimenta *sunyata*, a clara luz do Vazio, ou à experiência de um hindu com Brahman, a base definitiva da realidade. Essa função do mito descreve uma realização central, relaciona-se com o que Rudolf Otto chamou de experiência do numinoso – o extraordinário e fascinante poder espiritual do mistério do divino. A experiência mística rompe todos os conceitos para a realização direta da natureza das coisas, para a fonte divina subjacente a toda a existência.

Essa função mística do mito também foi reconhecida por outros teóricos. O antropólogo francês Levi-Bruhl, por exemplo, propôs que o propósito do mito era ajudar os seres humanos civilizados a se reconectar com um estado de ser quase místico; uma *participação mística* com a natureza. Para Campbell, contudo, tal experiência mística é também uma revelação de uma realidade metafísica real. O mito é a penúltima verdade superada apenas pela experiência espiritual direta. O mito pode posicionar você em uma perspectiva mental em que possa estar mais aberto à realização espiritual. Isso pode levá-lo ao limite do mistério.

Tal realização metafísico-mística apoia a segunda função do mito, a *função cosmológica*, que é a de "formular e apresentar uma imagem do Universo, uma imagem cosmológica de acordo com a ciência do nosso tempo".[16] Se a função mística se relaciona com uma realização espiritual da base numinosa da existência, a função cosmológica retrata a base espiritual como manifestada em todo o cosmos, em todas as formas. Essa função do mito nos permite ver o mundo e tudo o que nele existe como

---

[16] Campbell, *Mythic Dimension*, p. 220.

"partes de uma única grande imagem sagrada", na qual tudo expressa a divindade, desde o mais prosaico até o mais sublime.[17] Nessa imagem sagrada, poderíamos, como disse William Blake, "ver o universo num grão de areia".[18] No âmbito coletivo, perdemos de forma total a consciência de que tudo expressa a divindade, de que existe um brilho divino luzindo por intermédio de todas as coisas. Um indivíduo pode ter sua própria experiência mística, é claro, mas, muitas vezes, isso é interpretado em termos inteiramente internos, como algo desconectado do mundo exterior

A função cosmológica também visa a ajudar a orientar os indivíduos sobre onde estão em relação ao cosmos, para as pessoas compreenderem o seu lugar no esquema das coisas. Jung relata um episódio de suas viagens pela América, quando encontrou os indígenas *pueblos*, que acreditavam que seu papel no Universo era, todos os dias, ajudar o Sol a se mover no céu. Imagine saber que esse é o seu propósito de vida! Não pode haver questionamentos nem dúvidas a respeito do significado da sua vida. É claro, hoje não temos nada parecido com isso. Em nossa época, o significado da vida tornou-se mais uma questão individual, e de forma alguma é ligado a um evento cosmológico desse tipo. Temos de encontrar os nossos próprios significados, e isso é, ao mesmo tempo, um grande desafio e uma grande oportunidade, como veremos em capítulos posteriores.

Na definição de Campbell, a função cosmológica deve refletir a ciência da época. É claro que a ciência moderna é muito desenvolvida e avançada, porém, no âmbito fundamental, é materialista e reducionista; reconhece apenas a existência da matéria.[19] Não temos uma ciência que esteja aberta a dimensões de experiência para além do que pode ser visto

---

17 Campbell, *Mythic Dimension*, p. 220

18 Blake, "Auguries of Innocence".

19 Algumas teorias nas chamadas "novas ciências" desafiam e vão além dos estreitos pressupostos paradigmáticos que compõem grande parte do empreendimento científico e oferecem compreensões da realidade compatíveis com uma abordagem

e medido, pelo que a dimensão espiritual e os níveis mais profundos de interioridade não são reconhecidos, excluídos ou considerados ilusórios. Na verdade, a mente é, muitas vezes, concebida como um mero epifenômeno do cérebro, um derivado espúrio da ativação de neurônios.

Campbell sugere que o mito, em sua função cosmológica, deveria produzir a "revelação à consciência desperta dos poderes de sua própria fonte de sustentação".[20] Enquanto a função mística do mito é apontar a consciência para a experiência de uma base espiritual unitária, a função cosmológica retrata essa base como manifesta por meio de uma série de poderes distintos do Universo. Em muitas mitologias – como o panteão olímpico da Grécia Antiga ou o rico conjunto de figuras da tradição hindu –, os diferentes poderes são representados por divindades, quer como deuses e deusas com personalidades quase humanas, quer como figuras de animais ou forças elementais. A base unitária manifesta-se como uma multiplicidade de divindades que estão associadas a diferentes aspectos do cosmos, diferentes faces e diversas características do divino – as máscaras de Deus, usando a terminologia de Campbell.[21]

Uma terceira função identificada por Campbell é *sociológica*. Esse aspecto do mito se relaciona com a "imposição de uma ordem moral" e com "moldar o indivíduo às exigências de seu grupo social geográfica e historicamente condicionado".[22] Em outras palavras, as leis de uma sociedade, num mito funcional, parecem ter uma base espiritual mais profunda, de modo que os membros de uma sociedade não desafiam nem questionam as leis e as regras de conduta. Um indígena *pueblo* não pergunta "Por que

---

espiritual da vida. Penso, por exemplo, no trabalho de estudiosos como David Bohm, Fritjof Capra e Rupert Sheldrake.

20 Campbell, *Creative Mythology*, p. 4.

21 Para uma pesquisa sobre as dimensões cosmológicas do mito e da psicologia arquetípica, consultar Le Grice, *Archetypal Cosmos*.

22 Campbell, *Creative Mythology*, pp. 4-5.

devo me preocupar em ajudar o Sol a se mover no céu todos os dias?". A lei, a diretriz, vem do divino, do espírito, e tem significado cosmológico, por isso não é questionada. Questionar o mito que sustenta uma cultura é uma marca registrada da era moderna. A emergência do indivíduo, detentor do poder da razão e da vontade própria, contribuiu e facilitou o escrutínio desafiador e racional do mito dominante da cultura ocidental moderna, que é o cristianismo. Num mito vivo em funcionamento, o cosmológico e o sociológico fluem do *insight* metafísico-místico e são sustentados por ele.

Alguns teóricos enfatizam, a princípio, o aspecto sociológico do mito, excluindo no âmbito virtual todo o restante. Branislav Malinowski, por exemplo, via os mitos não como factualmente verdadeiros, mas como instrumentos para estabelecer e sacramentar as leis e regras de uma sociedade.[23] Os mitos, acreditava ele, apoiam a cultura ao justificar regras sociais por meio do apelo a uma autoridade mítica maior. Os mitos podem ajudar a sancionar algumas formas de vida numa sociedade que são essenciais para o funcionamento vital dessa sociedade.

Na opinião de Campbell, a sociedade deveria funcionar como uma espécie de segundo útero, efetuando a transição de uma pessoa do estado de ser natural e instintivo para o de um membro civilizado da comunidade.[24] Contudo, nos estágios mais elevados do desenvolvimento psicológico, o próprio útero da sociedade é deixado para trás. A individuação, ou o processo de desenvolvimento psicoespiritual que conduz a um "segundo nascimento", requer uma emergência do ventre da cultura, com tanta certeza quanto o nascimento biológico traz uma separação do ventre da mãe. Por representarem processos arquetípicos que se manifestam em diferentes níveis, os mitos podem servir como guias para ambas as

---

23 Ver Malinowski, *Ascent of Man.*

24 Ver Campbell, *Flight of the Wild Gander*, p. 55.

transições. A nossa principal preocupação aqui, contudo, é o processo de morte-renascimento que leva o indivíduo para além da cultura, para a sua própria "experiência original" e para um encontro direto com as profundezas da psique.

Por fim, a quarta função da mitologia identificada por Campbell é *psicológica* ou *pedagógica* – esta atua para instruir e educar a respeito da realidade da psique e dos mistérios da vida. A função psicológica do mito era, em geral, transmitida ou exercida por meio de ritos de passagem destinados a efetuar a transição de uma fase da vida para outra, o que era importante sobretudo para ajudar na passagem da adolescência para a maturidade adulta, para ajudar o indivíduo a deixar para trás o mundo infantil e tornar-se um membro participante da tribo ou do grupo social de modo pleno. Esses ritos envolviam, com frequência, um elevado grau de sofrimento, o que, para nós, pode parecer brutal e terrível. O sofrimento envolvido é quase um pré-requisito, pois o rito deve ser um evento definidor e intenso com objetivo de marcar a transição para uma nova fase da vida; deve efetuar um amadurecimento emocional. Mais uma vez, é claro que esse tipo de rito já não está presente hoje. Os substitutos modernos dos ritos de passagem são, muitas vezes, experiências prazerosas ou mesmo hedonistas que não realizam, de fato, uma transição psicológica com algum significado duradouro – pense em uma despedida de solteiro, por exemplo, ou em uma celebração de formatura. Campbell estava preocupado em particular com o fato de que, com nenhum rito ou com poucos ritos de passagem significativos à nossa disposição, o indivíduo pode permanecer emocionalmente preso a uma fase inicial da vida. Uma vida que não é estruturada por rituais míticos e dogmas religiosos pode ser muito libertadora em certo sentido, parte da liberdade do mundo moderno; entretanto, sem uma narrativa mítica orientadora, a pessoa também pode ser lançada a um estado de confusão. Como veremos, o desafio de lidar com essas novas circunstâncias está no cerne daquilo que Campbell chama de *mitologia individual*.

A função psicológica do mito é "iniciar o indivíduo na ordem e nas realidades de sua própria psique, guiando-o para seu próprio enriquecimento e sua realização espiritual".[25] Campbell, portanto, conecta a função psicológica do mito à realização espiritual. Se você estiver passando por algum tipo de experiência iniciática, provavelmente entrará em estados alterados de consciência, nos quais receberá *insights* sobre a natureza da realidade que não estão disponíveis para sua consciência normal de vigília. A experiência mística exige e inicia uma profunda transformação psicológica, assim como, de modo inverso, um processo sustentado de transformação psicológica pode levar a uma realização espiritual duradoura.

Na opinião de Campbell, os deuses e deusas do mito são metáforas de poderes em ação na experiência humana. É evidente que eles não existem como entidades quase físicas reais que habitam o Monte Olimpo, mas o significado dessa visão mítica de um panteão de deuses ainda é muito relevante, refletindo uma realidade que está viva dentro de nós. Nesse sentido, um mito que reconhece a existência de deuses é mais saudável e mais necessário do que uma visão de mundo que nega por completo a existência de deuses. Se não reconhecemos os deuses, ou as forças que esses deuses representam, eles nos movem de modo inconsciente; poderíamos então continuar a ser vítimas ou marionetes de poderes invisíveis que operam nos bastidores da percepção consciente. Sem um mito vivo, ficamos empobrecidos, falta-nos um nível mais profundo de significado de vida; somos incapazes de nos relacionar de modo adequado com as forças poderosas da psique. Nessas condições, estamos inclinados a assumir que somos capazes de determinar o curso de nossas vidas apenas por meio de nossa própria vontade estratégica, confrontada com o acaso

[25] Campbell, *Occidental Mythology*, p. 521.

e as circunstâncias, o que é uma arrogância da consciência do ego. Pois, como mostra a psicologia profunda, o ego não é o poder controlador da psique, não é o "dono da própria casa", mas existe ao lado de uma série de outros arquétipos, centros e poderes. Se a nossa vida for representada por um mito povoado por um panteão de deuses e deusas, teremos um meio de reconhecer os diferentes princípios da vida e da psique que esses deuses representam. Se, no entanto, concebermos o mundo em termos de uma cosmologia materialista na qual, como aprendemos, tudo evoluiu por acaso, a Terra é apenas um minúsculo ponto sem sentido em um vasto cosmos impessoal, e a mente humana é apenas um epifenômeno do cérebro, então, é bastante provável que possamos fechar os olhos para as dimensões mais profundas da experiência, ao enriquecimento potencialmente proporcionado por uma consistente visão de mundo mítica, que reconhece a realidade do espírito. Esta é, de modo evidente e preciso, a situação em que nos encontramos agora. A nossa época, apesar de toda a sua sofisticação tecnológica, tornou-se para algumas pessoas o que Campbell descreve como uma "terra devastada" no âmbito espiritual – tema que retomaremos mais adiante.

Atendendo às necessidades do indivíduo contemporâneo em termos de orientação espiritual e psicológica, o foco principal de Campbell está na função psicológica do mito. Hoje, como nunca, cada um de nós está sozinho no aspecto espiritual. Como a nossa vida não é formada por uma mitologia que reconheça a existência de diferentes deuses e deusas, temos de aceitar os poderes da psique por nossa conta; como não temos ritos de passagem eficazes, temos que navegar sozinhos pelas principais transições e transformações da vida. Assim, em relação à mitologia, Campbell afirma que, ao estudarmos os mitos de diferentes culturas, poderemos recolher *insights* desses mitos (se aprendermos a lê-los no âmbito psicológico) para encontrar orientação para a própria vida. Campbell acreditava que, por vivermos num mundo cada vez mais secular e desencantado, sem nenhuma orientação espiritual-mitológica intrínseca incorporada na cultura, e como precisamos obter essa orientação de algum lugar, poderíamos, em vez disso, olhar para as verdades fundamentais contidas nos mitos – a *mitologia perene*, como ele a chamou – e usar esses mitos para nos guiar.

Considerando que as circunstâncias do mundo atual mudaram tanto e de forma tão rápida, para muitas pessoas, as religiões tradicionais já não parecem relevantes, mesmo porque a noção de verdade científica objetiva – a crença de que a ciência pode fornecer uma descrição objetivamente válida da realidade – foi minada pela indeterminação quântica e pela relatividade, o que faz parecer que não há nada seguro a que possamos nos agarrar neste mundo moderno. No âmbito psicológico e existencial, isso representa um imenso desafio: Qual é e onde está o seu centro? Qual é o seu apoio? Qual é a base espiritual, religiosa e filosófica em que você se posiciona? Como você encontra orientação para sua vida? A abordagem defendida por Campbell é o embasamento na sabedoria espiritual acumulada do passado, representada nos mitos, para nos guiar em nossa jornada de vida, em vez de nos fazer rejeitar o mito como sendo algo obsoleto e irrelevante para a vida atual. Dessa maneira, o caráter individual único da jornada de vida de uma pessoa pode ser colocado em relação com a sabedoria arquetípica e atemporal do mito.

De acordo com a filosofia perene, assim chamada por Aldous Huxley, os místicos de qualquer religião recebem *insights* sobre uma única verdade espiritual, revestida na linguagem de diferentes tradições religiosas. Nessa visão, tanto o místico hindu como o místico cristão experimentam o mesmo terreno divino, embora sejam chamados por nomes diferentes e interpretados de maneiras diferentes. De uma perspectiva perenialista, todas as religiões, em suas formas esotéricas, estão preocupadas com certas verdades fundamentais que permanecem as mesmas para sempre, para todos. Campbell avança a ideia relacionada de uma mitologia perene: todos os mitos são revestidos de diferentes formas, têm diferentes inflexões culturais, são escritos em diferentes línguas, e assim por diante, mas, em última análise, descrevem uma verdade eterna única e imutável. As formas pelas quais essa verdade é expressa mudam de cultura para cultura, de indivíduo para indivíduo, mas os padrões e os motivos centrais permanecem os mesmos. Nosso desafio é discernir os aspectos perenes, arquetípicos e universais dentro de qualquer mito específico.

Religião, espiritualidade e crença

Para Campbell, a religião é a mitologia que se tornou doutrina, de modo que a mensagem do mito assumiu um significado fixo e literal. O mito de Cristo refere-se ao nascimento virginal, à crucificação, à ressurreição, à ascensão e assim por diante, que são motivos míticos centrais que foram tecidos em torno dos poucos detalhes conhecidos da vida da pessoa histórica de Jesus de Nazaré. Quando a vida e os ensinamentos de Jesus foram recontados nos livros do Novo Testamento, o mito de Cristo tornou-se dominante, refletindo sobretudo a influência do criador de mitos bíblicos, Paulo. Os detalhes da vida de Jesus foram entrelaçados de uma forma mítica, a do padrão do deus que morre e ressuscita. Muito tempo depois, o mito de Cristo foi concretizado em doutrina religiosa pela Igreja. A adoração e a fé cristãs são, portanto, construídas em torno de um relato mitologizado da experiência mística transcendente de outra pessoa, literalizada como fato histórico.

Quando se tornou doutrina religiosa, o mito de Cristo estava ligado de modo exclusivo à vida da pessoa individual – Jesus – e interpretado de forma literal. Como destaca Campbell, a metáfora inerente ao mito – de que cada um de nós pode morrer para a antiga vida e renascer no mundo espiritual, de que cada um de nós é filho ou filha do divino – perde-se na doutrina literal, que sustenta que Jesus é o único Filho de Deus, que sua ressurreição foi um evento físico real e que ele voltará para salvar os piedosos, que serão levados para o Céu, enquanto os pecadores incrédulos perecerão em uma condenação eterna no Inferno. Em contraste com essa interpretação literal, agora mantida mesmo diante da razão e da ciência, o mito retém um elemento misterioso e metafórico: o significado de uma religião torna-se fixo e imutável; o significado do mito permanece vivo, sempre aberto à interpretação em diferentes níveis e em diferentes contextos.[26] Como tal, pode ser aplicado às circunstâncias únicas de cada vida individual.

Há também uma diferença crucial entre o mito que representa uma religião, por um lado, e a sabedoria espiritual e o discernimento psicológico contidos nos ensinamentos dessa religião, por outro. O mito de Cristo deve ser diferenciado dos ensinamentos de Jesus; o mito do Buda é diferente dos ensinamentos do Buda. Assim, ao ler o *Evangelho Gnóstico de Tomé*, o qual se acredita que contenha os ensinamentos de Jesus, você descobrirá que ele é um guia imensamente profundo e perspicaz para a transformação psicoespiritual, expresso em parábolas e numa *logia* enigmática. A maioria das pessoas responde ao mito de Cristo tal como é interpretado por meio da doutrina religiosa, com base no significado que lhe é atribuído pela Igreja. Outras pessoas têm consciência e capacidade imaginativa

[26] Embora a igreja cristã afirme que a Bíblia é a palavra revelada de Deus, o surgimento da ciência significou que muitos detalhes da Bíblia apresentados como – ou assumidos como sendo – fatos históricos se revelaram falsos. Campbell usou a ciência para contestar o literalismo do cristianismo ortodoxo. Assim como Jung, Campbell foi sarcástico ao dizer que os exploradores espaciais não conseguiram descobrir o Paraíso no céu, nem havia ainda qualquer evidência de que fosse possível que uma virgem pudesse conceber. O literalismo do cristianismo ortodoxo, é claro, o colocou em desacordo com a ciência emergente da era moderna. Quanto mais a ciência ganhava força, mais a população, que se tornava cada vez mais consciente do ponto de vista científico, começava a duvidar das afirmações da religião. A fé (proveniente da corrente judaico-cristã da cultura ocidental) e a razão (da outra corrente, a greco-romana) estavam em conflito uma com a outra, e a razão venceria – pelo menos, nas camadas acadêmicas e científicas da população. Pediu-se às pessoas que acreditassem em coisas que sabiam não ser verdadeiras no âmbito intelectual, criando uma dissonância cada vez maior na psique moderna.

para responder ao simbolismo mais profundo do mito e compreender a sua importância para a própria vida. Algumas pessoas são capazes de responder diretamente à visão psicoespiritual contida nos ensinamentos de Jesus, que nos Evangelhos estão mesclados com o mito e a doutrina religiosa. É claro que essas três respostas não são mutuamente exclusivas. Campbell enfatiza a segunda (em especial) e a terceira abordagens.[27]

Os mitos também podem diferenciar-se das crenças e visões de mundo. A crença – que nesse contexto refere-se, em geral, à crença religiosa – se expressa em perguntas como "Você acredita em Deus?" e "Você acredita em vida após a morte?". Nesse sentido, a crença está intimamente ligada aos atos de fé. No entanto, para um número crescente de pessoas, a busca pelo conhecimento e pela experiência pessoal direta substituiu a crença como o principal princípio orientador da vida humana, mesmo em questões espirituais. "Eu não preciso acreditar. Eu sei" – foi a resposta memorável de Carl Jung à questão de saber se ele acreditava em Deus, e esse sentimento resume essa nova atitude espiritual do nosso tempo.[28] A religião,

---

[27] A espiritualidade contemporânea, a meu ver, refere-se ao fenômeno de indivíduos que procuram as suas próprias experiências espirituais em vez de seguirem uma doutrina religiosa ou um conjunto de crenças baseadas nas experiências espirituais de outras pessoas, que ocorreram há centenas ou milhares de anos. Nesse sentido, a espiritualidade veio substituir a religião ortodoxa para muitas pessoas. O mito, na forma como Campbell o entendeu, faz parte da nova era da espiritualidade, pois parte da busca por um significado mais profundo e por um caminho espiritual individual. A desintegração das tradições religiosas no Ocidente forçou as pessoas a procurarem as suas próprias experiências espirituais, o que obviamente não teria acontecido se essas pessoas tivessem permanecido felizes no contexto do cristianismo ortodoxo.

[28] Entrevista com Jung por John Freeman, *Face to Face Interview* (BBC Television, em 22 de outubro de 1959), reproduzida em: *C. G. Jung Speaking*, p. 383. Ver também a carta de Jung ao *The Listener* (de 21 de janeiro de 1960), respondendo aos comentários feitos após a veiculação de sua entrevista, na qual responde e esclarece o significado de sua atitude em relação à crença em Deus. Disponível em: http://uncertaintist.files.wordpress.com/2012/04/jung-on-god.pdf. Acesso em: 23 jul. 2012.

como Campbell fez questão de salientar, é, muitas vezes, uma defesa contra a experiência religiosa genuína. Ir além dos padrões da própria cultura, para além do ventre da sociedade, é também deixar para trás as verdades religiosas aceitas na busca da própria experiência espiritual. Essa busca, que nos leva para além do escudo protetor da visão religiosa cristã do mundo, nos expõe a uma experiência primordial da psique inconsciente, em que se encontram os arquétipos, os dinamismos vivos da vida. Essa experiência pode iniciar uma profunda transformação psicoespiritual. Nos próximos capítulos, consideraremos como o indivíduo pode navegar nesse processo.

CAPÍTULO 2

Mitologia: Oriente e Ocidente

"O Ocidente é o melhor. Chegue aqui e nós faremos o resto."[1]
— Jim Morrison

"O Sol se põe no Oeste, onde morre e entra no
ventre do submundo que o devora. Por essa razão,
o Ocidente é o lugar da morte."[2]
— Erich Neumann

Este capítulo se concentra no contexto mítico de fundo que moldou a situação espiritual em que nos encontramos hoje e a partir do qual podemos traçar as origens daquilo que Campbell chama de *era da mitologia criativa ou individual*. Essa nova época mitológica é o

1 Jim Morrison, "The End", The Doors.

2 Erich Neumann, *The Great Mother*, p. 158. [*A Grande Mãe*. São Paulo: Cultrix, 2ª ed., 2021.]

resultado da emergência de um meio cultural eclético e pluralista, centrado no mundo ocidental, no qual não existe uma forma única e estabelecida de mito, à qual todos os membros de uma sociedade se subscrevam. Pelo contrário, os últimos séculos, observa Campbell, assistiram à dissolução das tradições míticas e religiosas estabelecidas e, em seu lugar, à emergência progressiva de formas individuais de expressão mítica caracterizadas por uma imensa diversidade criativa nas artes e nas formas de espiritualidade. Portanto, para buscar compreender os desafios espirituais que enfrentamos hoje, consideremos a seguir a avaliação de Campbell sobre como o mito mudou ao longo do tempo, desde o seu início, nas chamadas culturas primitivas.

Em sua série de quatro volumes de *The Masks of God* (*As Máscaras de Deus*), Campbell classifica o mito anterior à era moderna em três "grandiosos estágios unitários": Primitivo, Oriental e Ocidental. A mitologia primitiva refere-se ao período relativamente longo da existência humana antes da invenção da escrita, desde o surgimento da consciência nos proto-humanos até o surgimento, por volta de 3.400 AEC a 2.500 AEC, da primeira civilização nas cidades-Estados da Mesopotâmia, o "berço da civilização", como é conhecida a área ao redor dos rios Tigre e Eufrates. Foi ali que se desenvolveu não apenas a escrita como também a matemática celeste, apoiando as primeiras formas de astronomia e astrologia. Foi ali também que os estudiosos localizaram o início da história religiosa registrada – embora existam, com certeza, muitas evidências de formas de adoração e observação celestial anteriores a essa época.

Da mitologia primitiva surgiram as duas grandes tradições: a *mitologia oriental*, principalmente na Índia, na China e no Japão, e a *mitologia ocidental*, na região conhecida como Levante, além de Grécia e Roma. Há dois ramos principais da mitologia ocidental: as principais tradições monoteístas – o zoroastrismo, o judaísmo, o islamismo e o cristianismo – compreendem o primeiro ramo; e a linhagem greco-romana, que engloba dos mitos homéricos aos pré-socráticos, o platonismo e a especulação filosófica posterior, compreende o segundo ramo. No mundo oriental, encontramos as principais religiões: o hinduísmo, o budismo e o jainismo na Índia; o taoismo, o confucionismo e o budismo na China; e o budismo e o xintoísmo no Japão.

Apesar de todas as grandes diferenças entre essas religiões, podem-se fazer algumas observações relativas ao caráter geral das tradições orientais e ocidentais, refletidas no tipo de civilização e nas atitudes predominantes em relação à existência que emergiram em cada uma delas. Em particular, Campbell interessa-se em examinar, em termos mais amplos, as distinções que podem ser traçadas entre o Oriente e o Ocidente – distinções essas que têm raízes, segundo ele, nas duas fontes da mitologia primitiva: culturas de plantação e culturas de caça.

Segundo Campbell, as culturas de plantação baseavam seus mitos nas observações dos ciclos naturais recorrentes na vida das plantas e na reverência ao poder sagrado da Mãe Natureza. Essas culturas eram de caráter matriarcal. Nessas sociedades de plantação, houve uma aceitação da vida como ela é, sem nenhuma tentativa real de modificá-la. Participando de modo inconsciente na natureza, havia pouca preocupação com o valor da vida individual – na verdade, as sociedades matriarcais, como salienta Campbell, eram, muitas vezes, surpreendentemente brutais, demonstrando pouca consideração pelo sofrimento pessoal. Nas culturas caçadoras, pelo contrário, embora o mundo natural fosse visto como sagrado, a mitologia refletia qualidades mais agressivas, dominantes e individualistas, necessárias para caçar ou pastorear animais. Essas sociedades caçadoras assumiram, assim, um caráter "masculino", em que a vontade humana individual foi imposta ao ambiente natural, contrariando a ordem natural. Desse modo, sugere Campbell, tais culturas também eram patriarcais, na medida em que os homens, como caçadores e pastores, ocupavam posições dominantes dentro da comunidade.

Com base nessas raízes na mitologia primitiva, Campbell afirma que as tradições ocidentais assumiram, em sua essência, uma forma patriarcal (em que os deuses dominantes eram masculinos), e as tradições orientais, uma forma matriarcal, distinção esta que moldou a maneira como as respectivas tradições se desenvolveram mais adiante.

Distinções entre mitologia oriental e ocidental

Em termos míticos, as culturas matriarcais estão ligadas ao reconhecimento da deusa considerada a Grande Mãe como o útero que contém toda a existência. "A Grande Deusa", observa Campbell,

> já era, como é agora no Oriente, um símbolo metafísico, a arquipersonificação do poder do espaço, do tempo e da matéria, em cujos limites todos os seres surgem e morrem: a substância de seus corpos, configurador de sua vida e de seu pensamento, além de receptor de seus mortos. E tudo que tem forma ou nome, incluindo Deus, personificado como bom ou mau, misericordioso ou irado, era seu filho dentro de seu ventre.[3]

Aqui, nas tradições míticas matriarcais primitivas e do Oriente, o aspecto eterno da realidade e da base divina, simbolizado pelo ventre da Grande Mãe, é de primordial importância. O ventre materno do ser abrange os pares de opostos inerentes à existência – vida e morte, existência e inexistência, masculino e feminino, bem e mal, luz e trevas. A dualidade é reconhecida, mas sempre como parte de uma unidade mais abrangente, conforme representado pelo conhecido símbolo *yin-yang* do pensamento taoista, com as seções claras e escuras formando as metades

---

[3] Campbell, *Occidental Mythology*, p. 7.

entrelaçadas de um círculo. Tal perspectiva, como veremos, contrasta fortemente com o dualismo radical do cristianismo no Ocidente.

Em muitas tradições orientais, sobretudo no hinduísmo, a base do ser é a fonte não apenas de todas as formas e de toda a existência como também de todas as expressões personificadas do divino, como explica Campbell:

> Em todo o Oriente, prevalece a ideia de que a base última do ser transcende o pensamento, a imagem e a definição. Não pode ser qualificado. Portanto, argumentar que Deus, o homem e a natureza são bons, justos, misericordiosos ou benignos é ficar aquém da questão. Alguém poderia, de forma igualmente apropriada ou não, ter questionado o mal, o injusto, o impiedoso ou o maligno. Todas essas predicações antropomórficas ocultam ou mascaram o enigma real, que está absolutamente além da consideração racional; no entanto, de acordo com essa visão, é sobretudo esse enigma que constitui a base última do ser de cada um de nós e de todas as coisas.[4]

Da perspectiva do Oriente, mesmo a tradicional figura ocidental de Deus estaria situada nesse terreno divino mais abrangente, imaginado como o ventre da Grande Mãe. Essa ideia representa uma distinção fundamental entre a tradição ocidental e as perspectivas orientais. No mundo ocidental, o Deus Pai cristão é a referência última – não há mistério nem base espiritual abrangente além de Deus. No hinduísmo e no budismo, os deuses e deusas (como Shiva, Brahma e Kali) são todos vistos como personificações de aspectos particulares do divino. Essas divindades são, como Campbell gostava de dizer, "transparentes à transcendência", são

---

[4] Campbell, *Occidental Mythology*, p. 3.

metáforas que apontam para além de si mesmas, para o mistério divino ilimitado e inqualificável que representam.[5]

Outra distinção geral entre as tradições orientais e ocidentais pode ser feita no que diz respeito à compreensão do tempo. As culturas míticas orientais reconhecem o tempo como cíclico e, portanto, em última análise, estático, em vez de histórico-linear e progressivo, como, em geral, veio a ser concebido no Ocidente. No hinduísmo, por exemplo, a mudança é vista no contexto de uma concepção cíclica da existência mapeada por *yugas*, *mahayugas* e *kalpas* – imensos éons de tempo, sempre cíclicos, sempre em repetição. Campbell vê todas essas características e esses temas – o eterno, a base, a unidade, a harmonia com a natureza, o tempo cíclico e uma ênfase no *ser* eterno em vez do processo de *devir* na história – como originários e pertencentes a uma concepção mítica matriarcal da vida.

A principal ênfase nas tradições orientais, portanto, não está na autorrealização individual no mundo, como acontece no Ocidente; em vez disso, é fundamental passar por algum tipo de realização mística para se relacionar com a base divina ou absorvê-la.[6] As reivindicações da personalidade individual devem ser abandonadas, pois vão contra a natureza eterna da base do ser, ou da vastidão dos grandes éons do tempo; o significado do eu pessoal e dos feitos de uma vida individual no mundo do espaço e do tempo é radicalmente diminuído.

De acordo com a abordagem de Campbell, as religiões indianas, de modo geral, procuram eliminar a individualidade por meio de uma combinação de três estratégias: (1) adesão às leis de casta (como no hinduísmo), que determinam o comportamento de uma pessoa com base em sua posição

---

5 Campbell usa esse termo nas entrevistas de *The Power of Myth*, ao lado de Bill Moyers, bem como ao longo de seu trabalho.

6 O foco na emancipação individual do *karma* e no ciclo de morte-renascimento é evidente no budismo. Contudo, esse caminho não implica a realização da personalidade individual, como no Ocidente.

na sociedade (*dharma*); (2) seguir um caminho de libertação (*marga*); e (3) a obtenção do nirvana, trazendo a libertação (*moksa*) da ilusão da autoexistência individual (*maya*) bem como das armadilhas gêmeas do desejo/desejo (*kama*) e do medo (*mara*), que prendem o indivíduo a uma série de autoperpetuação de encarnações no mundo do sofrimento e da ilusão (*samsara*).[7] Também no Extremo Oriente, o confucionismo enfatiza o cumprimento dos deveres sociais e familiares, e o taoismo descreve uma abordagem à vida que desvaloriza a vontade pessoal em favor do alinhamento com o fluxo misterioso do *tao*, o inerente caminho da natureza espiritual. A ênfase espiritual do Oriente não está na satisfação ou na realização do eu, mas na libertação do eu e das exigências da existência egoica.

O conceito de procurar satisfazer os desejos pessoais por meio do exercício da vontade individual – o ideal da vida moderna no Ocidente – foi amplamente relegado nas tradições orientais. Assim, a essência da atitude ocidental perante a vida, que emerge em particular do ideal grego do indivíduo racional autodeterminado, é atribuir grande valor à escolha individual e afirmar a validade dos próprios impulsos e dos desejos do indivíduo para viver a vida como considerar melhor.

Parece ter sido, portanto, o destino específico do Ocidente criar o eu individual moderno, tal como o conhecemos hoje, dotado do poder do livre-arbítrio e da autodeterminação. De acordo com Campbell, ao promover o princípio do individualismo assertivo e heroico, as culturas ocidentais romperam com o ventre eterno da base perene e intemporal do ser, enfatizando, em vez disso, "o princípio guerreiro do grande feito do indivíduo que importa".[8] Esse desenvolvimento, afirma ele, é a característica distintiva da mitologia ocidental:

---

7 Ver Campbell, *Creative Mythology*, pp. 33 e 79.

8 Campbell, *Occidental Mythology*, p. 24.

No Ocidente, por outro lado, o princípio da indeterminação representado pelo herói historicamente voluntário e livremente disposto não apenas ganhou como também manteve o campo e o preserva até o presente. Além disso, essa vitória do princípio do livre-arbítrio, juntamente com o seu corolário moral da responsabilidade individual, estabelece a primeira característica distintiva do mito especificamente ocidental.[9]

A partir das raízes iniciais na mitologia primitiva, houve, portanto, uma ramificação em duas direções diferentes: uma direção que enfatizava a identidade do ser humano com a base do ser, o ventre eterno da Grande Mãe, e, por isso, retirava-se a ênfase dada ao significado da vida individual e até mesmo do próprio mundo; a outra direção enfatizava a emergência do eu individual, num movimento de afastamento da base, estabelecendo a independência e a autonomia do eu, afirmando a realidade do mundo do espaço e do tempo como criação de Deus, mesmo que essa realidade fosse, como no cristianismo, às vezes, concebida como secundária a uma vida após a morte celestial.

Assim, dada a ênfase no desenvolvimento do eu individual, as características que prevalecem no mundo ocidental incluem autodeterminação, livre-arbítrio, individualismo democrático, razão e racionalidade, a liberdade de viver a vida como se achar melhor, um reconhecimento da santidade da vida individual e uma insistência no valor da experiência única do indivíduo; todos esses atributos se refletem nos direitos democráticos modernos e nas liberdades individuais que, muitas vezes, consideramos garantidos. Na moderna civilização ocidental, a ênfase principal está na ação extrovertida e nas realizações no mundo, um reflexo – se Campbell estiver certo – do caráter inicial de uma mitologia moldada pela experiência da caça.

---

9 Campbell, *Occidental Mythology*, p. 24.

Poderíamos, é claro, questionar vários aspectos da análise de Campbell sobre o desenvolvimento histórico da mitologia; suas opiniões estão longe de ser incontroversas; às vezes, são até inconsistentes. Na verdade, Campbell oscilou entre elogiar e criticar os mitos e as religiões orientais e ocidentais, como se estivesse lutando para reunir as diferentes ênfases do Oriente e do Ocidente em sua própria experiência de vida. Por um lado, ele dava grande valor à sabedoria espiritual do Oriente. Ele tinha em alta estima a ênfase oriental no caminho interiorizado da realização espiritual, que se destaca, em especial, no yoga hindu e no budismo, os quais costumam ser negligenciados diante do foco exteriorizado e do zelo redentor do mundo ocidental. Por outro lado, ele foi um defensor do ideal do Ocidente, que considera o indivíduo como detentor de um caminho de vida único e potencial para ser desejado, criado e realizado – conceito este que, como vimos, é em grande parte estranho ao Oriente. Apesar dessas ambiguidades, a análise de Campbell desperta a nossa atenção para o que é uma distinção fundamental entre as orientações de vida e as visões de mundo do Oriente e do Ocidente, uma distinção que tem implicações importantes – como consideraremos mais tarde – para a compreensão do curso do desenvolvimento psicológico humano e dos desafios evolutivos que enfrentamos agora.

Dissociação mítica

Outra distinção fundamental entre as tradições orientais e as ocidentais é que as principais religiões do Ocidente – judaísmo, islamismo e cristianismo – defendem um dualismo ético baseado em uma divisão absoluta do bem e do mal em categorias ontológicas isoladas. No cristianismo, esse dualismo estabelece uma clara separação mitológica e moral entre um deus todo-amoroso e bondoso e o seu filho, Jesus, que difere do demônio e das forças do mal. É preciso escolher o bem em vez do mal, o certo em vez do errado, e a alma individual é considerada eticamente responsável perante Deus pelas suas escolhas. No Oriente, como vimos, embora o bem e o mal sejam reconhecidos, o divino não se identifica exclusivamente com o bem; o divino está, mais precisamente, "além do bem e do mal" (tomando de empréstimo o termo de Nietzsche), para além de todas as oposições e de todas as categorias de pensamento. A base divina abrange tanto o masculino quanto o feminino, o bem e o mal, o ser e o não ser. Há uma consciência no Oriente, isto é, da base do ser como sendo maior do que qualquer padrão ético humano ou qualquer distinção conceitual.

Na Bíblia, por outro lado, os opostos são separados. O mito da Queda do Homem, que descreve a expulsão de Adão e Eva do Jardim do Éden, retrata a separação radical entre Deus, a natureza e a humanidade. Comer o fruto da Árvore do Conhecimento do Bem e do Mal simboliza um processo pelo qual os seres humanos se tornaram conscientes dos opostos – homem e mulher, bem e mal, Deus e natureza, e assim por diante –, mas também se tornaram conscientes de sua existência separada tanto de Deus como da natureza.[10]

De acordo com Campbell, essa tripla separação ontológica entre espírito, natureza e humanidade é que constitui a raiz de "um problema psicológico essencial do mundo ocidental cristianizado".[11] Isso quer dizer que, considerando que Deus é concebido como totalmente transcendente,

---

[10] Campbell distingue entre o mito bíblico da Queda e o mito persa da Queda, conforme apresentado no zoroastrismo. No primeiro caso, salienta Campbell, o mal procede de dentro da natureza humana – a Queda resulta de um ato de desobediência humana. Nesse último, o mal é um princípio cósmico que antecede a Queda e qualquer envolvimento humano. "A visão bíblica, ao colocar a Queda no quadro da história humana como uma ofensa contra o seu deus, elimina o alcance mais amplo de um desafio ao caráter desse deus, despreza o caráter do homem e, além disso, promove uma situação cada vez mais insustentável da historicidade de seu mito" (*Occidental Mythology*, p. 208).

[11] Campbell, *Creative Mythology*, p. 393.

totalmente "outro", de acordo com a ortodoxia cristã popular, o divino não pode ser experimentado nem dentro (na alma humana) nem fora (na natureza). Campbell chama isso de *dissociação mítica*, pois é por intermédio do mito que a humanidade e a natureza são dissociadas de Deus.[12] De acordo com os ensinamentos da ortodoxia da Igreja, só podemos conhecer Deus por meio de um relacionamento com Jesus Cristo, e esse relacionamento, por sua vez, só é possível por meio da participação na Igreja (*identificação social*, como Campbell a chama). A crescente secularização da sociedade e a rejeição das crenças cristãs nos últimos anos criaram um problema espiritual, porque, segundo Campbell, "agora, espalhou-se por todo o mundo cristão um sentimento desolador não apenas de não haver divindade dentro, mas também de não haver nenhuma participação da divindade fora".[13] Campbell, portanto, em geral, interpreta a Queda do Homem em termos negativos, embora, como veremos mais tarde, esse evento pareça refletir um desenvolvimento essencial na evolução da consciência humana.

Tanto nas "religiões da natureza" orientais como nas primitivas, observa Campbell, "a dissociação mítica não surge porque não há uma leitura literal correspondente da história mitológica da Queda do Homem".[14] A natureza não é vista como decaída, mas como uma manifestação do espírito. Natureza e espírito são um. A separação da Queda representa,

---

[12] "De acordo com a nossa Bíblia Sagrada", observou Campbell, "Deus e o seu mundo não devem ser identificados um com o outro. Deus, como Criador, fez o mundo, mas não é, em nenhum sentido, o próprio mundo ou qualquer objeto nele presente. [...] Portanto, seja na ortodoxia judaica, cristã ou islâmica, está fora de questão buscar Deus e encontrá-lo no mundo ou em si mesmo". Em: *Occidental Mythology*, p. 108.

[13] Campbell, *Creative Mythology*, p. 394.

[14] Campbell aponta que as características centrais da descrição bíblica dos eventos que ocorrem no Éden são variações de temas encontrados na mitologia primitiva; entretanto, nos casos anteriores, não há equivalente à Queda em pecado. Ver Campbell, *Occidental Mythology*, p. 105.

portanto, um ponto fundamental de distinção entre estas mitologias do Oriente e do Ocidente.

Nas entrevistas de *The Power of Myth* (*O Poder do Mito*), com Bill Moyers, na década de 1980, Campbell fala sobre um encontro com D. T. Suzuki, que foi muito influente na introdução de conceitos da filosofia oriental no Ocidente. Dirigindo-se a uma plateia na Suíça, Suzuki confessou que conseguia encontrar pouquíssima religião na Bíblia. "Deus contra o homem", observou Suzuki, "Homem contra Deus. Homem contra a natureza. Natureza contra o homem. Natureza contra Deus. Deus contra a natureza. Religião muito engraçada!".[15]

Na mesma série de entrevistas, Campbell conta com entusiasmo a sua experiência no Japão, onde desfrutava dos jardins japoneses, nos quais era impossível, segundo ele, determinar onde "a natureza começa e a arte termina", considerando a intensidade da harmonia da interação humana com o ambiente natural.[16] Nas civilizações em que não há dissociação mítica – isto é, não há uma separação radical entre humanidade, espírito e natureza –, é mais provável que o mundo natural e o cosmos sejam vistos como reflexos de uma divindade imanente. O divino não está – nas "religiões da natureza", sejam primitivas, sejam orientais – fora da natureza e absolutamente transcendente; ao contrário, o espírito é imanente, está presente dentro de e em todo o mundo natural. Também na era helenística greco-persa, afirma Campbell, prevaleceu o "místico, o adorador do mundo [...] como forma de afirmação otimista".[17] Isso contrastava, segundo ele, com o caráter moral e reformador da visão de mundo do judaísmo e do cristianismo ortodoxos, que, espalhando-se muito além do seu local de origem no Levante, estabeleceram a doutrina da Queda como

15 Campbell e Moyers, *The Power of Myth*, p. 66.

16 *Ibidem*, p. 29.

17 Campbell, *Occidental Mythology*, p. 258.

a base mítica que moldou as atitudes em relação ao mundo natural ao longo de toda a extensão do Império Romano.

Mais uma vez, embora a análise de Campbell sobre o mito e a religião mundiais, muitas vezes, não consiga refletir de modo adequado as inúmeras distinções importantes entre tradições religiosas específicas (que, às vezes, contradizem as suas caracterizações gerais), bem como a diversidade dentro delas, a sua avaliação geral do caráter predominante do Oriente e do Ocidente mantém-se positiva. Para nossos propósitos, seu delineamento das principais características da corrente ocidental de mito e religião fornece uma base para a compreensão da emergência da mitologia criativa a partir da matriz da tradição ocidental.

A retirada dos deuses

Uma consequência importante da crença judaico-cristã em um poder espiritual totalmente transcendente, existente fora da criação, é o chamado desencanto do Universo – a suposição hoje amplamente difundida, muitas vezes aceita sem crítica, de que o mundo é desprovido de significado espiritual intrínseco. Na visão moderna, a natureza do Universo não é mais reconhecida nem experimentada como sagrada em sua essência. Nas visões de mundo primitivas das eras do Paleolítico e Neolítico, nas primeiras civilizações e em certas culturas indígenas atuais, todo o Universo é entendido como animado, impregnado de significado espiritual. Também no Ocidente, no século VI AEC, os antigos filósofos gregos postularam que "o Tudo está vivo", nas palavras de Tales, e que o Universo inteiro "tem alma".[18] No entanto, na era cristã, como observa Richard Tarnas, o *locus* do significado espiritual foi se modificando cada vez mais, passando

---

[18] Citado em Cornford, *From Religion to Philosophy*, p. 127.

do mundo fenomênico para uma divindade transcendente.[19] Em última análise, na era moderna, todo o significado espiritual foi efetivamente retirado do mundo e da natureza e, em vez disso, concebido como se habitasse inteiramente um criador divino, fora deste mundo, cujos objetivos e propósitos para os seres humanos eram distintos da ordem natural e aparentemente definidos contra a natureza. O significado espiritual não seria mais encontrado no próprio cosmos, mas, sim, apenas no divino transcendente.

Esse tipo de desenvolvimento não foi exclusivo da tradição judaica, visto que foi prefigurado na Grécia antiga, como observa F. M. Cornford, por meio de um processo que ele chamou de *olimpionização*, no qual os deuses das religiões místicas, dos poderes imanentes de transformação natural, transformaram-se com o tempo nas divindades olímpicas, que estavam muito mais distantes dos assuntos humanos do que seus precursores.[20] Na época das conquistas de Alexandre, entre 336 e 328 AEC, na imaginação mítica da cultura popular, as divindades do Olimpo, embora imbuídas de temperamentos quase humanos, tinham migrado de sua morada no Monte Olimpo para a esfera celeste, perdendo, assim, sua antiga proximidade com a vida cotidiana e com as ações dos humanos. Essa tendência teve sequência com a transição do mito para a filosofia na Grécia Antiga, à medida que os deuses do Olimpo foram sucedidos por formas platônicas, mudança esta que dá ênfase ao reino metafísico transcendente sobre e contra a realidade imanente do mundo natural. O platonismo também estabeleceu um dualismo entre o espírito humano e o corpo, que

---

19 Para a discussão de Tarnas sobre o desencanto, consultar *Cosmos and Psyche*, pp. 16-25.

20 Ver: Cornford, *From Religion to Philosophy*, pp. 255-61. Uma contratendência ou um complemento a este desenvolvimento, que emergiram da tradição grega, foram descritos por Campbell como "uma mudança de lealdade do impessoal para o pessoal", uma mudança que enfatizou cada vez mais os valores dos indivíduos humanos em vez de ciclos impessoais da natureza ou valores de grupo. Na opinião de Campbell, esse desenvolvimento foi "comparável a uma mutação psicológica evolutiva". Ver Campbell, *Occidental Mythology*, p. 236.

refletia e dava apoio filosófico à crescente separação da consciência e da razão humana da esfera instintiva das paixões corporais.

Os dualismos metafísicos no platonismo e, em especial, no cristianismo judaico geraram dualidades éticas ou morais correspondentes. O Espírito, associado ao "bem" e ao princípio da luz, foi colocado contra a natureza, a matéria e a carne, e estas passaram a ser associadas às trevas e ao "mal". A ênfase em uma vida após a morte celestial, num reino transcendente que não era deste mundo, fomentou atitudes negativas em relação à natureza e ao mundo material, sobretudo no cristianismo ocidental posterior e em determinadas escolas de pensamento gnósticas e neoplatônicas, que concebiam o mundo como uma prisão com a qual o espírito ou a alma humana tinha de lutar para alcançar a libertação.

Na terminologia religiosa, pode-se dizer que o cristianismo trouxe uma sintonia com o princípio do pai espiritual transcendente, negligenciando, porém, a base materna da existência e a espiritualidade inerente ao mundo natural. Nosso desafio agora, como veremos, parece ser trazer esses dois aspectos do divino – o transcendente e o imanente – para um relacionamento mais próximo dentro de nossa própria experiência.

Mito e monoteísmo: o surgimento do tempo linear

O estabelecimento da visão de mundo judaica, em vez da perspectiva das religiões da natureza primordial e dos mitos clássicos, também foi significativo por duas outras razões estreitamente relacionadas, sendo que ambas tiveram um impacto importante na visão de mundo moderna. Primeiro, sinalizou-se uma transformação radical na experiência humana do tempo. Enquanto nas visões de mundo primitivas e arcaicas anteriores o tempo era vivido como cíclico, a religião judaica foi a primeira mitologia a representar e interpretar o tempo em termos histórico-lineares como uma progressão linear irreversível. Como observa Mircea Eliade:

> Comparado com as religiões arcaicas e paleo-orientais, bem como com as concepções mítico-filosóficas do eterno retorno, do modo como foram elaboradas na Índia e na Grécia, o judaísmo representa uma inovação de fundamental importância. Para o judaísmo, o tempo tem um começo e terá um fim. A ideia do tempo cíclico é deixada para trás. Yahweh já não se manifesta no tempo cósmico (como os deuses das outras religiões), mas no tempo histórico, que é irreversível.[21]

Nas visões de mundo primitivas e arcaicas, a vida humana era definida pelos ciclos da natureza e, por meio da participação em rituais que espelhavam esses ciclos naturais, preservava-se uma harmonia entre a ordem humana e a natural. No final de cada ano, a realização ritual dos processos de morte-renascimento assegurava a regeneração e a continuação ininterrupta do tempo cíclico do qual dependiam as visões de mundo arcaicas.[22] Ano após ano, era efetivamente o mesmo, sempre repetitivo, uma recorrência cíclica e perpétua. A condição arcaica e primordial foi caracterizada pelo que Eliade chama de "eterno retorno", por meio do qual todas as experiências foram interpretadas em conformidade a arquétipos que se repetiam de modo incessante.[23] Não havia nenhuma novidade genuína, pois todos os acontecimentos eram considerados apenas como uma reconstituição de padrões míticos atemporais, replicando os feitos dos deuses "no princípio".

A transição de um sentido de tempo cíclico para um linear contribuiu ainda mais para a crescente separação entre o humano e a ordem

---

[21] Eliade, *The Sacred and the Profane*, p. 110.

[22] Segundo Eliade, "Para o homem religioso das culturas arcaicas, o mundo se renova anualmente; em outras palavras, a cada novo ano ele recupera sua santidade original". Em: *The Sacred and the Profane*, p. 75.

[23] Eliade define o eterno retorno como "a eterna repetição do ritmo fundamental do cosmos". Em: *The Sacred and the Profane*, p. 108

natural. Com a ascendência do judaísmo e a adoração do deus-criador Yahweh, os padrões cíclicos do mundo natural já não eram mais vistos como refletores de uma divindade inerente. A partir de então, em vez de harmonizar a própria vida com a ordem natural, o povo passou a se sentir compelido a obedecer a um princípio divino fora da natureza, sendo levado a quebrar os padrões cíclicos da natureza, desafiar os deuses da natureza das mitologias primordiais e, no lugar de tudo isso, aderir à vontade moralista de Yahweh, cujos fins e intenções para os judeus deveriam ser cumpridos em algum tempo no futuro com a chegada do dia da salvação e da entrega da Terra Prometida ao povo judeu. Com o judaísmo, então, a ênfase mudou de modo radical: os seres humanos já não desempenhavam mais um papel na manutenção da ordem cósmica natural e na preservação dos ciclos de repetição arquetípica imutável, mas eram agora responsáveis pela concretização da vontade do divino na história.

Embora essas considerações nos pareçam hoje bastante remotas, devemos ter em mente que a ideologia moderna do progresso e do desenvolvimento, agora concebida em termos inteiramente materiais, e não espirituais, tem a sua origem na ênfase judaica do tempo linear. De modo gradual, com a ascensão da sociedade secular, a noção de um deus-pai divino intervindo no curso da história desapareceu de vista, mas o conceito de progresso em direção a alguma condição futura de utopia na Terra ainda permanece hoje como uma ideologia difundida, como um mito inconsciente residual, mas potente, que foi mantido até o presente, pela ausência de uma alternativa convincente. Na era moderna, os seres humanos já não se preocupavam em harmonizar as suas vidas com os ritmos cósmicos e os ciclos naturais, entretanto, o progresso – e cada vez mais progresso – tornou-se a ideologia orientadora, à medida que as pessoas aspiravam ao avanço tecnológico e material que poderia tornar possível uma existência utópica construída apenas pela inteligência e pelo esforço humanos. As consequências do mito judaico da Queda são, em particular, evidentes na tentativa generalizada de controlar, manipular e, muitas vezes, explorar os recursos do mundo natural para fins humanos, um esforço, ao que parece, ordenado na declaração bíblica do domínio da humanidade sobre a terra e os animais e que, por fim, daria origem ao mundo científico e tecnológico moderno.

Além da transformação da experiência humana do tempo, a ascendência da mitologia judaica foi significativa por uma segunda razão, pois também marcou uma forte transição do politeísmo (como exemplificado pelo panteão grego) para o monoteísmo. A maioria das tradições míticas é politeísta, reconhecendo uma pluralidade de deuses e deusas ou divindades elementais ou celestiais, mesmo que esses poderes sejam eles próprios expressões de uma única base divina. A adoração judaica de Yahweh, o "deus zeloso", mantida pelo medo de sua reprovação e pela ira provocada por qualquer transgressão de sua vontade, foi a base por trás do subsequente monoteísmo do mundo cristianizado, um monoteísmo que ainda condiciona de modo profundo não apenas o pensamento religioso contemporâneo, mas também a compreensão popular da natureza humana.[24] Assim como as pessoas no Ocidente passaram a acreditar em um único deus, elas também passaram a crer em uma alma ou em um eu humano singular, com a sua própria autonomia moral e seus desejos, tendo o poder de escolher o certo em vez do errado, o bem em vez do mal e, portanto, sendo diretamente responsável perante o criador divino.

O significado psicológico do cristianismo

Campbell salienta que, quando uma tradição mítica conquista um domínio sobre a anterior, ela tende a retratar as divindades da antiga tradição

---

[24] "Os Dez Mandamentos", Êxodo 20:3 e 20:4. *Bíblia Sagrada: Nova Versão Internacional* (*The Holy Bible: New International Version*).

como demoníacas. Os valores da religião ou da mitologia anterior são desprezados e rejeitados, considerados maus, e, portanto, acabam permanecendo no inconsciente. Assim, quando o judaísmo estava se estabelecendo, com Yahweh como o deus a ser apaziguado, o povo judeu foi compelido, em virtude do medo da vingança de Yahweh, a abandonar as antigas religiões naturais da Babilônia. Qualquer retorno aos costumes dos antigos deuses da fertilidade, como Baal e Astarte, era considerado responsável pelas catástrofes subsequentes que se abateriam sobre o povo judeu. "Entre os hebreus", como explica Mircea Eliade, "cada nova calamidade histórica era considerada um castigo infligido por Yahweh, que estava irritado com a orgia de pecados à qual o povo escolhido se havia abandonado".[25] Assim, os impulsos naturais foram cada vez mais vistos como pecaminosos e maus, opostos à ordem moral estabelecida por Yahweh. Cada vez mais, o povo judeu apegou-se a uma vida governada pelos mandamentos de Yahweh, afastando-se de um modo de ser mais natural e instintivo – uma mudança que teve, é claro, um impacto significativo na forma como o judaísmo e, mais tarde, o cristianismo se desenvolveram. Na imaginação mitológica cristã, na qual a natureza é retratada como caída, as paixões e os apetites naturais – por poder, conquista, sexo, comida, prazer e assim por diante – são vistos como forças demoníacas corrompidas e ameaçadoras. Tais impulsos são em geral associados ao Diabo ou simbolizados pela figura da serpente. Reprimidos e tornados tabu pela moralidade cristã, esses impulsos tornaram-se poderosas forças subterrâneas na experiência humana.

Com o cristianismo difundido em todo o mundo, as consequências psicológicas da mudança dos deuses da natureza para Yahweh transcenderam o seu significado apenas local e cultural para a tradição judaica. Na verdade, esse desenvolvimento teria uma influência definidora no destino

---

[25] Eliade, *Cosmos and History*, pp. 102-03.

de toda a raça humana, deixando então a sua marca na atitude ocidental básica perante a vida.

Não quero, contudo, dar a impressão de que esses desenvolvimentos foram totalmente indesejáveis – algo que nunca deveria ter acontecido. Pelo contrário, na especulação teológica cristã, a Queda do Homem tem sido interpretada como uma "falha abençoada", um "pecado feliz" (*felix culpa*). A alienação da humanidade em relação a Deus e à queda no pecado servem, nessa perspectiva, a um fim construtivo e "abençoado", tornando possível a redenção da humanidade e, na verdade, do próprio divino. Sem a queda nessa separação e no pecado, não poderia haver redenção. Nesse contexto, a Queda do Homem pode ser concebida como uma fase necessária na evolução da consciência.

Como argumenta Jung, em seu livro *Resposta a Jó*, a consciência autorreflexiva humana pode ser vista como o meio através do qual Deus se torna consciente – com o ego humano servindo como o órgão divino da consciência autorreflexiva. O desenvolvimento de um ego separado é essencial, afirma Jung, para que haja conhecimento autorreflexivo, para se conhecer o mundo como um sujeito para um objeto. Essa percepção do valor fundamental da consciência humana impressionou-o durante a sua visita às planícies de Athai, na África, em 1925. Observando a cena atemporal de rebanhos de animais nas pastagens movendo-se devagar, quase silenciosos, em meio a uma grande extensão, Jung refletiu:

> Essa era a quietude do eterno começo, o mundo como sempre fora, na condição de não ser, pois, até então, ninguém estava presente para saber que mundo era aquele. [...] Lá estava eu agora, o primeiro ser humano a reconhecer que aquele era o mundo, mas, por meio de seu conhecimento, naquele momento, de fato, tinha acabado de criá-lo.[26]

[26] Jung, *Memories, Dreams, Reflections*, p. 284.

Para iluminar a natureza nas suas profundezas de significado – para trazer o mundo à existência por meio de um ato de consciência de modo efetivo – o ego humano tem de se separar da natureza, para percebê-la de sujeito a objeto. Para Jung, o ato de conhecimento autorreflexivo do mundo equivale, como a citação indica, a um ato de criação do mundo.

A separação entre sujeito e objeto, mundo próprio e natureza humana é uma característica definidora da experiência psicológica do indivíduo moderno. Na medida em que a personalidade individual se desenvolve desde a infância até a idade adulta, a vontade consciente, dirigida pelo pensamento racional, é cada vez mais colocada contra o modo de ser natural e instintivo: a razão opõe-se aos desejos; a moralidade, aos impulsos naturais. A espontaneidade instintiva da criança é combatida por regras e regulamentos externos, um conflito que se reflete na dinâmica básica da psicologia freudiana entre o *ego* (o eu), o *superego* (a autoridade moral internalizada) e o *id* (os impulsos instintivos). Com essa psicodinâmica em mente, podemos apreciar o papel crucial desempenhado pela moralidade judaico-cristã no desenvolvimento da consciência com o passar dos séculos. A separação entre o bem e o mal e, com ela, a aspiração moral cristã de evitar o pecado forçam os seres humanos a se tornar mais conscientes de seus pensamentos, sentimentos e ações. A moralidade cristã serve, portanto, para aumentar a consciência e impedir a expressão inconsciente dos instintos naturais. O autocontrole racional e a expressão instintiva tornam-se opostos um ao outro; os padrões éticos e os desejos humanos naturais tornam-se opostos. Todo ato natural deve ser questionado, controlado, restrito, corrigido ou reprimido para não permitir que alguém caia em pecado.

Consequentemente, muitos de nossos impulsos naturais, se forem incompatíveis com nossos valores morais, tornam-se tabu, empurrados para o inconsciente, com o superego individual desempenhando o papel de Yahweh, censurando e reprimindo os impulsos e instintos naturais do id.

Por meio desse processo, o estado natural de totalidade psicológica chega ao fim e a consciência do ego é fortalecida. Na opinião de Jung, o cristianismo proporcionou, dessa forma, uma espécie de suporte protetor, atuando, por meio de seus rituais e códigos morais, para fortalecer a consciência do ego humano contra qualquer recaída ao estado natural da vida instintiva pré-consciente. O cristianismo tem sido fundamental para ajudar a civilização ocidental a deixar para trás a inconsciência do mundo "primitivo". No entanto, o ganho de consciência cobrou um preço elevado, trazendo uma perda de nosso sentido inato da sacralidade da vida, um distanciamento perigoso de nossas raízes psicológicas e uma relação desarmoniosa com a natureza. Como não somos capazes de voltar no tempo e simplesmente regressar à sacralidade mais simples de nossos antepassados primordiais, é preciso encontrar um modo, no contexto da nossa consciência e da civilização moderna em evolução, de recuperar e reintegrar o que perdemos, de resgatar nosso sentido e nosso valor espiritual da sucata do que foi deixado de lado e rejeitado.

A evolução e o ego

A dualidade ética no cristianismo ajudou a pôr fim nos padrões de vida instintiva e, no processo, rompeu ainda mais a totalidade natural da psique. Forneceu, portanto, as condições necessárias para o desenvolvimento psicoespiritual coletivo, gerando uma consciência autorreflexiva independente em oposição aos instintos. A esse respeito, o cristianismo parece ter expressado uma necessidade evolutiva por parte da psique, ou por parte da natureza, de produzir a consciência do ego como um centro psicológico que existe de modo isolado e, muitas vezes, em oposição às suas raízes inconscientes instintivas. Na verdade, em resumo, pode-se observar que todo o curso de desenvolvimento das tradições míticas, filosóficas, religiosas e até mesmo científicas ocidentais foi direcionado para esse fim, formado por uma espécie de *telos* implícito – um propósito evolutivo oculto que se concretiza por meio da experiência humana.

Esse propósito já era evidente nos antigos mitos da criação, que, segundo Erich Neumann, descrevem de modo simbólico a separação primordial da consciência humana da natureza e a luta do eu humano que surge pela independência e pela autonomia. Os mitos subsequentes e as concepções religiosas e filosóficas posteriores refletem desenvolvimentos ulteriores desse processo evolutivo.

Segundo Neumann, em *The Origins and History of Consciousness**, a principal diferença da unidade da existência em princípios opostos foi retratada por meio de mitos que narram a separação entre o Pai Céu e a Mãe Terra, bem como os mitos do nascimento da luz ou do fogo na escuridão; isso representou o nascimento da consciência autorreflexiva iluminando a escuridão da existência até então inconsciente. Com o passar dos séculos, a consciência humana tornou-se, de modo gradual, cada vez mais distinta da natureza; o ego (simbolizado no mito pela figura do herói) emergiu como um princípio distinto e autônomo. No mito, esse processo de separação da natureza culmina na luta do herói com o dragão, que simboliza a luz da consciência lutando contra o poder instintivo sombrio da natureza, enquanto a consciência do ego lutava para se libertar de seu estado anterior de inconsciência e dominação pelos instintos. O surgimento da luz da consciência e a separação em opostos – céu e terra, masculino e feminino, claro e escuro – puseram fim ao ciclo inconsciente de existência que se autoperpetua, simbolizado, como sugere Neumann, pelo ouroboros, pela serpente que se autoconsome, devorando a própria cauda.

À medida que Campbell procurava compreender a transformação do mito ao longo do tempo e os fatores por trás do surgimento da mitologia criativa no decorrer dos últimos séculos, também analisava os mitos

---

* *História das Origens da Consciência*. São Paulo: Cultrix, 2ª ed., 2022.

quanto ao seu significado psicológico e evolutivo. Campbell propôs que o curso de desenvolvimento do mito ocidental proporciona uma indicação simbólica da evolução da psique ocidental e de sua relação com a natureza e com o divino. Episódios como a vitória de Yahweh na batalha sobre o monstro marinho Leviatã, por exemplo, ou Zeus, rei dos deuses gregos, derrotando Tifão, filho da deusa da Terra Gaia, retratam a vitória de um deus patriarcal sobre a natureza, refletindo a tentativa de conquista, controle e domínio da natureza que caracterizou o mundo ocidental, sobretudo na era moderna. Esses mitos são indicativos do caráter dominante das tradições culturais ocidentais, das quais emergiu o eu individual moderno e, com ele, o sentido de personalidade que hoje consideramos natural.[27]

A linhagem greco-romana promoveu outra separação importante entre a consciência humana e o contexto existencial que ela contém, uma separação mais sutil, mas não menos dramática em suas consequências.

---

[27] O contraste entre os mitos dos heróis no Ocidente e no Oriente é instrutivo. Na mitologia japonesa, por exemplo, a aventura heroica, quando ocorre, em última análise, não leva a lugar algum. Os mitos japoneses estão impregnados de uma sensação de irrealidade, como se, dentro da narrativa, nada de significativo tivesse acontecido. A insistência ocidental no significado ou no propósito moral não se evidencia em muitos mitos orientais. Da perspectiva oriental, a crença ocidental de que tudo importa, a afirmação da realidade e do valor da história, bem como a insistência de que a vida individual é da maior importância são relativizadas pela percepção de que o indivíduo isolado não existe de fato em alguma forma substancial e que, na verdade, o processo histórico é uma espécie de ilusão. Contemplar ambas as tradições pode produzir a consciência de uma totalidade maior dentro da qual ambas as perspectivas têm o seu lugar. O individualismo heroico ocidental pode ser equilibrado pelo reconhecimento oriental do vazio, assim como a afirmação ocidental da realidade do mundo e da existência corpórea pode ser equilibrada pelo reconhecimento oriental da realidade como ilusão. O significado e a falta de sentido, a realidade e a irrealidade, a existência e a inexistência podem, por sua vez, ser realizados como polos complementares dentro de uma totalidade que abrange todos os opostos e que está além de todas essas categorizações. (Agradeço a Hiroko Shiota por chamar minha atenção para os mitos japoneses por intermédio do trabalho do pesquisador junguiano Hayao Kawai.)

Enquanto a mítica Queda do Homem estava enraizada na tradição judaica, a tradição filosófica grega produziu uma queda ontológica paralela. Como reconheceu Martin Heidegger, durante a ascensão da civilização e a emergência do eu moderno no Ocidente, ocorreu uma "queda do Ser", como ele a chamou, de tal forma que a consciência humana da base que contém a nossa existência foi sendo perdida. William Barrett esclarece que:

> A queda do Ser, para Heidegger, ocorreu quando os pensadores gregos separaram as coisas como formas claras e distintas de seu contexto abrangente, para que pudessem considerá-las com clareza. Os termos usados na psicologia da Gestalt – figura e fundo – podem aqui ser úteis: ao separar a figura do fundo, o objeto poderia emergir à luz do dia da consciência humana; mas a sensação do terreno, o pano de fundo circundante, poderia, por sua vez, ser perdida. A figura fica mais nítida; contudo, o fundo recua, torna-se invisível e logo é esquecido. Os gregos separaram os seres do vasto terreno circundante do Ser.[28]

Essa ênfase na figura em detrimento do fundo, nos seres individuais separados e nas coisas individuais, em vez do próprio Ser, determinou o curso futuro da tradição filosófica ocidental e, em última análise, deu origem ao mundo moderno tal como o conhecemos hoje. Nesse longo e variado processo, o ego humano individual foi diferenciado de modo progressivo e, em certos casos, dolorosamente alienado do seu próprio terreno mais profundo, na medida em que o Ser foi esquecido e reprimido, tornando-se "invisível". Foi necessária a visão singular de Heidegger, séculos depois, para voltar o seu foco filosófico para esse terreno oculto e para pensar o seu caminho de volta ao Ser de modo efetivo. Ao fazê-lo, ele foi capaz de sugerir uma mudança de contrapeso, afastando-se da ênfase

[28] Barrett, *Irrational Man*, p. 205.

do primeiro plano nas coisas e nos seres individuais, de modo que o negligenciado pano de fundo começou a retornar ao foco.

As separações cada vez mais profundas entre a consciência humana e a natureza, e entre os seres individuais e o Ser em geral, tornaram-se cada vez mais evidentes nos desenvolvimentos religiosos e filosóficos ocidentais posteriores. Na verdade, uma preferência inconsciente por aquelas perspectivas filosóficas que acentuavam a autonomia do indivíduo e eliminavam o contexto de fundo da realidade parece ter sido essencial para o processo pelo qual a civilização humana e o eu individual poderiam se desenvolver. De acordo com Richard Tarnas, as grandes mudanças e as revoluções nos paradigmas científicos bem como nas teorias filosóficas e nas visões do mundo não são apenas transições arbitrárias, nem refletem apenas uma simples acumulação incremental de conhecimento; pelo contrário, as mudanças paradigmáticas são, até certo ponto, ditadas no âmbito inconsciente pelas necessidades do desenvolvimento psicológico humano da época:

> A emergência de um novo paradigma filosófico, seja o de Platão ou de Tomás de Aquino, de Kant ou de Heidegger, nunca é apenas o resultado de um raciocínio lógico melhorado a partir dos dados observados. Em vez disso, cada filosofia, cada perspectiva metafísica e epistemologia refletem a emergência de uma *gestalt* experiencial global que informa a visão do filósofo, que governa o seu raciocínio e suas observações, e que, em última análise, afeta todo o contexto cultural e sociológico dentro do qual a visão do filósofo vai tomando forma. [...] Surge então um paradigma que parece exigir mais dados e também dados de mais relevância, transformando-se, assim, em algo mais importante, mais convincente, mais atraente e, de um modo fundamental, porque se tornou mais apropriado no âmbito

> arquetípico para aquela cultura ou para o indivíduo naquele momento da sua evolução.[29]

O que aconteceu tanto com o surgimento do judaísmo quanto com a origem da especulação filosófica grega, portanto, parece ter atendido às necessidades da realidade do Universo em evolução daquela época, pressionando a mente humana a conceber o Universo e a natureza humana, de modo a promover a sua diferenciação da matriz cosmológica na qual está inserida.

O cristianismo colocou ênfase no cultivo da fé individual em Deus e, sobretudo no protestantismo, na responsabilidade da alma para com Deus e no desenvolvimento de uma consciência moral independente. A tradição greco-romana enfatizou o ideal do indivíduo racional autodeterminado, o ideal socrático. O impulso da especulação filosófica socrática e platônica era submeter a experiência e o mundo ao escrutínio racional: "a vida não examinada", como declarou Sócrates, "não vale a pena ser vivida".[30] Para Sócrates e Platão, uma iluminação espiritual inspirada de modo racional, em vez das paixões animais, deveria orientar a vida humana. Ao refletir sobre a própria experiência, podemos escolher o curso de ação correto e sintonizar-nos com o divino por meio de nossa inteligência racional; para alcançar a iluminação é preciso pensar por si mesmo, e não apenas aceitar e seguir o que lhe foi dito ou viver de acordo com uma fé irrefletida, seguindo de modo cego os próprios impulsos naturais. Esse ideal racional, que mais adiante floresceu na tradição iluminista, também está presente na obra de Freud, em seu conceito de que o princípio do eu, sintonizado com uma realidade externa objetiva, deveria substituir a atividade instintiva e irrefletida

---

29 Tarnas, *The Passion of the Western Mind*, p. 439.

30 Platão, *Apologia*, 38a.

da psique, com a consideração racional do ego: "Onde estava o id, lá estará o ego", de acordo com o velho ditado de Freud.[31]

Na era moderna, uma série de outros desenvolvimentos críticos ajudou a efetuar uma separação mais bem definida entre a consciência humana individual e a natureza: o Renascimento marcou um ressurgimento do espírito do individualismo europeu no mundo medieval; o Iluminismo defendeu a racionalidade, a razão e o ideal democrático dos direitos e das liberdades individuais – "Liberdade, Igualdade e Fraternidade", na França; o direito inalienável do indivíduo à busca da felicidade na América. Na filosofia, a distinção cartesiana entre mente e matéria, sujeito e objeto, foi fundamental, acentuando de modo decisivo a separação do mundo interior da consciência humana do mundo externo da natureza, estabelecendo fundamentos filosóficos para a nova era da ciência. Descartes articulou a intuição humana comum de existir como um ser pensante independente – uma mente ou uma consciência – habitando um corpo material. De acordo com Tarnas, a distinção cartesiana era "a declaração prototípica do eu moderno, estabelecido como uma entidade definidora totalmente separada, para quem a sua própria consciência racional era absolutamente primária".[32]

O movimento em direção à autonomia, ao individualismo e à liberdade de escolha também ficou evidente nos mitos e na literatura ocidentais. Campbell viu uma antecipação dessa tendência para a autodeterminação individual, ou uma forma inicial dela, nos trovadores do século XII, os quais, nos assuntos do coração, faziam as suas próprias escolhas quanto a quem dariam o seu amor. Os assuntos românticos eram orientados pelos desejos do próprio indivíduo, e não pelas convenções e pelos deveres sociais, como era habitual naquele período. Campbell interpretou essa

---

[31] Freud, *New Introductory Lectures on Psycho-Analysis*, p. 100.

[32] Tarnas, *The Passion of the Western Mind*, p. 280.

rebelião romântica como uma afirmação decisiva do indivíduo, uma prefiguração da liberdade que a maioria de nós entende hoje como garantida. Baseava-se na confiança no próprio julgamento de valor individual, e não simplesmente em fazer o que deveria ser feito.

Uma atitude semelhante também pode ser identificada entre os Cavaleiros da Távola Redonda. Na busca pelo Santo Graal, observou Campbell, cada cavaleiro seguiu o próprio caminho na floresta escura para embarcar na própria aventura, acreditando que seria uma vergonha seguir o caminho de outro. O Santo Graal, um símbolo do ápice da realização espiritual, só pode ser alcançado, enfatizou Campbell, pela pessoa que viveu a própria vida, e não por alguém que seguiu o caminho de vida de outra. Isto é, para alcançar o Graal, você deve se tornar quem você é, realizar sua potencialidade única, assumir seu modelo de si mesmo. Afinal, ninguém idêntico a você viveu antes e ninguém exatamente como você viverá no futuro.

Cada uma dessas transformações reforça, então, a sensação de que o que estava acontecendo no decurso do desenvolvimento do mundo ocidental foi moldado pelos imperativos evolutivos da época. De modo involuntário, ao que parece, embora talvez de maneira inevitável, a mente humana formulou, sentiu-se atraída e convenceu-se da justeza daquelas concepções míticas e filosóficas da natureza da realidade que permitiram o próprio autodesenvolvimento e a crescente separação da consciência humana e da civilização com relação ao mundo natural e do ser em liberdade.

À medida que a autoconsciência e o sentido individual de autodeterminação se desenvolveram, a consciência humana tornou-se, de modo gradativo, mais distante dos seus fundamentos instintivos. A "evolução da consciência" não significa necessariamente que os seres humanos se tornaram mais sábios, mais esclarecidos ou mais morais – quanto a isso, há muitas provas em contrário. A evolução refere-se, de modo mais preciso, a uma transformação na dinâmica interior da psique humana, trazendo uma mudança radical na relação entre a consciência do ego e a psique mais ampla. Como vimos, refere-se, em princípio, ao desenvolvimento contínuo da consciência e à superação dos modos de vida instintivos e inconscientes. A antiga totalidade da psique – uma totalidade pré-consciente natural e instintiva – é destruída aos poucos por meio do desenvolvimento da consciência autorreflexiva.

"Cada passo em direção a uma consciência mais plena", escreveu Jung a respeito do indivíduo moderno,

> o retira de sua mística original e puramente animal de participação com o rebanho, da submersão numa inconsciência comum. Cada passo à frente significa libertar-se do ventre materno da inconsciência em que habita a massa do homem.[33]

Cada vez que uma pessoa tem de ir contra a sua tendência natural, resistir à forma como deseja ser e agir de modo instintivo, a tensão resultante gera, em potencial, uma elevação na consciência. Dá-se um passo no sentido de trazer à realidade um novo modo de ser. Cada passo é vivenciado como uma dolorosa negação do instinto; é uma morte para a velha vida, que, em resposta à sua violação, se ergue contra nós. Sente-se que a consciência está literalmente sendo arrancada da natureza, arrancada de sua antiga identidade inconsciente com desejos e paixões. A participação nesse processo é a essência da odisseia espiritual ocidental e o caminho da individuação.

---

[33] Jung, "Spiritual Problem of Modern Man", em: *Civilization in Transition,* p. 75.

CAPÍTULO 3

A morte de Deus e o *Übermensch* (Super-Homem)

"O ser humano não tem de modo algum uma forma fixa e duradoura. [...]
Ele é muito mais um experimento e uma transição.
Ele nada mais é do que a ponte estreita e perigosa entre a natureza e
o espírito. Seu destino mais íntimo o leva ao espírito e a Deus.
Seu desejo mais íntimo o atrai de volta à natureza, a mãe.
Entre as duas forças, a sua vida pende trêmula e indecisa."[1]
— Hermann Hesse

Jung propôs que as várias transformações do mito e da religião, do tipo descrito anteriormente, poderiam refletir o fato de que o próprio divino – ao qual, no Ocidente, em geral, atribuímos o nome de *Deus* – está participando de uma evolução contínua por intermédio da experiência humana. "Os deuses", observa Jung, "viveram primeiro com

1 Hesse, *Der Steppenwolf*, p. 56.

poder e beleza sobre-humanos no topo de montanhas cobertas de neve ou na escuridão de cavernas, florestas e mares. Mais tarde, eles se uniram e se transformaram em um único deus e, então, esse deus tornou-se homem".[2] Com essa reflexão, Jung basicamente descreveu a transição que delineamos do *politeísmo* greco-romano (o panteão olímpico de deuses e deusas) para o *monoteísmo* do judaísmo (um único Deus) e para a encarnação de Deus na forma humana como Jesus Cristo. Como veremos neste capítulo, em meados do último século, uma nova transformação parece ter ocorrido, com a proclamada "morte de Deus" e, pouco depois, com a redescoberta dos "deuses" e da "imagem de Deus" arquetípica" nas profundezas da experiência psicológica individual – um desenvolvimento para o qual o próprio trabalho de Jung proporcionou uma importante contribuição.

O desencanto e a morte de Deus

Chega-se a um ponto, na evolução psicológica humana, em que parece ser necessário até mesmo negar a existência de Deus, rejeitar qualquer conceito de que a vida seja moldada por um poder transcendente. Mircea Eliade descreve isso da seguinte maneira:

> O homem moderno não religioso assume uma nova situação existencial. Ele se considera o único sujeito e agente da história e recusa todo apelo à transcendência. [...] O homem faz-se a si mesmo e só consegue fazer-se por completo na medida em que se dessacraliza com relação ao todo. O sagrado é o principal obstáculo à sua liberdade.[3]

Assim, o ego humano reivindica para si o poder antes atribuído à natureza, aos deuses ou a um único deus, e, ao fazê-lo, promove a sua

[2] Jung, *Psychology and Religion*, p. 102.

[3] Eliade, *The Sacred and the Profane*, p. 202.

autonomia e sua liberdade de autodeterminação. Eliade chama esse processo de *dessacralização*, que é algo semelhante ao conceito de desencanto de Max Weber, processo este que moldou a modernidade depois da ascensão da ciência. *Desencanto* é o termo empregado por Weber para descrever a visão de mundo da sociedade secular moderna, na qual, como ele afirma, "nenhuma força misteriosa e incalculável entra em jogo" – uma visão de mundo em que o recurso ao misticismo, os poderes sobrenaturais, os deuses e as deusas, os espíritos e as explicações mágicas são considerados desnecessários e inválidos.[4] Essa visão de desencantamento, que ganhou força na civilização ocidental após o Iluminismo e, em especial, durante o século XIX, foi criada – como observa Weber – por processos de "racionalização" segundo os quais a vida deveria ser explicada em termos de forças naturais observáveis e mensuráveis. O conhecimento científico foi substituindo cada vez mais a fé religiosa, de modo que o mundo, já sem relação com nenhum tipo de princípio espiritual, foi despojado de significado intrínseco, deixando de ser visto como sagrado.

Richard Tarnas liga o conceito de desencanto ao processo de *objetivação*, pelo qual o mundo exterior já não era mais visto como algo significativo, forjado de intencionalidade, interioridade e *telos*, mas, sim, como um objeto, como matéria inconsciente e sem vida movida de um modo mecânico por forças materiais, que poderia ser medido, controlado e manipulado. Durante a era moderna, salienta Tarnas, o lugar de todo o significado do mundo transferiu-se com exclusividade para o domínio interior da consciência humana. O próprio mundo foi concebido como despossuído de significado, exceto aquele projetado nele pela psique humana. Como vimos, o termo *desmitologização* tem conotações semelhantes, referindo-se de um modo explícito ao processo pelo qual os elementos

4 Weber, "Science as a Vocation", em: *From Max Weber*, p. 154.

míticos foram removidos das explicações sobre a origem, o propósito e o funcionamento do mundo.

Essa trajetória do desencanto culminou na proclamação histórica da "morte de Deus" por Friedrich Nietzsche no final do século XIX. A concepção do deus judaico-cristão que moldou e sustentou a civilização ocidental durante três milênios, acreditava Nietzsche, não era mais relevante e havia sido corroída de modo irrevogável pelas descobertas da ciência – uma revelação que tinha uma série de aspectos com implicações morais, cosmológicas e metafísicas. Deus foi "morto", de maneira involuntária, por indivíduos modernos que foram cúmplices de modo inconsciente desse ato, tanto por meio do desenvolvimento da ciência como por intermédio de uma transformação interior da consciência humana, a qual tornou obsoleta a necessidade do conceito tradicional de Deus. Com o ato do parricídio divino, a sustentação que a moralidade cristã oferecia à cultura também foi sendo cada vez mais corroída.

Nietzsche sentiu que foi o primeiro a vivenciar e perceber de modo pleno o que estava acontecendo. Ele assimilou com profundidade as implicações da ciência para a vida moderna; compreendeu as importantes consequências para a psicologia e a espiritualidade da visão científica do mundo, na qual a Terra era apenas um planeta insignificante à deriva num vasto universo (não mais o centro do esquema cósmico, como se pensava antes de Copérnico) e na qual a vida era um acaso, uma ocorrência sem sentido: o ser humano é uma "criatura aleatória sem sentido", ou, como Jung afirmaria mais tarde, uma criatura que evoluiu dos macacos e não foi feita à imagem de Deus.[5]

---

5 Jung, "Analytical Psychology and the Weltanschauung", em: *Structure and Dynamics of the Psyche*, p. 380. Como argumenta Richard Tarnas em *The Passion of The Western Mind*, Nietzsche incorporou e expressou em sua vida e em sua obra as implicações da retirada de todo o significado do mundo e de qualquer suposto reino transcendente. O niilismo radical de Nietzsche – sugere Tarnas – emerge da plena

A filosofia de Nietzsche centrava-se na compreensão de que os ensinamentos religiosos e a moralidade estabelecidos, no que lhe dizia respeito, tinham se tornado impedimentos a uma existência vital, tornaram o espírito humano "decadente" e doente, mesmo que no âmbito coletivo a cultura mais ampla ainda não tivesse assimilado isso. A interpretação doutrinária das escrituras bíblicas proposta pela Igreja defendia um modo de vida que se opunha de modo inerente à expressão dos instintos, muitas vezes, em detrimento do bem-estar humano. Nietzsche acreditava que o cristianismo havia elevado e promulgado valores que eram prejudiciais ao desenvolvimento da personalidade individual, prejudiciais até mesmo à expressão saudável da natureza humana. Em seu desafio à moralidade cristã, ele questionou a divisão ética entre o bem e o mal, argumentando que o significado moderno e cristianizado da palavra "bem" tinha sido deslocado, pela casta sacerdotal, do seu significado original. Se olharmos para a era pré-cristã, para os antigos gregos e romanos, veremos que o termo "bom" foi reservado a princípio para uma pessoa de excelência,

---

compreensão das implicações das revoluções copernicana e darwiniana na ciência e das distinções ontológicas e epistemológicas cartesianas e kantianas entre o eu humano e o mundo. Nietzsche sentiu-se encarregado de completar o projeto iluminista de emancipação do eu individual moderno, libertando-o das algemas dos dogmas do passado e das falsas crenças. Para alcançar esse fim, restava um último obstáculo: destruir a crença em Deus e, com ela, a base de uma moralidade cristã obsoleta – um desafio que até então tinha sido inconcebível. O pronunciamento de Nietzsche de que "Deus está morto" refletiu e antecipou um ceticismo emergente na cultura mais ampla sobre a relação entre os seres humanos e um divino transcendente, uma relação que, durante séculos, forneceu um apoio metafísico tranquilizador para a vida humana. Confrontando essa nova realidade, Nietzsche olhou para o abismo existencial que o colapso de todo significado metafísico e cosmológico havia exposto e, transferindo o *locus* de todo significado para dentro do eu humano, descobriu, nas profundezas de sua própria escuridão, a visão da vida afirmativa do Super-Homem. Para uma análise mais aprofundada das implicações cosmológicas e metafísicas das declarações de Nietzsche sobre a "morte de Deus", ver: Joseph Kearns, "The Shape of Nihilism: A Cosmological Exegesis of Nietzsche's 'The Madman'".

nobreza, autoridade e poder; a bondade não estava associada a obras de caridade, preocupação com os outros, atos de bondade, piedade e assim por diante – tais características, argumentou Nietzsche, estariam ligadas a uma fraqueza ineficaz; portanto, teriam sido consideradas más e indesejáveis.[6] Qual era o significado original e correto da palavra "bom"? – questionava Nietzsche. A pessoa boa seria aquela que apenas segue as regras, é querida, nunca faz nada de errado, nunca ofende ninguém e é sempre gentil com as pessoas, como na visão cristã? Ou a pessoa boa seria aquela que ousa ficar sozinha, ser detestada se necessário, e talvez até incomodar as pessoas na busca pela verdade e no compromisso com a autenticidade e a excelência? A vida de Jesus, vale destacar, parece abranger ambas as possibilidades.

Nietzsche lembra-nos, em termos inequívocos, que o maior bem e as maiores realizações só são possíveis por meio da luta e do sofrimento, por meio do envolvimento dos instintos e da afirmação da vontade de vida. Para viver uma existência vital, não se pode apenas negar os instintos e os desejos e seguir as regras prescritas por um código moral. Sob a influência da moral cristã, as pessoas tornaram-se tão empenhadas em tentar praticar boas ações, sem cometer pecados e, assim, poder entrar no Céu e evitar o terrível destino dos pecadores no Inferno, que adotaram um código moral restritivo que suprimiu de modo excessivo a natureza dos instintos, sufocando a individualidade. "A pessoa que, em essência, não faz nada com a sua vida, mas evita o 'pecado', pode merecer o céu, na visão cristã, enquanto uma pessoa criativa pode ser considerada 'imoral' por se recusar a seguir 'o rebanho'."[7] Esse exemplo, dado por Robert Solomon e Kathleen Higgins, capta bem a essência da visão de Nietzsche.

Nietzsche ressaltava que, sem uma relação saudável com o poder instintivo da vida, as nossas tentativas de atingir a humildade e a modéstia

6 Ver Nietzsche, "On the Genealogy of Morals", em: *Basic Writings of Nietzsche.*

7 Solomon e Higgins, *Short History of Philosophy*, p. 234.

produziram apenas uma mediocridade superficial; o ideal do amor pelos nossos semelhantes tornou-se, muitas vezes, apenas uma fuga à dolorosa necessidade de nos enfrentarmos de verdade; a nossa preocupação com uma vida após a morte e a ida para o Céu desvalorizou a importância de nossa vida encarnada no aqui e no agora, e a nossa ênfase no espírito ofuscou o corpo, alienando-nos de nossos instintos naturais que poderiam trazer autenticidade, intensidade e espontaneidade às nossas vidas e que, de outra maneira, nos faltariam.

Nietzsche exaltava a experiência individual; ele afirmou o instinto, a biologia e a terra. Ele não era apenas anticristão, mas também antirreligioso, embora, à sua maneira, profundamente espiritual. Ele procurou destruir todos os antigos ídolos e mitos, bem como as velhas crenças metafísicas e morais, numa derrubada radical de toda a trajetória religiosa e moral do Ocidente. Ele queria limpar o horizonte metafísico, começar de novo, tomando uma nova direção.[8]

A vontade de poder e o *Übermensch* (Super-Homem)

A filosofia de Nietzsche pode ser entendida, em parte, como uma reação contra o seu antecessor filosófico, Arthur Schopenhauer. Considerado um filósofo pessimista, Schopenhauer encarava a vida como um sofrimento e

---

8 Campbell também era pós-cristão, formado pela proclamação de Nietzsche da "morte de Deus". Nas mãos de Campbell, porém, a antimoralidade radical de Nietzsche não é tão extrema, mas ele segue Nietzsche no compromisso de aspirar à excelência e à plenitude do ser. Embora o antagonismo feroz de Nietzsche ao cristianismo tivesse ressonâncias com a própria experiência de Campbell, este último foi capaz de ver as ideias de Nietzsche por uma perspectiva mais ampla que lhe foi proporcionada pelo estudo da religião e da filosofia oriental, as quais sustentam que o bem e o mal não são categorias éticas absolutas, mas opostos complementares. Com isso em mente, e também seguindo o filósofo grego Heráclito, Campbell enfatizou que todos os atos têm consequências boas e más. O melhor que podemos fazer, aconselhou ele, é nos inclinarmos para o bem. Em última análise, a realização espiritual nos leva para além de todos os opostos, incluindo o bem e o mal. Ver: Campbell e Moyers, em: *The Power of the Myth.*

uma luta sem fim, resultantes da atividade implacável da Vontade. "A vida é algo que nunca deveria ter sido" – essa é uma expressão conhecida de Schopenhauer que resume nossa condição existencial, a qual nunca podemos vivenciar por mais do que um momento fugaz em estado de paz, porque a Vontade, responsável por nossos impulsos, nunca cessa em desejar. Schopenhauer resignava-se com isso e argumentava que o melhor a fazer era tentar suportar essa situação, desenvolvendo compaixão pelos outros seres que também sofrem. A única trégua temporária, pensava ele, viria por meio da contemplação estética do mundo da representação ou talvez por intermédio de práticas contemplativas do Oriente – uma tradição filosófica que serviu de grande consolo pessoal para Schopenhauer.

Nietzsche, por outro lado, compreendia a Vontade em termos muito mais positivos, defendendo uma filosofia de vida diferente em sua base. Em vez de procurar refúgio na Vontade, ele defende que devemos afirmá-la, afirmar o sofrimento que advém da expressão da Vontade, e que cultivemos uma atitude de *amor fati* – o amor pelo próprio destino. A respeito disso, em sua afirmação da vida e do mundo com todas as suas paixões e suas lutas, Nietzsche é, em essência, ocidental em sua abordagem, evitando e condenando o que ele via como a negação da Vontade na filosofia e na arte de Schopenhauer – e, mais tarde, na arte de Richard Wagner – e da "decadência",[9] e em especial a aceitação do cristianismo por Wagner em sua ópera *Parsifal*.

Embora seja verdade que a Vontade produz sofrimento – argumenta Nietzsche –, o sofrimento pode ser usado como um estímulo à "autossuperação" criativa e à evolução posterior, e à alegria.[10] A Vontade, para Nietzsche, não é apenas uma *Vontade de existir* e de se propagar, mas uma

9 Ver Nietzsche, "The Case of Wagner", em: *Basic Writings of Nietzsche*, pp. 619-20.

10 O próprio Nietzsche experimentou extremos de sofrimento, tanto psicológico quanto físico, e, ainda assim, sua vontade o impeliu de modo incansável em meio ao sofrimento e mais profundamente nele. Pode-se imaginar como isso se teria traduzido

Vontade de poder, buscando sempre superar-se, destruindo e criando, impelindo o indivíduo à autossuperação e à metamorfose psicológica que possa trazer à tona o *Übermensch* – uma forma de ser muito além da condição humana normal, que existe como uma possibilidade distante para o futuro do espírito humano. O *Übermensch*, ou Super-Homem, como costuma ser traduzido, é um ser de grande poder e coragem, forjado e moldado pela Vontade, um ser que é sua própria autoridade moral e espiritual, um ser semelhante a um deus "além do bem e do mal" – o criador de valores e idealizador de significados dentro do que, para Nietzsche, era um mundo que seria sem sentido se fosse de outro modo.

Para Nietzsche, o humano existe como uma ponte entre o nível animal e essa condição divina: "O homem é uma corda estendida entre o animal e o Super-Homem – uma corda sobre um abismo. Uma perigosa travessia, um perigoso caminhar, um perigoso olhar para trás, um perigoso estremecimento e parar.".[11] A chegada do *Übermensch* anuncia um ponto importante na evolução humana:

> E este é o grande meio-dia: é quando o homem se encontra no meio de seu percurso, entre animal e Super-Homem, e celebra seu caminho para a noite como sua maior esperança, pois é a viagem para uma nova manhã. Então, o homem que declina abençoará a si mesmo, por ser um que ruma para o Super-Homem; e o sol de seu conhecimento permanecerá no meio-dia.[12]

Apenas por meio do sofrimento, conseguiremos nos tornar mais do que somos, crescendo além de nossos limites existentes. Todo o propósito

---

numa filosofia de vida – na verdade, talvez ajude a explicar as suas afirmações mais veementes e o tom por vezes polêmico de sua escrita

11 Nietzsche, *Thus Spoke Zarathustra*, p. 43.

12 *Ibidem*, p. 104.

da luta pela vida, o *telos* da Vontade, é dar à luz o *Übermensch*, que, para Nietzsche, era o verdadeiro "significado da Terra", o ideal que poderia levar a humanidade além da queda e da "decadente" religião cristã.[13]

Na afirmação da natureza, da terra e do corpo, o *Übermensch* abraçaria e assimilaria o poder instintivo reprimido no inconsciente, gerado pela separação da consciência da natureza – um desenvolvimento que, como vimos, caracterizou a mitologia ocidental, em geral, e o cristianismo, em particular. A exaltação da luz da consciência, do espírito, da razão e da racionalidade bem como a exaltação enfática do "masculino" e do patriarcalismo na cultura ocidental foram apoiadas e sustentadas pela exclusão e pela repressão de outras qualidades opostas: o poder instintivo da natureza, a energia vital que reside no que é considerado mau, o princípio feminino, a alma, a biologia, a matéria, a sexualidade, os impulsos não civilizados, os sentimentos, os desejos e os impulsos irracionais. Em razão de sua repressão, esses fatores tornaram-se obscuros, demoníacos, inconscientes, e não foram integrados à experiência humana. Eles existiam nos bastidores da vida civilizada como forças subterrâneas que se instalavam sob o mundo ordenado das preocupações cotidianas, por trás da suposta autonomia e da liberdade do ego racional e obstinado, por trás do verniz da cultura humana, porém, de tempos em tempos, irrompiam como episódios de violência e barbárie, guerras e conflitos, manias coletivas e psicopatologia.

Em oposição à razão e à moralidade, os instintos reprimidos podem assumir proporções gigantescas e irromper na consciência ou apossar-se de nós. Na verdade, em grande parte, a psicologia profunda surgiu em consequência desse cisma entre a consciência racional humana e sua base instintiva, numa tentativa de trazer as duas para uma relação mais construtiva e equilibrada.

---

13 Nietzsche, *Thus Spoke Zarathustra*, p. 42.

De acordo com Jung, em *Resposta a Jó*, a separação absoluta do bem e do mal nos princípios metafísicos personificados por Deus/Cristo e o Diabo produziu ou refletiu uma divisão correspondente, na psique humana, à consciência do ego, que invariavelmente se identifica com o "bem", e ao inconsciente, que guarda nossas qualidades sombrias, "más" ou indesejáveis. Esse desenvolvimento reflete-se em nosso simbolismo religioso e mítico, no qual a imagem de Cristo perdeu hoje muito de seu poder e de seu dinamismo originais. Tornou-se efetivamente uma imagem bidimensional de pura bondade e luz, sem escuridão e sombra, e, como tal, precisa ser posta em relação com o seu oposto complementar, que, segundo Jung, é representado a contento pelo mais escuro e ctônico, isto é, pelo moralmente ambivalente *Mercúrio* da tradição alquímica.[14] Para Nietzsche, foi o deus grego pré-cristão Dionísio quem melhor incorporou esse dinamismo perdido e a Vontade de poder afirmativa da vida, e que é, consequentemente, a inspiração mítica por trás do super-homem Zaratustra.

Niilismo e mitologia

O que acontece quando, como cultura, saímos da visão cristã tradicional do mundo e entramos num período da história moldado pela compreensão emergente de que "Deus está morto"? O que acontece quando a fonte primária do significado da vida religiosa desaparece? As respostas e as consequências evidenciam-se com clareza à nossa volta: as ideologias seculares e políticas assumem um estatuto quase religioso; o materialismo, a política, a economia e o consumismo são perseguidos com fervor religioso; a ciência, a serviço do Estado, torna-se a nova e altamente questionável autoridade moral; propósitos e aspirações mais elevados perdem-se à medida que muitas pessoas vivem apenas em função de

[14] Ver Jung, *Alchemical Studies*, Book IV.

valores seculares. Entretanto, alguns outros – a minoria espiritual criativa – são forçados a confrontar a realidade do niilismo e a procurar um novo caminho a seguir. Quando os antigos sistemas de crenças e a antiga mitologia coletiva, os quais atribuíam sentido à experiência, são eliminados, as estruturas metafísicas e cosmológicas que sustentavam a vida humana são abaladas desde os seus alicerces e, logo, começam a desmoronar.

Ao recordar as quatro funções do mito – metafísica, cosmológica, sociológica e psicológica –, poderíamos perguntar qual é a base metafísica para um mito ou uma religião numa época em que a ciência revela um universo sem sentido, arbitrário, material e mecanicista? Não há nenhuma. A metafísica foi efetivamente eliminada no que diz respeito à função cosmológica, instalando-se uma visão desencantada e dessacralizada das coisas, na qual aparentemente não há significado espiritual em nada, e na qual estamos à deriva, sem propósito ou desígnio, num planeta minúsculo situado no nada infinito do espaço exterior. O cosmos é tudo, menos uma imagem sagrada. O humano é visto apenas como um animal evoluído, movido por impulsos biológicos. No âmbito sociológico, como Campbell observou, todas as culturas locais, antes ligadas às suas próprias regiões e, assim, desconectadas do resto do mundo, foram reunidas numa civilização global emergente, mesmo quando os países se apegam às suas fronteiras e aos limites nacionais, e os povos, às suas antigas fronteiras e às identidades de grupo. Todas as fronteiras entre culturas e povos estão se dissolvendo. Todas as culturas ficaram expostas umas às outras, foram transformadas pela ciência e pelas revoluções industriais e tecnológicas às quais ela deu origem e infiltradas pela moderna sociedade de consumo ocidental e por seus valores. No âmbito psicológico, sem mitos culturais válidos, não existem mais formas de orientação para que o indivíduo possa navegar pelas fases da vida ou faça um acordo com a sua psique mais profunda. A destruição dos fundamentos metafísicos cristãos do Ocidente também abalou de um modo profundo os fundamentos psicológicos da identidade humana. A segurança de viver num universo significativo criado e supervisionado por um deus pessoal amoroso desapareceu. O código moral cristão e a prescrição para a vida não são mais válidos. O resultado, como vimos, é que agora devemos navegar pelas transformações de nossa vida por nós mesmos, sem ritos de passagem eficazes para nos ajudar e sem mitos coletivos válidos para nos guiar e instruir. Para o indivíduo autoconsciente, tudo isso cria um problema inevitável: uma crise existencial.

Quando deixamos para trás as estruturas de apoio da religião coletiva e da mitologia, as quais foram desacreditadas pela visão de mundo racional-científica de nossa época, torna-se, portanto, o destino de muitas pessoas – como foi para Nietzsche – confrontar esse mundo niilista, um mundo em que parece não haver significado fora do próprio ser, e um mundo do qual nos sentimos radicalmente separados e talvez até mesmo alienados. Muitas vezes, é necessário passar por essa experiência de falta de sentido, por uma crise existencial, para chegar a uma compreensão mais plena de um significado vivo mais abrangente. Ao fazê-lo, transcendemos as crenças de segunda mão, herdadas de nossa cultura, e ultrapassamos também o sentido puramente conceitual do significado da vida ou a experiência da falta de sentido. Parte de nosso desafio agora é desenvolver uma nova visão de mundo e novas formas de espiritualidade que possam nos levar para além do niilismo e do relativismo absoluto que definem a compreensão pós-moderna do mundo. Um encontro com o niilismo pode, em última análise, prefigurar a emergência de um novo modo mais profundo de realização espiritual adequado ao nosso tempo.

É claro que, em toda sociedade, a maioria das pessoas continua a acreditar em alguma religião e professar alguma fé. Se você puder viver de modo confortável dentro dos limites de uma antiga tradição mítico-religiosa, como observou Campbell, então, tudo bem. Mas se, para você, os antigos sinais e os antigos símbolos religiosos não têm mais a credibilidade autêntica que costumavam ter, talvez você possa sentir a necessidade de encontrar o seu próprio caminho na vida, o significado da sua própria vida e o seu próprio mito pessoal. É para essas pessoas que o trabalho de Jung e de Campbell se dirige.

Psicologia profunda e o herói arquetípico

"Pelo meu amor e minha esperança, eu lhe suplico: não jogue fora o herói que há em sua alma."[15] Com essas palavras de Zaratustra, escritas por Nietzsche, Campbell termina o seu estudo da mitologia ocidental, lançando um olhar para a era moderna. É o potencial da alma para a afirmação heroica da vida e para a autossuperação que se tornará importante para o futuro destino do espírito humano. É o padrão arquetípico do herói que pode servir como nosso guia na era da mitologia criativa individual que agora se aproxima. O mito do herói leva o individualismo do Ocidente à sua conclusão lógica, concretizando o ideal espiritual ocidental, conduzindo o eu individual à sua própria transformação por meio do encontro interior com as profundezas da psique e do espírito. Com efeito, o mito do herói leva à morte e à transfiguração do ego, podendo guiar o indivíduo por intermédio da experiência de morte-renascimento psicoespiritual que ocorre durante a individuação.

No passado, quando as pessoas viviam num mundo descrito e compreensível através dos mitos ou de ensinamentos religiosos já estabelecidos e inquestionáveis, talvez fossem apenas o místico ou o profeta – os quais tinham uma experiência pessoal de Deus – e o xamã – o qual fazia uma descida interior ao mundo espiritual – que deveriam experimentar por si mesmos as profundezas numinosas da psique. Agora, porém, essa

[15] Nietzsche, *Thus Spoke Zarathustra*, tradução de Thomas Common (citado em: Campbell, *Occidental Mythology*). Para uma forma variante desta expressão, ver a tradução de Hollingdale de *Thus Spoke Zarathustra*, p. 71.

experiência ocorre com muitos e muitos mais de nós. As consequências problemáticas da crescente autonomia do eu individual, junto à moderna rejeição do mito, são as dificuldades psicológicas inerentes à moderna consciência do ego: neurose, surtos psicóticos, esquizofrenia – todo o campo da psicopatologia, bem como o menos definido sentimento generalizado de angústia, pânico ou falta de sentido que, muitas vezes, é experimentado na vida moderna. Contudo, é por meio da abordagem dessa patologia que a psicologia profunda tem ajudado a conectar as pessoas ao significado espiritual. Uma pessoa que consulta um terapeuta e alega ser portadora de uma neurose incapacitante ou está à beira de um colapso psicológico pode, ao afirmar a experiência e procurar o seu significado mais profundo, ser apresentada à "realidade da psique", com a profundidade oculta de seus significados. A psicopatologia pode ser a porta de entrada para um novo tipo de espiritualidade individual. No entanto, isso não precisa ocorrer apenas dentro dos limites da terapia. Na verdade, a revelação espiritual genuína deve necessariamente ser alcançada por si mesma, à sua própria maneira.

Nesse contexto, Jung e Campbell estavam ambos preocupados em preservar e elevar a integridade da consciência individual, salvaguardando a centelha da autêntica individualidade de uma pessoa, em meio às pressões, muitas vezes, sufocantes ou desorientadoras da vida moderna, que poderiam resultar, com facilidade, na autoperda, na perda da alma e até na morte espiritual. Segundo Jung, a individuação tornou-se, portanto, um imperativo absoluto.[16] A dissolução dos velhos mitos, a falta de fé nas doutrinas das tradições religiosas ortodoxas, a ascensão da desencantada visão científica do mundo, a alienação experimentada pelo eu moderno, todas essas circunstâncias sem precedentes oferecem uma oportunidade para o indivíduo moderno, pois exigem que empreenda a

[16] Ver Jung, *Two Essays on Analytical Psychology*, p. 155.

busca do próprio caminho espiritual; definem a individuação como resposta à fase atual de nossa evolução psicoespiritual coletiva.

A individuação é, com efeito, a resposta de Jung a Nietzsche. É uma resposta ao destino que se abateu sobre Nietzsche, que se viu lançado no papel de profeta sacrificial de um processo de transformação inconsciente que teve significado para toda a cultura.[17] É quase como se todo o passado religioso-metafísico e a história cultural responsáveis por moldar o eu moderno convergissem em Nietzsche e implodissem, abrindo caminho para a compreensão do inconsciente. Tentando apagar essa história, ele perdeu raízes – uma consciência individual isolada contemplando o niilismo e paralisada pela intensidade extrema do processo de morte-renascimento em que estava envolvido. No entanto, como resposta compensatória, irrompeu desse niilismo a nova concepção do *Übermensch* e a descoberta empírica do inconsciente, com o surgimento da psicologia profunda. Depois disso, tudo o que antes nos parecia externo – Deus nos Céus, os deuses gregos no Olimpo, divindades planetárias celestiais, sistemas metafísicos exaltados como as Formas Platônicas, ideais religiosos, códigos morais de conduta, a alma do mundo e o espírito mundial – foi efetivamente redescoberto. Todas as estruturas metafísicas e míticas ruíram, por assim dizer, mergulhando na profundidade da psique inconsciente, para ser novamente descobertas e compreendidas de uma nova maneira.

Os deuses rejeitados e esquecidos, bem como os instintos há muito reprimidos, brotaram na psique inconsciente, exigindo reconhecimento consciente. O ego, ao estabelecer a sua autonomia volitiva, encontra-se agora numa nova posição dentro da trajetória da história espiritual e cultural ocidental, tendo de confrontar os poderes que foram reprimidos e

---

[17] Como Nietzsche colocou em *Thus Spoke Zarathustra*, p. 217: "Ó meus irmãos, aquele que é primogênito é sempre sacrificado. Agora somos nós os primogênitos. Todos nós sangramos em altares de sacrifício secretos.".

esquecidos no caminho até este momento. No entanto, isso não significa que Deus, a mitologia, a religião e a espiritualidade de fato tenham chegado ao fim; em vez disso, foram transformados e surgiram, então, com uma aparência renovada, para serem encontrados na própria psique do indivíduo de modo direto.

Todas essas mudanças equivalem, é claro, a uma transformação importante na experiência humana, uma transformação que ainda não se desenvolveu de modo pleno, em especial, no nível coletivo. Jung, talvez melhor do que ninguém, entendeu o que estava acontecendo. Ele descreveu o ser humano moderno autoconsciente como se estivesse "sobre um cume ou no limite do mundo, no abismo do futuro diante dele; acima dele, os Céus, e abaixo dele toda a humanidade com uma história que desaparece numa névoa primitiva".[18] Essa é uma imagem poderosa da situação atual do eu individual moderno.

O encontro do Oriente e do Ocidente, do antigo e do moderno

Na era moderna, vivenciamos também uma fertilização do entrecruzamento das correntes oriental e ocidental. Essas duas correntes representam, por assim dizer, as duas metades da psique. Como vimos, a corrente ocidental enfatiza o indivíduo heroico, a ascensão da consciência individual, a atividade exteriorizada, a conquista e a dominação; tudo isso caracteriza-se por ser fundamentalmente "solar". Por sua vez, a corrente oriental apresenta um caráter "lunar" ou *yin*, enfatizando a matriz do ser, as qualidades inconscientes, mais receptivas, "femininas", menos exteriorizadas e autoafirmativas. Desse modo, o caminho do desenvolvimento ocidental vislumbra o seu ápice, o que se evidencia com clareza em Nietzsche:

---

[18] Jung, "Spiritual Problem of Modern Man", em: *Civilization in Transition*, pp.196-97.

é como se o ego alienado se estendesse à sua outra metade, tentando inconscientemente encontrar uma nova relação com o seu fundamento, com a matriz que o contém. Foi assim que a filosofia e a religião orientais se infiltraram cada vez mais no pensamento ocidental em nossa época. Mais tarde, as ideias orientais começaram a atingir um público muito mais vasto por meio do trabalho de estudiosos como D. T. Suzuki, Alan Watts, Paramahansa Yogananda e do próprio Joseph Campbell. À medida que os limites do ego racional foram se aproximando, cada vez mais pessoas no Ocidente começaram a contemplar os conceitos orientais da base espiritual do ser e a buscar a iluminação por meio de um caminho introspectivo de realização espiritual. Portanto, o encontro com o Oriente apontou a possibilidade para um futuro direcionamento espiritual no Ocidente.

Por outro lado, os estudiosos orientais, sobretudo Sri Aurobindo e, mais tarde, Haridas Chauduri, começaram a assimilar o conceito ocidental de evolução, aplicando essa teoria à filosofia espiritual atemporal do Oriente. O conceito hindu de uma base espiritual eterna foi proposto e relacionado com a ideia ocidental de um universo em evolução. Aurobindo formulou uma visão da realidade, em que uma involução de uma supermente divina para matéria origina uma evolução subsequente da consciência nascente na matéria de volta à base divina. Em paralelo, é claro, os ideais democráticos ocidentais e o conhecimento científico foram disseminados por grande parte do mundo, gerando mais liberdade para muitas pessoas. A mitologia individual emerge do individualismo do Ocidente, mas também é composta de uma perspectiva espiritual global e da mitologia perene.

Com um maior desenvolvimento da nossa era, viu-se o ressurgimento de perspectivas ocultas pré-modernas e suprimidas dentro da tradição ocidental. Na verdade, uma influência posterior no pensamento do próprio Campbell foi *O Evangelho de Tomé*, um dos chamados Evangelhos

Gnósticos, que foi desenterrado no Oriente Médio na década de 1940, fazendo parte da Biblioteca de *Nag Hammadi*. Esses antigos pergaminhos coptas, datados do século IV EC, que parecem ser traduções de documentos gregos anteriores, lançam uma luz nova e fascinante sobre o cristianismo primitivo. Entre esses textos, o *Evangelho de Tomé*, que se acredita ser baseado nos ensinamentos de Jesus, é significativo em especial, pois contém profundas percepções psicoespirituais e parábolas esclarecedoras. Campbell via o gnosticismo – ao menos conforme exemplificado nesse texto – como um equivalente ocidental do budismo. Assim como o budismo e o yoga hindu, o gnosticismo oferecia a promessa de iluminação espiritual individual, alcançada por meio dos próprios esforços, algo que a religião cristã tradicional não oferecia. Campbell gostava sobretudo de citar as duas *logias* de *O Evangelho de Tomé*, passagens que contradizem as doutrinas da ortodoxia da Igreja e parecem colocar os ensinamentos de Cristo mais de acordo com o pensamento oriental:

> Jesus disse: "Aquele que beber da minha boca se tornará como eu, e eu mesmo me tornarei ele".[19]

Campbell salienta que esta ideia – a noção de que qualquer pessoa pode se tornar semelhante a Cristo e, portanto, semelhante a Deus – seria considerada uma blasfêmia no cristianismo ortodoxo. Entretanto, é mais semelhante à ideia budista, observou ele, de que todos têm a "natureza de Buda" e que você pode, por meio de seus próprios esforços, realizar essa natureza e alcançar a libertação espiritual.[20]

A segunda passagem também desafia a visão cristã ortodoxa a respeito de Deus:

---

[19] *Ross, Gospel of Thomas, logion* 108, 65.

[20] Campbell defende esse ponto na entrevista em *The Power of Myth*, com Bill Moyers.

> Jesus disse: "Eu sou o Todo e o Todo surgiu de mim mesmo. [...] Corte um pedaço de madeira, e eu estou aí; levante uma pedra e ali você me encontrará".[21]

Esse *logion* aponta para a identidade espiritual de Cristo com todas as coisas; é a revelação de que Deus permeia tudo, toda a natureza – uma visão que é, claro, um desvio radical da visão de um Deus Pai no Céu, estando acima e além da Sua criação. Segundo esse ensinamento, Deus não é totalmente transcendente, totalmente outro, mas também imanente no mundo, na natureza, e presente em cada um de nós.

Essas influências – antigas, pré-modernas, esotéricas, orientais, bem como xamânicas e indígenas – moldaram de modo significativo a natureza da espiritualidade contemporânea.[22] Na verdade, pode-se dizer que temos experimentado uma globalização da psique em sintonia com a globalização da cultura. Campbell comentou, certa vez, que ainda não tinha ouvido falar de um místico cristão que tivesse sido surpreendido por

---

[21] Ross, *Gospel of Thomas*, *logion* 77, 53.

[22] Nas décadas de 1980 e 1990, emergiu uma gama eclética de formas individuais de espiritualidade. Uma espécie de "revolução espiritual" estava ocorrendo à medida que mais e mais pessoas deixavam para trás as religiões estabelecidas em busca de novas fontes de significado e sustento espiritual (ver Hanegraaff, *New Age Religion and Western Culture*; Heelas e Woodhead, *Spiritual Revolution*; e Tacey, *Spirituality Revolution*). Campbell foi uma figura-chave nesse desenvolvimento, trazendo os *insights* da mitologia, do pensamento oriental e da psicologia junguiana a um grande público. Em 1987, as entrevistas de Campbell na PBS com Bill Moyers foram gravadas no Skywalker Ranch de George Lucas e no Museu de História Natural de Nova York, divididas em seis episódios de uma hora. A transmissão dessas entrevistas trouxe uma aclamação póstuma internacional a Campbell. Como se sabe, as ideias de Campbell também foram transmitidas a um público global por meio da representação de George Lucas dos motivos e fases do mito do herói, por meio dos filmes da série *Star Wars*, alguns dos quais serão abordados mais adiante neste livro. *The Hero with a Thousand Faces*, de Campbell, também foi sobretudo influente em *The Writer's Journey: Mythic Structures for Writers*, do roteirista hollywoodiano Christopher Vogler.

uma visão de Buda ou vice-versa.[23] As experiências espirituais – observou ele – surgem sempre revestidas da linguagem da tradição de cada um. Nos últimos cinquenta anos, contudo, a investigação do psicólogo transpessoal Stanislav Grof revelou que, em estados não comuns de consciência, a nossa história espiritual coletiva em sua totalidade parece ser potencialmente acessível a qualquer indivíduo. Pode-se, com facilidade, ter uma experiência de um xamã sul-americano semelhante à experiência de Cristo ou de Krishna, ou uma experiência de Shiva como de Alá ou do Grande Espírito, não importa a que tradição se pertenceu a princípio. Em suma, a mitologia criativa contemporânea tem acesso a e é formada por toda a herança cultural espiritual-religiosa-mítica da espécie humana – um desenvolvimento sem precedentes que marca a nossa época como única.

---

23 É uma variação de um ponto que Campbell defende em *Inner Reaches of Outer Space*, p. 39.

CAPÍTULO 4

Mitologia criativa e individuação

"O vinho novo não deve ser colocado em garrafas velhas [...].
Como uma cobra que muda de pele, o velho mito precisa ser revestido de novo, renovado a cada época para não perder o seu efeito terapêutico."[1]

"O impulso e a compulsão à autorrealização compõem uma lei da natureza e, portanto, têm poder invencível.[2]

— C. G. Jung

Para compreender o surgimento da era da mitologia criativa, precisamos ter em mente a perspectiva da narrativa sobre a nossa história espiritual e toda a trajetória da evolução da consciência descrita aqui. Como vimos, a mitologia criativa surge do individualismo

1 Jung, *Aion*, p. 181.

2 Jung, "The Psychology of the Child Archetype", em *Archetypes and the Collective Unconscious*, p. 170.

e da individuação do Ocidente; constitui uma expressão de uma consciência do ego diferenciada e autônoma, vivenciada como um sujeito obstinado e autodeterminado, voltado para o mundo e isolado da natureza. O eu moderno, ao reivindicar a sua autonomia e sua liberdade, rejeitou todas as formas de autoridade espiritual externa, rejeitou os mitos e as religiões que eram dominantes no passado; a própria cultura, como vimos, não fornece mitos vivos e vitais ou orientação espiritual intrínseca ao seu povo. Em consequência, surgiram novas formas de expressão mítica e de espiritualidade individual, compensando, até certo ponto, o declínio cultural do mito.

Há dois aspectos principais naquilo que Campbell chama de *mitologia criativa* ou *mitologia individual*: primeiro, dar expressão criativa às percepções que surgem das próprias experiências de vida, criando o seu próprio mito, por assim dizer; e, segundo, interpretar de forma metafórica os mitos já existentes a fim de encontrar orientação para a jornada de vida individual. Consideremos agora cada um deles de modo isolado.

O artista criativo e os mitos modernos

De acordo com Campbell, é papel dos artistas, ao dar forma aos próprios *insights* e às suas percepções, articular e comunicar os próprios mitos à cultura mais ampla. Isso marca uma distinção fundamental das formas anteriores de mito:

> No contexto de uma mitologia tradicional, os símbolos são apresentados em ritos mantidos no âmbito social, por meio dos quais o indivíduo é obrigado a experimentar [...] certos *insights*, sentimentos e compromissos. Naquilo que chamo de mitologia "criativa", por outro lado, essa ordem é invertida: o indivíduo tem uma experiência própria – de organização, horror, beleza ou mesmo de mera alegria – que ele

> ou ela precisa comunicar por meio de sinais; se essa compreensão tiver uma certa profundidade ou alguma importância, a sua comunicação terá o valor ou a força de um mito vivo.[3]

Campbell argumenta que os mitos no mundo moderno não estão mais ligados a lugares e culturas particulares. A fonte originária dos mitos – a *zona mitogenética*, como ele a chama – deslocou-se para o mundo interior do indivíduo criativo, o que deu origem a uma diversidade eclética de mitos em nossa época:

> Nos campos da literatura, da filosofia secular e das artes, um tipo totalmente novo de revelação não teológica, de grande alcance, grande profundidade e variedade infinita, tornou-se o verdadeiro guia espiritual e a força estruturante da sociedade.[4]
>
> [Os] poderes criativos liberados por parte de um grande grupo de indivíduos imponentes irromperam de modo que não uma, nem mesmo duas ou três, mas uma galáxia de mitologias [...] deve ser levada em conta em qualquer estudo de nossa era titânica.[5]

Na ausência de uma mitologia coletiva funcional adequada à nossa época, é vocação dos artistas criativos – afirma Campbell – produzir, com base em suas próprias experiências, formas modernas de mito. Há inúmeros exemplos de artistas cujo trabalho cumpre essa função. Jack Kerouac, por exemplo, escreveu *On the Road* (*On the Road – Pé na Estrada*), que retrata para cada jovem como é se livrar das expectativas e das convenções sociais em favor da liberdade e da experimentação da própria aventura de

---

[3] Campbell, *Creative Mythology*, p. 4.

[4] *Ibidem*, pp. 3-4.

[5] *Ibidem*, p. 3.

vida à margem da sociedade. As pinturas de Georgia O'Keeffe mitificam a paisagem do Novo México, enquanto os autorretratos de Frida Kahlo dão forma visual impressionante às suas experiências de dor extrema. Jim Morrison e sua banda, The Doors, celebraram um redespertar do espírito dionisíaco na segunda metade da década de 1960, enquanto os Beatles retrataram durante uma geração as mudanças de vida que ocorrem por intermédio de relacionamentos românticos e por meio da busca espiritual psicodélica e do idealismo que caracterizou seu trabalho posterior, iniciado com o álbum *Revolver*, de 1966. Através das artes, temos agora um acesso sem precedentes aos produtos criativos de milhões de pessoas em todo o mundo. Essa criatividade constitui uma tapeçaria mitológica eclética, incoerente hoje, que reflete a grande transformação cultural do mito nos últimos séculos.

Segundo Campbell, os mitos nos oferecem pistas e instruções sobre como viver no mundo, colocando-nos em contato com energias e modos de ser que poderíamos ter esquecido ou ignorado e ligando-nos a forças que emergem do inconsciente para o *zeitgeist* cultural, isto é, o "espírito da época". Grandes obras de arte, da literatura e da música também nos proporcionam isso. O artista, se tiver se inserido em sua arte com profundidade suficiente, pode dirigir a nossa consciência para verdades universais, expressando essas verdades de modos novos e também de formas relevantes para a cultura da época.

A mitologia moderna pode, portanto, ser vista como uma coleção de histórias, símbolos e obras de arte que foram, e que continuam a ser, criados por pessoas em todo o mundo. Quer sejam transmitidas por meio da pintura, da música, da literatura, do cinema ou da dança, ou por meio da filosofia e da ciência, cada uma dessas emanações criativas contribui para novas narrativas que abordam os desafios únicos que o indivíduo, a civilização e o nosso planeta enfrentam no mundo pós-moderno, e ainda assim abordando preocupações humanas no âmbito universal.

Portanto, é função mítica da arte moderna propiciar novas formas de expressão às verdades universais do mito – função essa cumprida de modo admirável, nos termos de Campbell, pelo filme *Guerra nas Estrelas* (*Star Wars*, 1977), de George Lucas, o qual apresenta uma nova inflexão, uma nova narrativa, dos temas arquetípicos do mito do herói. Esses temas parecem relevantes para o indivíduo moderno – afirma Campbell – porque o mito é futurista e tecnológico em seu cenário; não pode ser localizado no âmbito histórico e, assim, acaba sendo literalizado como fato histórico. Não se observam pescadores que viveram há dois mil anos na Terra Santa, algo que poderia ser considerado ultrapassado e, talvez, irrelevante para a vida moderna. O grande valor dos artistas modernos, como os listados aqui antes, é que eles comunicam por meio da linguagem e das ideias do seu tempo, lidando, muitas vezes, com problemas universais, mas numa linguagem específica do seu tempo ou das próprias experiências.

É evidente, porém, que a expressão artística apresenta muitos tipos diferentes, e as formas de arte que penetram nas dimensões mais profundas da psique são, forçosamente, exceções, e não a norma. Jung traçou uma distinção entre dois modos de criação artística, aos quais chamou de *psicológico* e *visionário*. O primeiro abrange quase todo tipo de obra artística, poética e literária, cujo conteúdo, segundo Jung, é extraído das experiências centrais, típicas da vida humana: das "alegrias e tristezas eternamente repetidas" e da "paixão e seu resultado predestinado", o destino humano e seus sofrimentos, a natureza eterna com sua beleza e seu horror".[6] Na arte psicológica, tais experiências são "elevadas do lugar comum ao nível da experiência poética".[7] Não há nada de estranho nem misterioso no conteúdo de tais trabalhos criativos. Seu tema é bem conhecido por nós.

---

[6] Jung, *Spirit in Man, Art and Literature*, pp. 89-90.

[7] *Ibidem*.

A criação visionária, por outro lado, descreve apenas as obras de arte mais raras: a segunda parte do Fausto, de Goethe; a poesia de Hölderlin; Assim Falou Zaratustra, de Nietzsche; e O Anel dos Nibelungos, ciclo de quatro óperas épicas compostas por Richard Wagner, por exemplo. Tais obras baseiam-se na experiência de uma revelação primordial e seu caráter parece estranho, numinoso e talvez perturbador, como explica Jung:

> É algo estranho que deriva sua existência do interior da mente do homem, como se tivesse emergido do abismo das eras pré-humanas, ou de um mundo sobre-humano de luz e escuridão contrastantes [...]. Sublime, repleto de significado, mas causa arrepios, gelando o sangue com a sua estranheza, pois surge das profundezas intemporais: glamoroso, demoníaco e grotesco, rompe os nossos padrões humanos de valor e forma estética, num emaranhado aterrorizante de caos eterno.[8]

O *Livro Vermelho* (*Liber Novus*), de Jung, com suas revelações do terrível poder numinoso do lado negro do divino, com certeza, se enquadra nessa categoria. De modo geral, experiências visionárias desse tipo parecem constituir a própria matéria do mito no sentido mais profundo, que nasce da revelação, de uma experiência original das profundezas da psique inconsciente.

Em sua abordagem, Campbell teve o cuidado de distinguir entre a grande arte, que pode tocar nas verdades mais profundas, e a arte meramente comercial, que é, muitas vezes, de uma alarmante superficialidade. Para Campbell, a mitologia criativa emerge da arte *visionária*, e não de uma arte meramente descritiva – embora o significado que ele atribui ao termo *visionário* seja bastante diverso do uso de Jung, citado antes.[9] O

---

8 Jung, *Spirit in Man, Art and Literature*, p. 90.

9 Ver Campbell, *Flight of the Wild Gander*, p. 36.

propósito dos grandes artistas, segundo Campbell, é inspirar a jornada individual, iluminando as "ideias elementares" universais na experiência humana, revelando como elas se manifestam na vida contemporânea. Desse modo, para Campbell, a arte visionária constitui-se como arquetípica em sua essência, retratando os temas perenes da experiência humana.

Um dos heróis e guias de Campbell, o escritor alemão Thomas Mann, fez a seguinte afirmação a respeito da influência do *insight* mítico na criação artística:

> Não há a menor dúvida sobre isso, o momento em que o contador de histórias assume o modo mítico de observar as coisas, o dom de ver os elementos típicos das características e dos acontecimentos, esse momento marca um início na sua vida. Significa uma intensificação particular do seu espírito artístico, uma nova serenidade em seus poderes de percepção e criação.[10]

Campbell pensava que tanto os pintores Pablo Picasso e Paul Klee como os escritores James Joyce e Thomas Mann representavam excelentes exemplos de criadores de mitos contemporâneos.[11] Na verdade,

---

[10] Mann, "Freud and the Future", *apud* Murray, *Myth and Mythmaking*.

[11] Houve uma influência estética poderosa sobre Campbell durante sua permanência em Paris, na década de 1920. Naquela época, a capital francesa era o centro da cultura, sobretudo da arte moderna. A pintura das primeiras décadas do século XX foi um período de destaque no mundo da arte, consagrado pela obra de vários gênios imponentes: Picasso, Matisse, Cézanne, Klee, Kandinsky, Rouault e muitos outros. Esse período assistiu ao surgimento de inúmeros movimentos inovadores, tais como Cubismo, Fauvismo, Dadaísmo, Surrealismo e Primitivismo, cada um indo muito além das formas convencionais de representação. Assim, Paris deu a oportunidade para que Campbell conhecesse, em primeira mão, artistas como criadores de mitos, dando forma às suas próprias experiências e às suas visões de mundo, comunicando-se com outros por meio de sua arte, rompendo com a tradição, encontrando e desenvolvendo os seus próprios estilos. Essas são qualidades que Campbell descreveu mais tarde como fundamentais para a mitologia criativa.

Picasso, observou Campbell, foi talvez o melhor exemplo do *Übermensch* de Nietzsche; ele era um indivíduo autodeterminado e, sem dúvida, criativo, muitas vezes, amoral, e não parecia estar vinculado a algum código moral externo ou a alguma expectativa social e nem mesmo às sensibilidades comuns dos sentimentos humanos. Picasso foi capaz de ser como era, sem máscaras, expressando-se de modo espontâneo, exercendo seu fluxo de criatividade lúdica.

Discutindo as pinturas de inspiração mítica da obra de Picasso, produzidas na região da cidade de Antibes, na França, como "Pesca Noturna em Antibes", "Triunfo de Pan", "O Rapto das Sabinas" e "*La Joie de Vivre*", o importante crítico Wilhelm Boeck destaca a seguinte observação a respeito do pintor:

> A importância dessa obra [...] reside no fato de que esses temas mitológicos [nas pinturas] não pretendem ser uma espécie de renascimento clássico, mas, sim, criações de Picasso, através das quais o espírito do Mediterrâneo fale ao nosso tempo. Ou, usando termos psicológicos, a arte de Picasso consegue transformar arquétipos do inconsciente coletivo em símbolos visíveis e compreensíveis.[12]

Essa análise está de acordo com a visão de Campbell sobre a importância do artista criativo como criador de mitos. Contudo, talvez refletindo a influência de Jung, o trabalho de Campbell preocupa-se não apenas com a representação dos arquétipos como também com o processo de transformação psicoespiritual – uma expressão adicional de sua filosofia de vida romântica.

Como M. H. Abrams demonstrou em seu estudo clássico sobre o Romantismo, por meio de seus escritos, as formas mais profundas de

---

[12] Boeck e Sabartes, *Pablo Picasso*, p. 269.

expressão artística estão, muitas vezes, conectadas de modo permanente à transformação psicoespiritual. Examinando o trabalho de Blake, Wordsworth, Hölderlin, Shelley e outros autores, Abrams revela que esses artistas visionários estavam preocupados com o movimento transformador de um estado natural de inocência e totalidade para uma condição de separação alienada e, em consequência, direcionados à recuperação de uma totalidade espiritual superior. Esse processo também é descrito de modo simbólico em termos bíblicos como um movimento triplo a partir de: (1) o paraíso feliz demonstrado pelo Jardim do Éden, representando a unidade indivisível de Deus, da natureza e dos seres humanos; (2) a Queda e a expulsão do Éden, indicativa da alienação dos seres humanos de Deus e da natureza; e (3) a longa e tortuosa jornada rumo à obtenção do Reino dos Céus, por meio da qual a unidade original poderá ser restaurada. A parábola do Filho Pródigo, por exemplo, sugere que, nesse processo, mesmo o estado de alienação tem sanção divina.[13]

As três metamorfoses do espírito

A parábola de Nietzsche "Das três metamorfoses do espírito", em *Assim Falou Zaratustra* (discutido por Campbell nas entrevistas do livro *O Poder do Mito*), é relevante sobretudo para a compreensão do processo de transformação psicológica que oferece as bases para a mitologia criativa. Ao

[13] Um processo semelhante é descrito no simbolismo da alquimia, que propiciou a Jung uma fonte de corroboração externa de seu próprio modelo de individuação. Segundo Jung, a alquimia retrata, de modo simbólico, um movimento por meio dos seguintes estágios: (1) a *unio naturalis*, a condição de uma totalidade inconsciente original; (2) a *unio mentalis*, que envolve uma separação da consciência racional das paixões e da esfera corporal dos instintos; (3) a reconexão da *unio mentalis* separada com o corpo; e (4) a *unio mystica* ou *mysterium coniunctionis*, que equivale, acreditava Jung, a uma reunião da consciência com a base empírica de todo o ser. Para a abordagem desse tópico por Jung, ver, em especial, *Mysterium Coniunctionis*.

descrever o movimento do espírito humano por meio de três formas – camelo, leão e criança –, a parábola estrutura-se, em essência, por meio do padrão romântico, culminando na realização do que pode ser descrito como condição de *maior naturalidade*.

Na primeira metamorfose, Nietzsche retrata o espírito humano assumindo a forma de um camelo que se curva para sustentar a pesada carga de conhecimento, experiência e valores que a formação sociocultural proporciona. O camelo refere-se àquela fase da vida em que aprendemos com aqueles que nos precederam, em que dominamos as habilidades que nos permitem operar e prosperar no mundo e assimilamos a sabedoria acumulada da cultura. Quanto mais puder ser absorvido, mais pesado será o fardo assumido e mais poder de influência seremos capazes de exercer posteriormente na vida.

Permanecer nessa fase da vida, contudo, é permanecer dentro dos limites da cultura e das possibilidades que ela proporciona para a realização individual – uma perspectiva infeliz para o indivíduo criativo, para quem tal limitação pode ser terrivelmente prejudicial. Ao aderir aos padrões de vida aceitos na sociedade, essas pessoas são forçadas a viver num nível muito abaixo de seu potencial. Muitas vezes, o indivíduo criativo considera difícil atuar dentro dos limites da experiência convencional porque os papéis se apresentam como simples padrões e possibilidades de vida validados pela cultura, sendo bastante restritivos e limitantes, focados sobretudo em questões econômicas e pessoais, em vez de se voltar para preocupações mais profundas da vida. Se você pertence a essa minoria criativa, torna-se imperativo desempenhar-se mais do que como um mero reflexo do que foi aprendido; você deve estar disposto a seguir seu caminho e a se dedicar à expressão de seus impulsos criativos – esse desafio é abordado pela segunda e terceira metamorfoses da parábola de Nietzsche.

Ao assumir o fardo do conhecimento da cultura, o espírito humano deve, em seguida, nos termos de Nietzsche, usar esse conhecimento para alcançar o autodomínio e conquistar a liberdade individual. O espírito, que já não se satisfaz apenas ao refletir e defender o que foi aprendido, assume, assim, a forma de um leão. Rugindo, o leão declara "Eu desejo!" e confronta aquilo que impede a sua liberdade de criar de novo; ele enfrenta um dragão temível, cujo nome "Você Deve" está inscrito em cada uma de suas muitas escamas. Representando a autoridade da ordem estabelecida, o dragão simboliza a força da história e da tradição, dos valores aceitos ("os valores milenares"), todos os imperativos morais e as expectativas despejadas sobre nós pela sociedade e pela cultura, dizendo que devemos viver e nos comportar de uma determinada forma. O dragão significa aqui a autoridade que julga e censura, algo semelhante ao superego freudiano. Alguns desses imperativos morais e algumas dessas obrigações do tipo "você deverá fazer" já podem ser rastreados há muito tempo na história humana; outros são derivados das atitudes e dos modismos de época. A função do leão é libertar; é preciso vencer o dragão e livrar-se de todas as pressões e das expectativas externas.

Durante o século passado, para vários artistas e pensadores proeminentes, a luta pela liberdade espiritual e psicológica foi dirigida sobretudo contra a Igreja Cristã Ortodoxa, que constituía o principal componente do condicionamento religioso e filosófico da sua juventude. Em *Retrato do Artista Quando Jovem*, por exemplo, James Joyce explora o processo de despertar de uma sensibilidade estética independente, na Dublin católica do início do século XX. Joyce pinta um quadro excepcionalmente vívido das terríveis torturas do Inferno, descritas pelos padres católicos como o destino inevitável de todos os pecadores, uma visão que foi instilada nas impressionáveis mentes jovens dos estudantes no romance de Joyce, constituindo uma barreira temível e formidável para qualquer desdobramento espiritual e psicológico individual. Parte da jornada de vida do próprio Campbell foi a rebelião e a rejeição de certos aspectos do catolicismo romano.[14] Com o tempo, ele parece ter-se reconciliado com a sua formação católica, ao distinguir o mito cristão e os ensinamentos de Jesus da doutrina defendida pela Igreja, permitindo-lhe extrair da religião o seu significado psicoespiritual mais profundo.

O desenvolvimento de uma perspectiva e de um julgamento espirituais independentes é crucial, como percebeu Campbell, para permitir que o indivíduo moderno resista às pressões a fim de se constituir – partindo da sociedade de massas e suas forças sociopolíticas, do condicionamento cultural e religioso e do próprio código moral internalizado do indivíduo. Como antídoto, os ensinamentos de Campbell encorajam os indivíduos a fazer o que de fato eles querem fazer na vida, estimulam a cultivar uma forma de espiritualidade que afirma a natureza e os instintos, um modelo de espiritualidade que surge da vida natural, em vez de negá-la – uma forma adicional de espiritualidade, um reflexo de sua filosofia de vida essencialmente romântica.

Podemos ver algo dessa atitude no personagem Stephen Dedalus, de Joyce, que afirma um compromisso apaixonado com a experiência individual autêntica, custe o que custar. Em *Mitologia Criativa*, no quarto volume da série *As Máscaras de Deus*, Campbell defende o resumo de Joyce a

---

14 As circunstâncias pessoais imediatas da vida de Campbell durante seu crescimento foram moldadas pelo catolicismo romano, contra o qual ele mais tarde lutou para se emancipar, muito à maneira de Stephen Dedalus, o herói de *Um Retrato do Artista quando Jovem*, de James Joyce, o qual Campbell valorizou como um guia para o desafio que cada um de nós pode enfrentar para vencer a própria autonomia espiritual. Hoje, lendo Campbell, fica evidente que ele manteve uma ambivalência em relação à religião cristã vivenciada durante a sua vida – um legado de suas primeiras lutas, sem dúvida. Contudo, nessa experiência, é possível observar as sementes da crença de Campbell que demonstram que cada indivíduo tem a necessidade de embarcar no próprio caminho, deixando para trás as velhas tradições, as velhas religiões, em busca de uma experiência individual autêntica. Cultivar uma sensibilidade estética é uma forma de fazer isso; construir a orientação de vida de alguém em torno de suas próprias percepções e suas experiências espirituais é outra.

respeito de uma determinação inabalável de ser fiel a si mesmo, embora isso nos leve a transgredir os imperativos morais e as leis de sua sociedade e de sua religião, mesmo que isso exija enfrentar a perspectiva de uma eternidade passada no Inferno: "Melhor o Inferno para si próprio como personagem do que o Céu como outra pessoa qualquer", declara Joyce, "pois isso seria exatamente fazer do Inferno o Céu, e do Céu, o Inferno" – um sentimento com o qual Nietzsche, sempre um individualista feroz, certamente teria concordado.[15]

Retomando a parábola de Nietzsche, o espírito humano é, assim, transformado de camelo em leão para que possa "capturar a liberdade e ser o senhor de seu próprio deserto", no intuito de "criar para si a liberdade para uma nova criação", para declarar um "não sagrado, mesmo que seja por obrigação".[16] Simbolizando o individualismo instintivamente fortalecido, o propósito do leão é rejeitar e repudiar tudo o que se interponha no caminho da liberdade criativa individual, mesmo que isso signifique, como aconteceu com Nietzsche, rejeitar a moralidade religiosa de sua época em sua totalidade.

Na transformação final, segundo Nietzsche, o espírito humano assume a forma de uma criança que representa "inocência e esquecimento, isto é, um novo começo, um esporte, uma roda automotora, um primeiro movimento, um sagrado Sim".[17] A imagem de Nietzsche de uma "roda autopropulsora", movendo-se para fora de seu próprio centro, aponta para um estado de ser no qual alguém vive e age não por um senso de dever, convenção ou expectativa social, mas por causa de seu próprio interior, usando as profundezas criativas como um ser autogerador e autodeterminado. Antecipa a transformação da individuação na qual o centro

---

[15] Campbell, *Creative Mythology*, pp. 85-6.

[16] Nietzsche, *Thus Spoke Zarathustra*, p. 55.

[17] *Ibidem*.

de gravidade existencial se desloca do ego racional pensante para o que Jung chama de *Self* – o ponto de interconexão orgânica com o todo da existência, refletindo a totalidade da experiência individual.[18] Com essa transição, o "sagrado-Não" rugido pelo leão com raiva e desafio contra a pressão conformista do condicionamento sociocultural torna-se um "sagrado-Sim", uma aceitação sincera da vida como ela é pela criança para quem a vida tornou-se um jogo criativo. A natureza interior – a criança criativa interior – anteriormente submersa por camadas e mais camadas de condicionamento torna-se livre para viver e criar de novo.

Um processo desse tipo pode ser observado na vida de muitos grandes artistas, em especial, daqueles que se tornaram pioneiros em suas áreas. Para conquistar reconhecimento em qualquer área de atuação, primeiro é necessário aprender as regras e as técnicas de seu ofício, seja qual for. No entanto, para alcançar esse estágio, basta ser um artesão com a habilidade de reproduzir e retrabalhar estilos já estabelecidos ou de repassar conhecimento de segunda mão, mas sem ser capaz ainda de produzir algo original. Para ser genuinamente criativo, é preciso estar disposto a deixar de lado uma adesão rígida às técnicas aprendidas e ao conhecimento que assimilou para permitir o surgimento de um estilo próprio e único de expressão. Picasso era, desde muito jovem, um mestre em seu ofício; entretanto, ele só se destacou depois de desenvolver suas novas abordagens, introduzindo novas formas de representação no campo da pintura. Para fazer isso, ele teve de ousar, deixar para trás os estilos tradicionais e aqueles em voga no mundo da arte de modo mais amplo. Com o tempo, sua arte exibiu uma qualidade de liberdade infantil de expressão criativa. Criou como se fosse

---

18 Para expressar mais clareza conceitual, aqui e ao longo do texto, emprego o termo *Self* (começando com letra maiúscula) para diferenciar o conceito de Jung do centro e da totalidade da psique total do uso comum do termo *self* (começando com letra minúscula) para representar a personalidade individual. As traduções para o inglês de *Collected Works* e *Memories, Dreams, Reflections*, de Jung, não seguem essa prática.

uma criança, vivendo a partir da espontaneidade do seu próprio centro, sem ser impedido pelo que era esperado, sem se preocupar com o que os outros pensavam. "Levei quatro anos para pintar como Rafael", observou Picasso, "mas uma vida inteira para pintar como uma criança".[19]

Em um campo totalmente diferente, o grande pioneiro e praticante das artes marciais Bruce Lee percorreu um processo semelhante, descrevendo o treinamento em artes marciais classificado em três estágios: o estágio primitivo, o estágio da arte e o estágio da ingenuidade.[20] Antes de qualquer tipo de treinamento, o combate, em sua condição natural ou primitiva, é apenas uma luta instintiva. Então, durante os anos de prática de rotinas definidas, ou *kata*, o combatente não luta mais de modo instintivo, mas, sim, de uma forma controlada, treinada e, portanto, bastante mecânica e *não natural*, empregando técnicas aprendidas em combate. Por fim, segundo Lee, o praticante pode atingir um estado de ingenuidade ou *naturalidade consciente*, caracterizado por uma liberdade criativa e uma espontaneidade controlada emergindo de um domínio total da técnica, correspondendo, portanto, ao espírito infantil inerente ao modelo de Nietzsche. Lee também descreve essa condição como aquela em que o indivíduo está "conscientemente inconsciente" ou "inconscientemente consciente".[21]

No Novo Testamento, a exortação de Jesus para "tornar-nos como crianças" (Mateus 18:3) aponta exatamente para esse tipo de trajetória de desenvolvimento. Esse ensinamento não implica, é claro, que devamos regressar a uma condição de dependência infantil ou de infantilismo. Pelo contrário, parece referir-se à obtenção, na consciência autoconsciente, da liberdade espiritual, da diversão e da espontaneidade que resultam de

---

19 Comentário atribuído a Pablo Picasso. Para uma variação dessa citação, consultar: Penrose, *Picasso: His Life and Work*, p. 307.

20 Lee, *Bruce Lee: Artist of Life*, p. 18.

21 Lee, *Bruce Lee: Artist of Life*, p. 194.

uma profunda transformação psicológica. Apesar de todos os seus julgamentos críticos sobre a moralidade do cristianismo ortodoxo, a parábola de Nietzsche aponta para um objetivo notavelmente semelhante. Como veremos, esse objetivo encontra uma articulação mais completa no modelo de individuação de Jung e em sua representação mítica na viagem do herói. As percepções de Nietzsche e Jung sugerem que, se o antigo deus está de fato morto, um novo deus – o *Self* mais profundo, em termos junguianos, nascido como uma "criança" na psique de cada um de nós – emerge como um centro vivo interior. O desafio do indivíduo é participar de modo consciente nesta transformação espiritual em desenvolvimento, processo este que é iluminado no âmbito simbólico pelos motivos da jornada do herói mítico.

Lendo o mito como metáfora

O segundo aspecto da mitologia individual, aquele no qual focaremos nossa atenção nos capítulos a seguir, visa à interpretação dos mitos, tanto antigos quanto novos, para iluminar os temas, os desafios e as transformações da experiência psicológica e espiritual humana. Para aquelas pessoas que já não conseguem encontrar significado nas tradições religiosas estabelecidas, uma leitura metafórica do mito – como propõe Campbell – pode revelar a verdade mais profunda contida nele e fornecer orientação para a jornada de vida do indivíduo. Para tanto, os mitos devem ser interpretados como metáforas dos processos psicoespirituais.

De uma perspectiva psicológica profunda, os mitos, em geral, não significam o que parecem significar; o seu verdadeiro significado nem sempre é evidente e visível, pois, muitas vezes, só pode ser identificado se considerarmos as implicações simbólicas das histórias neles contidas, isto é, lendo-as, como disse Campbell, em termos de sua *conotação*, e não de sua *denotação*. Esse ponto é absolutamente crucial. As descrições de um apocalipse iminente nos mitos ou na literatura religiosa, por exemplo, não significam que o fim do mundo esteja literalmente chegando. Para Campbell, esses relatos descrevem a experiência psicológica da morte do velho ego, que, para quem a vivencia, sempre parece ser o fim do mundo. O mito expressa, por meio de uma descrição metafórica de um evento físico, uma experiência psicoespiritual. Uma metáfora é escrita de tal forma que parece ser uma afirmação de um fato, e isso a torna suscetível a uma interpretação equivocada, concretizada por aqueles que têm uma compreensão mais literal. Assim, o mito da aventura do herói, que é o foco principal de Campbell em seus primeiros trabalhos, não se refere literalmente aos feitos heroicos realizados no mundo, mas sim ao enfrentamento e ao combate aos demônios internos da psique de alguém na forma de impulsos e complexos, resistências e bloqueios, arquétipos e instintos.[22] A aventura é de transformação espiritual por meio da superação das forças e dos poderes da própria psique; não tem a ver com dominação e conquista do mundo exterior.

A importância do mito do herói como guia para a transformação psicoespiritual foi trabalhada por Jung em *Símbolos de Transformação* e

---

[22] Para Campbell, o mito não é *exclusivamente* psicológico, mas, *sobretudo*, é psicológico. De seu ponto de vista, no entanto, a interpretação psicológica do mito encontra-se com frequência enraizada na biologia humana: os deuses – como ele afirmou – representam as energias do corpo, personificações de sistemas de desejo que estão em conflito entre si. Uma das críticas que poderiam ser feitas a Campbell, portanto, é a do reducionismo biológico, na medida em que, seguindo Freud, às vezes, ele parece reduzir os deuses e as deusas a nada além de símbolos de energias biológico-instintivas. E, seguindo Jung, Campbell também poderia ser acusado de psicologismo, reduzindo mito e religião a tão somente psicologia. Porém, essas críticas devem ser equilibradas com a espiritualidade generalizada inerente ao trabalho de Campbell; seus livros e suas palestras estão repletos de *insights* espirituais; ele é um campeão da experiência espiritual. Relembrando a primeira função do mito, Campbell diria que o mito tem uma importância metafísica, embora, assim como Freud e Jung, Campbell trabalhasse no âmbito de uma visão de mundo que interpretava a psique como radicalmente separada do cosmos e diferente da matéria no aspecto categórico. Sua estrutura epistemológica tácita, como a de Freud e Jung, era kantiana.

desenvolvida em linhas um tanto diferentes por Erich Neumann em *História das Origens da Consciência*. Essas duas obras abordam a luta da consciência do ego para se diferenciar e depois superar o poder instintivo do inconsciente, simbolizado pelo confronto do herói com os poderes sombrios da natureza (como na luta do dragão) e pelo encontro com a base materna do ser (simbolizada pela Grande Mãe). Campbell apresenta uma abordagem semelhante, embora menos técnica, para interpretar o mito do herói em *O Herói de Mil Faces*, recorrendo à psicologia de Freud e Jung, mas também ao misticismo, à literatura e à mitologia clássica.

Para a abordagem metafórica, é essencial tentar diferenciar os temas universais presentes dentro dos mitos. Para esse fim, Campbell recorre à teoria dos arquétipos e do inconsciente coletivo de Jung. Ao analisar mitos e sonhos, sobretudo os "grandes sonhos" numinosos – aqueles que se destacam por seus motivos religiosos, pelo significado instrutivo e pelo poder emocional –, Jung descobriu que alguns temas centrais tendem a ocorrer diversas vezes, como um encontro com um ser sombrio, uma luta contra uma fera terrível, a partida para uma floresta escura, o encontro com um guia sábio ou com uma "voz" que anuncia com autoridade absoluta o que vai acontecer. Ele concluiu, portanto, que existe uma dimensão universal ou uma região coletiva da psique humana que dá origem a esses temas centrais. Tais temas são todos relacionados, como ele sugere, a arquétipos no inconsciente coletivo.

Os arquétipos, segundo Jung, são predisposições para pensar, imaginar e experimentar as coisas de algumas maneiras predefinidas. São centros criativos numinosos que podem se apoderar da mente consciente ou fixar-se em nós por meio de sonhos e fantasias, moldando tanto as nossas experiências interiores como as exteriores. São centros relativamente autônomos de energia, impulsos e propósitos no contexto da psique que propiciam à experiência humana uma estrutura *a priori*. Sem o nosso conhecimento, o conteúdo da consciência e a nossa experiência do mundo são continuamente moldados por arquétipos.

Em geral, pensamos em nós mesmos como uma personagem singular, uma pessoa que tem uma vontade, e essa vontade é o poder determinante em nossa vida. No entanto, essa concepção é uma espécie de ilusão, segundo Jung. Surge da crença do século XIX de que o "homem" é o senhor da natureza e senhor de si mesmo. Depois da exploração do inconsciente por parte de Freud, por intermédio da psicanálise, a descoberta dos arquétipos por Jung minou ainda mais a suposição de que podemos controlar a psique apenas por meio da racionalidade e de atos de força de vontade. O trabalho de Jung apresentou um equivalente psicológico de uma visão politeísta do mundo, não muito diferente daquela que configura o panteão greco-romano de deuses e deusas – a diferença, de acordo com Jung, é que os deuses existem dentro de nós, como forças psicológicas. Eles não são seres físicos, que controlam, das alturas, os assuntos humanos. Em vez disso, os deuses simbolizam arquétipos, instintos e complexos nas profundezas da mente humana.

Campbell baseou-se nas teorias de Freud e, sobretudo, nos conceitos de Jung para mostrar que, interpretados pela visão psicológica, os mitos contêm grande sabedoria e fornecem pistas sobre o modo como podemos nos orientar para lidar com os arquétipos e encontrar orientação para o processo de individuação:

> Todavia, o que mais nos chama a atenção são as revelações manifestas na clínica de pessoas com deficiência intelectual. Os ousados e verdadeiramente marcantes escritos da psicanálise são indispensáveis ao estudioso da mitologia. Isso ocorre porque, como quer que encaremos as interpretações detalhadas, e por vezes contraditórias, de casos e problemas específicos, Freud, Jung e seus seguidores demonstraram irrefutavelmente que a lógica, os heróis e os feitos do mito mantiveram-se

> vivos até a época moderna. Na ausência de uma efetiva mitologia geral, cada um de nós tem seu próprio panteão do sonho – privado, não reconhecido, rudimentar e, não obstante, secretamente vigoroso.[23]

Aqui, em essência, está a lógica por trás da interpretação metafórica e psicológica do mito elaborada por Campbell. Ao dar atenção aos sonhos e às imagens de fantasia que emergem na psique, pode-se acessar e compreender melhor os determinantes arquetípicos universais que moldam a experiência humana. A ligação com os arquétipos pode fornecer uma fonte segura de significado e dar à vida individual uma significação universal.

Há três componentes principais no modelo da psique de Jung: *consciência*, que é aquela parte da psique da qual somos mais ou menos conscientes; o *inconsciente pessoal*, que contém complexos sistemas reprimidos da experiência pessoal (memórias, sentimentos, impulsos e assim por diante), os quais são inconscientemente ocultados da consciência; e o *inconsciente coletivo* (ou a "psique objetiva", como também é conhecida), composto dos arquétipos – os fatores de organização universal, comuns a todas as pessoas, que formam o pano de fundo da psique. Cada um dos complexos pessoais na experiência individual está relacionado a um arquétipo específico, como a sombra, a *anima* e o *animus*, o velho sábio, a grande mãe, o herói, o pai, a criança, o trapaceiro, o espírito e o *Self*. A consciência e o inconsciente pessoal repousam sobre o inconsciente coletivo, que é a matriz da experiência.

De acordo com Jung, nunca se pode experimentar um arquétipo de modo direto, mas apenas como uma imagem arquetípica dentro de sonhos e fantasias ou personificada como figura mítica. A *sombra*, por exemplo, pode ser representada por uma figura escura ou por uma fera que

---

[23] Campbell, *The Hero with a Thousand Faces*, p. 2. [*O Herói de Mil Faces*. São Paulo: Cultrix, 1989, p. 16.]

simboliza uma parte primitiva da natureza de uma pessoa, que não foi incorporada à sua personalidade e à qual não foi possível dar expressão. Esse aspecto de nós mesmos permanece, portanto, inconsciente, parecendo escuro, pois se mantém fora da "luz" da consciência. Embora seja provável que a sombra de cada indivíduo contenha elementos coletivos (refletindo os valores e os aspectos da experiência de vida reprimidos e excluídos pela cultura de forma mais ampla), ela também funciona como um complexo pessoal, compondo os traços inferiores de uma pessoa, bem como um conjunto de memórias, emoções e sentimentos reprimidos da consciência.

Outra imagem arquetípica comum é a do *velho sábio* – definido por Jung como o "mestre e professor superior, o arquétipo do espírito, que simboliza o significado preexistente escondido no caos da vida".[24] Como todos os outros arquétipos personificados, este assume a forma de um personagem específico inserido num mito. Merlin, Gandalf ou Ben Kenobi são exemplos do arquétipo geral. Cada um tem uma personalidade distinta, e cada um cumpre o papel universal de mentor sábio, guia, autoridade e assim por diante, representando um tema e uma função onipresentes na experiência humana.

O modelo junguiano dos arquétipos e do inconsciente coletivo oferece uma forma de compreender a relação entre arquétipos universais, temas e motivos do mito, suas inflexões culturais e os complexos da psicologia individual. Na visão junguiana, os personagens, as situações e as ações do mito podem ser todos vistos como um retrato simbólico dos padrões arquetípicos da psique. Os mitos surgem de arquétipos, dando forma à imaginação arquetípica. Os mitos simbolizam os processos e a dinâmica dos arquétipos na psique. Em última instância, são os mitos que fornecem pistas sobre como lidar com os aspectos específicos do processo de individuação.

---

[24] Jung, *Archetypes and the Collective Unconscious*, p. 35.

Individuação, arquétipos e a persona

O processo de individuação, mediado pelo encontro com os arquétipos, efetua uma transformação radical da estrutura da psique. A velha forma da estrutura do ego é destruída, e uma nova estrutura psicológica mais robusta e inclusiva é formada, refletindo melhor a totalidade psicológica de uma pessoa, a totalidade do que alguém é – tanto a identidade consciente quanto o *Self*, que é o outro, o desconhecido, uma pessoa maior que está por trás da personalidade consciente. O *Self* é o centro e a totalidade de toda a psique, de todo o ser humano, enquanto o ego é apenas o centro da consciência, a parte da psique com a qual estamos familiarizados e com a qual nos identificamos. Para individualizar, o ego deve enfrentar aquilo que em geral é excluído da consciência; deve enfrentar a metade sombria da psique, na qual reside o *Self*, e deve ficar cara a cara com o inconsciente.

O processo de individuação só pode começar de fato quando a consciência do ego se estabelece como um centro autônomo e diferenciado. Ou seja, a individuação só pode ter início quando sua identidade está formada, quando seu sentido de "eu" está desenvolvido o suficiente. Nesse ponto, talvez sua vontade tenha divergido das raízes inconscientes de sua personalidade de um jeito significativo, de tal modo que quem você acredita ser e a vida que está vivendo podem não refletir de maneira adequada a totalidade do que você de fato é ou do que você está destinado a se tornar. Durante a individuação, você é chamado pelo *Self* – considerado o maior poder e o centro da psique – para alinhar sua vontade com as próprias intenções do *Self*, que muitas vezes são bastante diferentes de seus planos conscientes para você e para sua vida e invariavelmente divergem do que parece racional ou faz sentido para você.

O primeiro arquétipo a emergir durante o encontro com o inconsciente é a sombra, a contrapartida compensatória da personalidade consciente. Como vimos, a sombra representa tudo o que está excluído da personalidade consciente e também tudo o que a nossa civilização exclui. A sombra é composta de medos, impulsos, desejos, tabus e qualidades inferiores, das quais sentimos vergonha ou as quais nos causam constrangimento. Por isso, muitas vezes, a sombra é personificada em sonhos e fantasias como uma figura sombria e agourenta do tipo que – por não estarmos dispostos a enfrentar o inconsciente – normalmente nos persegue de modo incansável.

Confrontar a sombra é um processo difícil e doloroso, pois requer aceitar tudo o que preferiríamos não enfrentar dentro de nós. No entanto, a sombra também contém muitas qualidades positivas. Como a consciência do ego está sintonizada com o que considera ser aspectos bons e agradáveis da realidade, então, metade da vida, se não mais, é excluída da percepção consciente. Em consequência, uma reserva considerável de poder vital, paixão e vitalidade cai no inconsciente, formando a sombra. Na sombra, podemos até descobrir as nossas mais elevadas potencialidades e as nossas maiores possibilidades, pois, por trás da escuridão, esconde-se uma pluralidade de outros arquétipos, e, em última análise, o *Self* – o humano arquetípico universal dentro de nós –, o "Grande Homem", faz-se conhecer pelo ego consciente.

Se a sombra puder ser enfrentada, a escuridão amorfa do inconsciente poderá ser diferenciada numa multiplicidade de arquétipos distintos, mas inter-relacionados. Os arquétipos da *anima* e do *animus* são de especial importância para a individuação. Na verdade, esses arquétipos, representando as qualidades contrassexuais inconscientes, servem como mediadores entre a consciência e o inconsciente. São funções psicológicas pelas quais o ego racional pode se sintonizar com a realidade viva do inconsciente, e, por intermédio dessas funções, é possível cultivar a capacidade de discernir e se relacionar com outros arquétipos, como o malandro, o herói, a criança, o espírito, o velho sábio e a grande mãe. Em última análise, cada arquétipo pode refletir um aspecto diferente das intenções do *Self*, que, segundo Jung, são ao mesmo tempo a origem e o objetivo da individuação.

Outro aspecto importante da psique é a *persona*, que é o rosto que mostramos ao mundo, a parte de nós que gostaríamos que os outros vissem, como gostaríamos de ser vistos – em geral, nossos traços positivos e felizes. Jung descreve isso como uma "formação de compromisso": é em parte autêntica, em parte simulada, mostrando uma imagem parcial do verdadeiro eu, ao mesmo tempo que permite a adaptação às exigências do mundo social, proporcionando uma tela protetora em torno da personalidade real.[25]

À medida que a individuação começa, a *persona*, a velha identidade mundana, se dissolve ou entra em colapso – é a "dissolução da *persona*", como Jung a chamou. Essa ocorrência pode marcar o início de um período de caos psicológico e confusão, quando a sua noção de quem você é, o seu papel na vida e o seu lugar no mundo são lançados numa incerteza caótica. Muitas vezes, essa fase é marcada por grandes oscilações emocionais, grandes lutas internas, tensão exacerbada e avanços. No meio dessa experiência, você pode se sentir como se estivesse no mar, a bordo de um navio sendo sacudido pelas ondas, enquanto emoções, desejos e impulsos poderosos tomam conta de você, puxando-o de modo violento em diferentes direções. É a esse processo, a essa luta, que a jornada do herói se refere de um modo simbólico. Descreve como podemos chegar a um acordo com a psique mais profunda e participar do surgimento de um novo centro psicológico. Descreve a ruptura da casca do ego e a reintegração da consciência com o poder instintivo e emocional do inconsciente.

Qualquer tipo de evento externo pode desencadear a destruição da *persona*. Pode ser o que Jung chama de "conflito de deveres", quando você precisa tomar uma decisão importante na vida, escolhendo entre a opção A

---

25 Jung, *Two Essays on Analytical Psychology*, p. 158.

e a opção B, e apenas não consegue se definir. A decisão é inconciliável porque a mesma quantidade de impulso e energia está por trás de ambas as opções. Isso produz um impasse absoluto, uma paralisação; a vida fica suspensa, e você não é capaz de seguir em frente. Isso força a energia para dentro, para baixo. Você não consegue continuar com sua vida até que a decisão seja tomada. E isso precisa ser resolvido em um nível mais profundo.

A destruição da *persona* também pode ser desencadeada por uma experiência traumática ou por uma ferida profunda, impedindo você de manter a postura assumida em relação ao mundo e comprometendo seu senso de controle racional; ou, ainda, pode ocorrer quando a motivação anterior de sua vida é frustrada ou parece deixar de ser significativa. Quando a antiga *persona* e o controle do ego não podem ser mantidos, é nesse momento que começa a individuação propriamente dita.

A jornada para uma condição de totalidade psicológica é árdua. Você deve suportar a morte do ego – sua antiga identidade, seu antigo eu e sua vontade – e uma ressurreição para a plenitude de uma nova vida centrada no *Self*. Quando as velhas estruturas do ego entram em colapso, você deve aprender a resistir ao ataque das fantasias, dos desejos e medos instintivamente fortalecidos que são liberados na consciência. Você deve aprender a conter esses instintos e a lidar com eles de modo consciente, em vez de reprimi-los. É necessário aprender a distinguir e diferenciar os diferentes impulsos e os impulsos que movem você, para que possa sintonizar-se com as sugestões do *Self*. Dessa maneira, a multiplicidade de complexos e impulsos que movem você pode ser trazida para uma harmonia dinâmica, para que cada um receba a expressão adequada a serviço do *Self* – o princípio da unidade integrativa superior na psique.[26]

---

[26] Em seus trabalhos posteriores (como *The Power of Myth* e *The Way of Myth*), Campbell se concentra menos nos processos de transformação psicológica interna do que em *The Hero with a Thousand Faces* e defende o mito do herói em um sentido mais geral. Nessas obras posteriores, o mito do herói é o modelo para a transformação interior

Transformação e o caminho individual

O processo de individuação combina dois elementos-chave. Por um lado, diz respeito ao desafio de se tornar um indivíduo único, separado da multidão comum. Por outro lado, refere-se a um processo de profunda transformação psicoespiritual em que a velha estrutura do ego é destruída e uma nova estrutura psicológica é estabelecida, centrando-se no *Self*.

Para o processo de individuação, você deve seguir seu próprio caminho na vida, libertando-se das pressões sociais e das crenças que impedem você de ser quem é, partindo – no âmbito simbólico – para a floresta escura ou para o deserto, encontrando seu caminho próprio e único e, assim, tornando-se um verdadeiro indivíduo. Você deve se libertar do ventre da cultura e do condicionamento da personalidade-ego, bem como da *persona* que ele sustenta.

A separação que ocorre durante a individuação é da massa, da influência niveladora da cultura dominante. Você tem de romper com o coletivo para servir a vontade do todo a partir do seu centro profundo, pois este também é um centro do cosmos. O universo é *onicêntrico*, como aponta o cosmólogo Brian Swimme, o que implica que cada um de nós é um centro universal; nosso desafio é perceber isso nas profundezas do nosso ser.[27] Você deve romper com os padrões e os hábitos limitantes da psique cultural para entrar em contato com o que Campbell chama de "fontes primárias" da vida, que são os arquétipos universais. Ao se tornar um indivíduo, separado da massa da humanidade, você poderá realizar de modo simultâneo a sua natureza universal.

A individuação é um caminho exclusivamente individual, mas deve ser realizada por meio do encontro com os elementos universais da

---

e mística, mas também para qualquer vida experimentada de forma autêntica e corajosa, a serviço de algo maior do que o interesse pessoal.

[27] Ver: Swimme, *Hidden Heart of the Cosmos*, pp. 85-6.

experiência humana, ou seja, com os arquétipos. Na verdade, a própria individuação é um exemplo ou uma expressão do arquétipo do renascimento. É o equivalente psicológico do processo de morte-renascimento na natureza – o mesmo processo pelo qual a lagarta se transforma em borboleta ou o fruto da árvore cai do galho e morre, impregnando a terra com nova vida. O Evangelho de João (12:24) expressa exatamente essa ideia: "Digo verdadeiramente que, se o grão de trigo não cair na terra e não morrer, continuará ele só. Mas, se morrer, dará muito fruto".* Durante a individuação, o ego se encontra na mesma condição da lagarta e do grão de trigo.

Uma das principais críticas de Jung a Nietzsche é que, em seu fervor por derrubar o passado religioso, ele não conseguiu reconhecer que estava representando um padrão arquetípico universal de renascimento que outros antes dele já tinham descrito (ou talvez tenha optado por desconsiderar isso). Em consequência, ele rejeitou potenciais fontes de orientação que poderiam tê-lo ajudado enquanto lutava com as próprias experiências transformadoras. Como fonte de instrução, ele poderia, por exemplo, ter recorrido ao *Fausto*, de Goethe, explorando experiências notavelmente semelhantes às de Nietzsche.[28] Ou, como filólogo, poderia ter se baseado nos mitos clássicos ou mesmo no cristianismo, o qual rejeitou com veemência, para oferecer orientação. Na verdade, um dos principais tradutores de Nietzsche, R. J. Hollingdale, demonstrou como muitos dos temas de *Assim Falou Zaratustra* espelham de forma semelhante os ensinamentos de Jesus.[29] Todas essas fontes poderiam ter ajudado Nietzsche,

---

* Disponível em: https://www.bibliaon.com/joao_12/. Acesso em: 17 set. 2023. (N. da T.)

[28] Outra figura que passou por esse tipo de experiência foi o irmão Klaus (também conhecido como irmão Nicolau de Flüe), que, como Jung descreve, olhou para a face sombria do divino, mas foi capaz de emergir dessa experiência intacto, graças ao seu firme ancoramento no dogma religioso cristão. Ver Jung, *Archetypes and the Collective Unconscious*, p. 11.

[29] Ver a introdução de Hollingdale para a versão em inglês de *Thus Spoke Zarathustra*, pp. 28-9.

segundo Jung, se ele não estivesse tão convencido de que era necessário rejeitar a herança filosófica e espiritual da cultura em sua totalidade. Embora sua experiência seja única, outras pessoas antes de você já passaram por experiências parecidas, o que pode contribuir para dar sentido à sua vida. Entretanto, em certo sentido, Nietzsche era individualista em demasia. Ele negligenciou a consideração da natureza universal ou arquetípica de sua experiência, deixando de reconhecer, ao que parece, o fato de estar envolvido num processo arquetípico de morte-renascimento, o próprio tema simbolizado e descrito pelo cristianismo, que ele rejeitou, e pelo destino da figura mítica com a qual ele se identificava tão intimamente: Dionísio.

Como forma de expressão do arquétipo do renascimento, a individuação pode ser considerada um processo natural inevitável de desenvolvimento, que ocorre o tempo todo, quer saibamos disso, quer não. Mesmo que a individuação não seja empreendida de modo consciente, as circunstâncias de nossa vida contribuem para provocar o desenvolvimento psicológico, tão certo quanto a natureza deseja que uma criança se transforme num adulto ou que uma semente se desenvolva e se torne uma planta. No entanto, há uma grande diferença entre esse processo natural de desenvolvimento e um envolvimento consciente com a individuação – estágio posterior e avançado do desenvolvimento psicológico, que envolve um encontro direto com a psique inconsciente. Embora a individuação seja um processo natural, paradoxalmente, requer a superação da natureza. É o processo pelo qual o espírito na natureza pode ser realizado de modo consciente. Por meio da individuação, a natureza procura se superar, transformando-se através da psique humana, o que é um processo perigoso, sem precedentes e incerto e, segundo todos os relatos, parece ser bastante raro. A natureza produz o ego como portador da consciência autorreflexiva e, então, num momento crítico de seu desenvolvimento, o ego consciente encarrega-se da tarefa de ajudar a libertar o espírito da natureza, com a superação da natureza em sua forma não regenerada.

Assim, o ego fica envolvido no processo contínuo de evolução psicológica. A transformação é muito complicada e difícil de lidar porque a antiga forma do ego deve ser superada.

Para algumas pessoas, o processo de individuação não pode ser ignorado; é intensificado e trazido para o primeiro plano da experiência. Para outras, a individuação representa um potencial ou uma possibilidade que pode ou não ser concretizada. Penso que essa diferença se reflete na ideia cristã de que "muitos são chamados, mas poucos são escolhidos" (Mateus 22:14). Nesse contexto, ser escolhido significa que a individuação lhe é imposta como uma tarefa inevitável; ser chamado significa que você tem a oportunidade de realizar o processo de individuação, se decidir fazê-lo.

A individuação também está especificamente relacionada ao arquétipo do herói. Na verdade, de acordo com Jung, as "formas arquetípicas do mito do herói [...] podem ser facilmente observadas em todo processo de individuação", retratando tanto a natureza solitária e individual da viagem como o processo de morte-renascimento sofrido pelo ego.[30] O mito do herói pode, assim, servir como modelo, um paradigma universal para a individuação – ou, pelo menos, para certos aspectos dela. Descreve essencialmente os contornos de uma jornada de vida psicoespiritual que nos leva para fora dos caminhos habituais, remetendo-nos ao reino da experiência original das dimensões espirituais mais profundas da vida, para além do que se pode aprender com qualquer religião, filosofia, mitologia ou psicologia. É possível observar esse aspecto dos mitos dos heróis nos percursos individuais seguidos pelos cavaleiros das lendas arturianas, na rejeição por parte de Buda e de Jesus a certos aspectos das tradições religiosas estabelecidas no contexto em que nasceram ou na busca de Jung para descobrir e viver a vida pessoal de mito. Cada pessoa deve encontrar a própria resposta à questão e ao desafio que a vida coloca. Ao guiar

---

[30] Jung, *Archetypes and the Collective Unconscious*, 172.

alguém ao longo do próprio caminho, o mito do herói representa a realização do ideal espiritual ocidental de buscar o próprio caminho no decorrer da vida, de confiar e valorizar seu próprio julgamento e de se tornar um indivíduo único e *sui generis*.

Como indica o exemplo de Nietzsche, a busca de um caminho individual na vida pode, por si só, iniciar a transformação psicoespiritual. Ao abandonar uma vida dentro dos horizontes conhecidos da cultura mais ampla, você perde a proteção e a segurança que os padrões coletivos de vida proporcionam e, invariavelmente, em sua jornada de vida você irá, de uma forma ou de outra, ficar cara a cara com a realidade da psique profunda. A consciência, por assim dizer, é forçada a confrontar o inconsciente, iniciando uma relação dialética contínua entre eles. Por meio desse processo, a cisão entre consciente e inconsciente, razão e instinto, poderá ser sanada.

Com frequência, a individuação poderá levar você aos seus limites e além. No entanto, se puder encarar sua vida em termos do mito do herói, isso poderá sustentar você durante períodos sombrios e crises. Períodos de sofrimento e estresse, desânimo e perigo poderão ser suportados com mais facilidade, pois você estará no meio de uma luta heroica para trazer à tona o *Self* mais profundo. Esta com certeza foi minha experiência. O processo exige um ato de imaginação para interpretar o que está acontecendo em sua vida em termos míticos, em termos da jornada do herói, mas, se você puder fazer isso, poderá fornecer um significado sustentado.

A realização do "Eu Sou"

Jung via todas as formas de religião como expressões do simbolismo da individuação. Tanto Cristo como Buda são símbolos do *Self* – o ser humano universal dentro de nós, a personalidade maior, representando o potencial para alcançar uma totalidade psicológica. O destacado estudioso junguiano Edward F. Edinger argumenta que a vida de Cristo também pode ser vista como um "paradigma do ego individualizante", ao descrever de modo simbólico a relação do ego humano com a autoridade "espiritual" maior do *Self*. "O significado essencial do cristianismo", afirma Edinger, "é a busca da individuação".[31]

Da perspectiva espiritual, o ego atua como veículo para a experiência do "Eu Sou" – a profunda compreensão de que alguém é, de que existe como uma consciência individual única que contempla o mundo. Em *Memórias, Sonhos, Reflexões*, Jung relata uma compreensão precoce do "Eu Sou" quando ele estava com 12 anos:

> De repente, por um único momento, tive a impressão avassaladora de ter acabado de emergir de uma nuvem densa. Eu soube em um único lance: agora sou eu mesmo! [...] Antes eu também existia, mas tudo apenas acontecia comigo. Agora, aconteceu comigo mesmo. [...] Antes, eu estava disposto a fazer isso e aquilo, mas agora fui eu que desejei.[32]

Como vimos no Capítulo 2, mais tarde, em sua vida, Jung teve uma experiência mais profunda e completa dessa autoconsciência, durante as suas viagens pela África, onde teve uma visão do papel central da consciência humana individual para iluminar o mistério do ser.

O "Eu Sou" não é apenas uma experiência individual subjetiva, mas uma experiência de importância universal, a revelação do ser através da consciência humana. "Eu afirmo que, antes de Abraão nascer, Eu Sou!" (João 8:58): essas palavras de Jesus apontam para a realização de um aspecto de uma identidade e consciência mais profundas, as quais se manifestam dentro e, ainda assim, transcendem a história pessoal de alguém no tempo. A experiência "Eu Sou" é numinosa; está próxima do cerne do

---

[31] Edinger, *Ego and Archetype*, p. 131. [*Ego e Arquétipo – Uma Síntese Fascinante dos Conceitos Psicológicos Fundamentais de Jung*. São Paulo: Cultrix, 2ª ed., 2020, p. 159.]

[32] Jung, *Memories, Dreams, Reflections*, p. 49.

mistério da consciência do ego individual e de sua capacidade de iluminar as profundezas do ser.

Entendo que a trajetória do desenvolvimento espiritual do Ocidente trouxe à tona uma consciência do ego separada para apoiar a experiência do "Eu Sou", no intuito de servir como um veículo para essa realização. Porém, o "Eu Sou" só pode ser plenamente realizado no ápice dessa trajetória, no auge do desenvolvimento egoico e da separação – um ponto de isolamento máximo no qual alguém se distancia de tudo o mais. O "Eu Sou" é uma experiência de isolamento porque é por meio dessa compreensão que a pessoa passa a conhecer a si mesma e a separação de sua consciência do resto da existência. O isolamento que acompanha a consciência do ego pode ser esmagador e difícil de ser suportado, como demonstra claramente o exemplo de Nietzsche. Contudo, a experiência do "Eu Sou" é a base de uma nova estrutura psicológica que apoia a subsequente realização do *Self*. O poder teleológico da natureza parece orquestrar o desenvolvimento psicológico para trazer à tona o ego e a realização do "Eu Sou", como um pré-requisito para a realização do *Self*. O ego heroico tem a tarefa de carregar e proteger a luz da consciência. Desse modo, o ego tem de suportar o fardo da consciência autorreflexiva como um pré-requisito para a realização do "Eu Sou".

Com esse contexto em mente, se refletirmos de novo sobre o que discutimos a respeito do desenvolvimento da mitologia, da emergência do eu individual, da alienação do ego, do encontro com o niilismo, da rejeição das religiões estabelecidas, entre outras, poderíamos concluir que toda a trajetória da tradição ocidental parece que nos empurra para a individuação, impelindo-nos a realizar o *Self* mais profundo dentro de nós, a morrer para a velha estrutura do ego. É quase como se, no ápice do desenvolvimento do ego, quando ele se torna tão alienado que nenhum distanciamento adicional pode ocorrer a partir das raízes da psique, do ambiente e da natureza, uma "virada" começasse a acontecer – uma *enantiodromia*.

Isso é o que parece estar acontecendo. A consciência do ego em alguns indivíduos está sendo desenvolvida ao extremo, necessitando, portanto, de uma virada para enfrentar o inconsciente. O indivíduo é, então, encarregado da tarefa de fazer com que o poder e a consciência de um ego racional desenvolvido influenciem os instintos, medos e desejos no inconsciente. Esse é o desafio de redescobrir e assimilar potenciais perdidos e de aceitar tudo o que foi reprimido durante o surgimento do ego. É um processo pelo qual, por meio de uma transformação profundamente enraizada, uma pessoa pode alcançar a sua totalidade.

É para as especificidades dessa transformação que voltaremos agora a nossa atenção. Na Parte Dois, abordaremos o modo como diferentes fases da jornada do herói podem ser interpretadas no âmbito psicológico como fonte de orientação para o processo de individuação.

PARTE DOIS

A jornada

CAPÍTULO 5

A aventura do herói: chamado e recusa

"Este caminho para a experiência religiosa primordial é o caminho certo, mas quantos podem reconhecê-lo? É como uma voz mansa e delicada e soa ao longe. É ambíguo, questionável, sombrio, pressagiando perigo e aventura arriscada; um caminho afiado, a ser trilhado apenas por amor a Deus, sem segurança e sem sanção."[1]

— C. G. Jung

Os capítulos anteriores prepararam o terreno para que possamos apreciar melhor o significado psicológico da jornada do herói em um contexto histórico e evolutivo. Como vimos, sem orientação espiritual e psicológica de uma mitologia ou uma religião coletiva estabelecida, um número crescente de pessoas vê-se convidado ou impelido a procurar e empreender suas próprias jornadas de autorrealização.

---

[1] Jung, "Phenomenology of the Spirit in Fairytales", em: *Archetypes and the Collective Unconscious*, p. 217.

Por ser um retrato metafórico do padrão de vida arquetípico da busca espiritual, Campbell acredita que o antigo mito da jornada do herói é relevante sobretudo para a experiência de vida do homem moderno como um guia para a transformação espiritual:

> Não pode haver dúvida: os perigos psicológicos pelos quais passaram gerações anteriores, com a orientação oferecida pelos símbolos e exercícios espirituais de sua herança mitológica e religiosa, nós, hoje [...], devemos enfrentar sozinhos ou, na melhor das hipóteses, com uma orientação experimental, improvisada e, poucas vezes, muito efetiva. Eis nosso problema, na qualidade de indivíduos modernos, "esclarecidos", que foram privados da existência de todos os deuses e demônios por meio da racionalização. Não obstante, ainda podemos ver, na multiplicidade de mitos e lendas que chegaram até nós ou que têm sido registrados nos confins da terra, o esboço de alguns elementos do nosso destino ainda humano.[2]

Campbell propõe, em outras palavras, que, embora nós, indivíduos modernos, estejamos, em certo sentido, sozinhos no âmbito espiritual, é possível olhar para mitos antigos, discernir o significado metafórico e psicológico desses mitos e, assim, encontrar orientação e instrução. Esta é uma estratégia que consideraremos de modo minucioso nos capítulos seguintes.

Contudo, além de sua importância para a experiência pessoal, ao darem sequência às próprias jornadas espirituais, as pessoas também podem contribuir para a revitalização criativa e o enriquecimento da civilização. Ao acessar as fontes do espírito nas profundezas da psique, o homem pode ajudar a disseminar o poder espiritual para a cultura em geral. O mito do

---

2 Campbell, *The Hero with a Thousand Faces*, p. 104. [*O Herói de Mil Faces*. São Paulo: Cultrix, 1989, p. 106.]

herói tem relevância tanto no âmbito pessoal como no sociológico; na verdade, não se pode compreender de modo adequado o significado contemporâneo da mitologia sem levar em conta o contexto sociológico.

O cenário de terra devastada e a renovação da civilização

Além de Nietzsche e Jung, uma figura-chave na compreensão de Campbell sobre esse contexto foi o historiador cultural Oswald Spengler, famoso por seu magistral *A Decadência do Ocidente*, publicado pela primeira vez em 1918, no qual ele anuncia a chegada de uma fase de declínio terminal e decadência na civilização ocidental, não muito diferente daquela que se abateu sobre o Império Romano nos séculos após a morte de Cristo. Spengler viu esse declínio inserido em um modelo morfológico do ciclo de vida de uma cultura, identificando um padrão característico em cada civilização, desde o seu nascimento, passando por sua ascendência, até chegar à sua decadência e à morte.

Quando uma cultura atinge um determinado ponto em seu desenvolvimento, Spengler argumenta que se pode observar um deslizamento inevitável para uma era de "exaustão, esterilidade e repetição mecânica", na qual a energia criativa foi desgastada em excesso.[3] Em suas palavras, a *cultura* outrora florescente torna-se uma *civilização* cada vez mais complexa, centrada não mais na cidade e na aldeia, mas numa metrópole urbana. Depois disso, como se evidencia de forma clara em nosso tempo, a logística da vida torna-se complexa e burocrática em demasia, absorvendo tanto tempo e energia que termina por sufocar o ímpeto criativo das pessoas. Embora possa perdurar e continuar a crescer durante séculos, a partir desse ponto, a civilização entra num declínio criativo irreversível.

---

[3] Campbell, *Creative Mythology*, p. 378.

À medida que o funcionamento tecnológico e as preocupações práticas foram se tornando as prioridades dominantes da civilização, Spengler passou a sugerir que os artistas e as pessoas criativas se tornariam cada vez menos importantes do que profissionais das áreas da mecânica ou engenharia. Na verdade, na opinião de Spengler, uma racionalidade prática excessivamente desenvolvida e a ausência de consciência espiritual são típicas da fase posterior da vida de uma civilização, um período em que o "não místico" – a quem Nietzsche chamou de "Homem Socrático" – floresce. Essa fase civilizatória tardia é caracterizada por modos de vida excessivamente racionais e ponderados. É um período em que as pessoas vivem sobretudo do intelecto, não dos impulsos naturais do coração, e que, portanto, carecem da espontaneidade e da liberdade lúdica características da vida criativa.

Da perspectiva das primeiras décadas do século XX, Spengler elencou provas abundantes do declínio no Ocidente moderno, apresentando, assim, uma visão essencialmente pessimista do curso futuro da civilização ocidental, que alcançaria ampla divulgação e popularidade na década seguinte à sua publicação, após a Primeira Guerra Mundial. Até mesmo Campbell, cuja posição costuma ser a de defensor da vida, confessou que, em determinados momentos, sentia-se persuadido pela visão desalentadora de Spengler a respeito do futuro.

Uma representação mais positiva de um modelo orgânico cíclico semelhante está presente no trabalho de outro historiador cultural, Arnold J. Toynbee. Até certo ponto, Toynbee estava de acordo com Spengler; no entanto, ele sugeriu que, quando uma cultura começa a entrar em estagnação e em declínio, o indivíduo criativo – o herói cultural –, acessando as fontes criativas em suas profundezas interiores, pode renovar e revigorar a cultura, ajudando a trazer à tona uma nova cultura a partir das cinzas da antiga. Embora influenciado pelo prognóstico de Spengler, em *O Herói de Mil Faces*, Campbell endossa a visão de Toynbee, em geral, atribuindo ao herói a tarefa de transformação cultural, bem como a de salvação individual. Hegel expressa uma ideia semelhante:

> Isso também ocorre com todos os grandes homens da história – seus objetivos contêm a vontade essencial do Espírito do Mundo. Eles devem ser chamados de "heróis", na medida em que não retiraram seu objetivo e sua vocação do rumo tranquilo e regular das coisas, sancionado pela ordem existente, e sim de uma fonte secreta, cujo conteúdo ainda está oculto e ainda não veio à luz. A fonte de suas ações é o espírito interior, ainda escondido sob a superfície, mas já batendo contra o mundo exterior como se fosse uma concha [...]. O Espírito elevado é essa alma interior de todos os indivíduos; porém essa é uma interioridade inconsciente que os grandes homens trazem à consciência.[4]

Se, como acreditava Spengler, estamos de fato na decadência terminal e na subsequente fase de morte da civilização industrial moderna, poderíamos nos perguntar, então: o que virá a seguir? Para onde vamos a partir daqui? A implicação dos ensinamentos de Campbell parece ser, seguindo os termos de Toynbee, o fato de termos ingressado num período de individualismo criativo, e constitui a grande vocação do indivíduo heroico revitalizar a cultura, mergulhando em suas profundezas para recuperar algo de valor, algo de que a cultura precisa para encontrar renovação, significado ou uma nova direção. Ao fazê-lo, o indivíduo criativo poderá efetuar uma transição de um estado de estagnação e decadência cultural – uma terra devastada espiritual – para um estado de atividade revitalizada.

A terra devastada é um tema importante na análise de Campbell da situação espiritual e mitológica contemporânea. O conceito tem origem

---

4 Hegel, *Introduction to the Philosophy of History*, p. 33

na lenda arturiana do Rei Pescador que é ferido na virilha por uma "lança do destino" (o chamado Golpe Doloroso), e seu reino se torna uma terra devastada – uma condição simbolicamente sugerida pelo ferimento do rei. A cura do rei e a renovação da terra devastada só podem acontecer em consequência do cumprimento bem-sucedido da busca pelo Santo Graal.

Inspirado na lenda do Graal, "A Terra Devastada" é o título de um poema de T. S. Eliot, publicado em 1922, logo depois do lançamento de *A Decadência do Ocidente*, de Spengler. O excerto a seguir, extraído do poema "A Terra Devastada", da seção "O que disse o trovão", descreve bem uma experiência predominante da vida moderna em uma sociedade e uma civilização em que não existem mitos vivos ativos:

> Aqui não há água senão apenas rochas
> Rochas sem água e a estrada arenosa
> Sinuosa no alto entre as montanhas
> Que são montanhas de rochas sem água
> Se ao menos houvesse água deveríamos parar e beber
> Entre as rochas não se pode parar ou pensar
> Suor seco e pés na areia
> Se houvesse apenas água entre as rochas
> Boca de montanha morta com dentes cariados que não podem [cuspir
> Aqui não se pode ficar em pé nem mentir nem sentar
> Não há sequer silêncio nas montanhas
> Senão o trovão seco e estéril sem chuva
> Não há sequer solidão nas montanhas
> Senão rostos vermelhos e soturnos que zombam e rosnam
> Nas portas de casas rotas e enlameadas.[5]

[5] Eliot, *Selected Poems*, p. 64.

Tem-se aqui a sensação avassaladora de uma espécie de deserto espiritual e da secura estéril de uma vida sem água, porém vivificante. Nos mitos e nos sonhos, a água simboliza as fontes da natureza, o espírito dentro da natureza e a vitalidade da energia da vida jorrando e trazendo alívio. É também um símbolo do inconsciente e está relacionado, em especial, com emoções e desejos. Campbell acreditava que o indivíduo criativo poderia trazer um novo fluxo de vida à terra devastada da modernidade, para reconectar a cultura às fontes vitais de energia que residem no inconsciente. Ele via isso como a tarefa sociológica central do herói. Esse cenário de terra devastada é o pano de fundo contra o qual se desenrola a jornada de vida do indivíduo moderno.

O modelo mítico da jornada do herói

Campbell se refere ao modelo mítico da jornada do herói como o *monomito* (termo extraído de James Joyce), que é usado para se referir a um único padrão mítico evidenciado em todos os diferentes mitos do herói. Ele resume o monomito da seguinte maneira:

> O herói mitológico, saindo de sua cabana ou de seu castelo cotidiano, é atraído, levado ou se dirige voluntariamente para o limiar da aventura. Ali, encontra uma presença sombria que guarda a passagem. O herói pode derrotar essa força, assim como pode fazer um acordo com ela, e penetrar com vida no reino das trevas (batalha com o irmão, batalha com o dragão; oferenda, encantamento); pode, da mesma maneira, ser morto pelo oponente e descer morto (desmembramento, crucificação). Além do limiar, então, o herói inicia uma jornada por um mundo de forças desconhecidas e, não obstante, estranhamente íntimas, algumas das quais o ameaçam fortemente (provas), ao passo que outras lhe oferecem uma ajuda mágica (auxiliares). Quando chega ao nadir da

> jornada mitológica, o herói passa pela suprema provação e obtém a sua recompensa. Seu triunfo pode ser representado pela união sexual com a deusa-mãe (casamento sagrado), pelo reconhecimento por parte do pai-criador (sintonia com o pai), pela sua própria divinização (apoteose) ou, mais uma vez – se as forças se tiverem mantido hostis a ele –, pelo roubo, por parte do herói, da bênção que ele foi buscar (rapto da noiva, roubo do fogo); intrinsecamente, trata-se de uma expansão da consciência e, por conseguinte, do ser (iluminação, transfiguração, libertação). O trabalho final é o do retorno. Se as forças abençoaram o herói, ele então retorna sob sua proteção (emissário); se não for esse o caso, ele empreende uma fuga e é perseguido (fuga de transformação, fuga de obstáculos). No limiar do retorno, as forças transcendentais devem ficar para trás; o herói reemerge do reino do terror (retorno, ressurreição). A bênção que ele traz consigo restaura o mundo (elixir).[6]

Esse modelo é composto de três fases principais: separação, iniciação e retorno ou incorporação. Campbell extrai esses termos do livro *Os Ritos de Passagem*, de Arnold van Gennep, no qual o autor argumenta que esses estágios são intrínsecos aos ritos: um iniciado é afastado do nexo principal da tribo ou da sociedade e passa por algum tipo de experiência transformadora iniciática e, em seguida, retorna ao grupo social indiscutivelmente transformado e apto a cumprir um papel determinado dentro desse grupo. Toynbee, em seu estudo sobre o papel do herói nos ciclos de vida cultural, identifica também um processo semelhante de distanciamento e transfiguração, como ele o denomina. Campbell, por sua vez, observa essa mesma sequência nas histórias de heróis de todas as tradições míticas. Na

---

6 Campbell, *The Hero with a Thousand Faces*, p. 211. [*O Herói de Mil Faces*. São Paulo: Cultrix, 1989, pp. 241-42.]

ausência de ritos de passagem na sociedade moderna, contudo, essas fases precisam agora ser percorridas uma por uma.

Campbell revê com rapidez o significado de alguns desses termos: com frequência, se refere ao estágio de separação como partida; iniciação também significa transformação, e a fase de incorporação ou de retorno é também descrita por Campbell como um estágio de comunicação, referindo-se ao trabalho de incorporar os *insights* e as experiências transformadoras da segunda fase de volta à vida cotidiana, comunicando-os a outros. Como vimos antes, o artista tem uma experiência, uma visão ou um *insight* que deve ser comunicado por meio de sua arte ou de seu ofício à cultura mais ampla. Essa é a essência da mitologia criativa, na qual um novo mito é moldado pelo artista, que trata os antigos motivos míticos de modo diferente e com relevância diante das exigências únicas da vida moderna.

Uma nota sobre gênero

Ao ler *O Herói de Mil Faces*, não se pode deixar de observar que a maioria dos heróis é composta de homens. Há algumas exceções notáveis, como Psiquê e Inanna, mas, em geral, os heróis são homens.[7] Portanto, será que isso implica que o modelo de herói seja inerentemente tendencioso em relação ao masculino e pertença com exclusividade às experiências dos homens? Ou o mito do herói também reflete com precisão a experiência das mulheres?

---

[7] Em artigo para o site da BBC, Krystina Nellis aponta que, em 2012, pela primeira vez, três dos dez melhores filmes do ano tiveram uma protagonista feminina: a série de filmes *Jogos Vorazes* (*The Hunger Games* 2012-2023), *Branca de Neve e o Caçador* (*Snow White and the Huntsman*) e a animação *Valente* (*Brave*), da Disney. Dan Jolin, da revista *Empire*, sugere que isso pode refletir uma tendência gradual de restabelecimento do equilíbrio em favor de colocar as mulheres no papel de heroínas, de alguma forma, retificando o antigo preconceito de retratar os heróis como homens. Ver: Nellis, "Hollywood Heroines: Here to Stay?".

A meu ver, considerar os mitos dos heróis em termos de sexo biológico ou de papéis de gênero construídos no âmbito sociocultural é ignorar a importância psicoespiritual do mito. Interpretados de modo simbólico, os personagens do mito, incluindo o herói, representam aspectos da própria psique de cada um. Em termos psicológicos, o herói pode ser visto, em geral, como uma representação do ego, que em sua própria postura é "masculino".[8]

O ego, por assim dizer, está sempre tentando ser alguém, fazer alguma coisa no mundo. O ego é ativo e assertivo; é extrovertido e intencional; exerce sua vontade para comandar e controlar o meio ambiente. Por tradição, essas são consideradas características "masculinas". A natureza da vida na sociedade ocidental moderna faz com que o ego esteja condicionado a assumir uma qualidade "masculina", numa linha *yang*. Por outro lado, o inconsciente é descrito, com frequência, como "feminino", pois, como vimos na Parte Um, na civilização ocidental, tais qualidades foram reprimidas no inconsciente. O objetivo da jornada do herói é reunir o masculino e o feminino – para efetuar um *hieros gamos*, um casamento sagrado do ego consciente "masculino" com o inconsciente "feminino". Esse processo também é descrito na alquimia, como mostrou Jung, como a união do Sol e da Lua, de Adão e Eva, do rei e da rainha. Durante a individuação, esse é um desafio a ser enfrentado tanto por homens como por mulheres.

Assim, de uma perspectiva psicológica, um herói masculino pode ser visto como representante da qualidade "masculina" do ego tanto nos

---

[8] De acordo com Erich Neumann: Há, contudo, algo que, por mais paradoxal que se afigure, pode-se estabelecer agora como lei básica: também na mulher a consciência tem, diante do inconsciente, caráter masculino. A correlação "consciência-luz--dia" e "inconsciência-treva-noite" é válida, independentemente do sexo, e não se altera diante do fato de a polaridade espírito-instinto se organizar em bases diferentes nos homens e nas mulheres. A consciência do ego em si tem caráter masculino também na mulher, do mesmo modo como o inconsciente é feminino nos homens. [*História das Origens da Consciência*. São Paulo: Cultrix, 2ª ed., 2022, p. 54.]

homens como nas mulheres. O próprio Jung parecia ter um ponto de vista semelhante, observando que, na psique dos indivíduos modernos – tanto homens como mulheres –, o "feminino" tornou-se cada vez mais relegado ao inconsciente, visto que a ênfase sociocultural se generalizou no individualismo egoico extrovertido "masculino". A *anima* – o princípio feminino – tende, portanto, a permanecer inconsciente, subdesenvolvida, muitas vezes, ligada a um complexo materno. Discutindo a preponderância dos "complexos maternos" nos Estados Unidos, durante a primeira metade do século XX, Jung observou: "Como resultado desse condicionamento [sociocultural], muitas mulheres estadunidenses desenvolvem o seu lado masculino, que é, então, compensado no inconsciente por um instinto primorosamente feminino".[9] O que fazia sentido para os Estados Unidos naquele momento aplica-se, com certeza, a grande parte do mundo ocidental de hoje. É importante considerar também que muitos dos *insights* de Jung sobre o processo de individuação basearam-se, ao menos no início, na análise dos sonhos e das fantasias de uma mulher que estava à beira de um colapso esquizofrênico. Esse estudo de caso é a base para toda a sua análise psicológica e mítica na obra *Símbolos da Transformação*. Por outro lado, fica claro que as teorias psicológicas de Jung foram influenciadas e posteriormente explicadas por muitas mulheres brilhantes de seu círculo mais próximo, inclusive Marie-Louise von Franz, Emma Jung, Toni Wolff, Jolande Jacobi, Liliane Frey-Rohn e Aniele Jaffé.

A literatura recente sobre a natureza da individuação das mulheres, escrita por autoras junguianas como Marion Woodman, Sylvia Brinton Perera e Clarissa Pinkola Estés, concentrou-se na jornada feminina a partir do mundo do ego, condicionado pelos valores patriarcais da sociedade industrial moderna, até a redescoberta do feminino profundo ou da "deusa sombria". Por sua vez, Campbell acreditava que uma mulher apenas

---

9 Jung, *Symbols of Transformation*, p. 186.

precisa perceber que representa a vida, uma visão que aponta para o reconhecimento das raízes mais profundas do poder criativo feminino na natureza. Assim como a natureza e a Terra, a mulher é um veículo para a vida. Entretanto, o que precisa ser enfatizado é que essa realização em si envolve uma viagem para além do aprisionamento dentro do ego condicionado no mundo patriarcal, o que pode deixar as mulheres afastadas das raízes mais profundas do seu ser natural. Essa jornada não é apenas a reivindicação do poder egoico – tão enfatizado em nossa época –, mas, sim, um ir além do ego, no intuito de estabelecer um relacionamento com a natureza inconsciente. Essa compreensão é fruto de uma viagem às profundezas da psique, onde se pode recuperar o poder, a vitalidade e a sabedoria do espírito na natureza, há muito esquecidos, e "recuperar os caminhos da psique instintiva natural".[10]

Não desejo negar as importantes diferenças entre as experiências de vida de homens e mulheres. Na verdade, diferenças significativas são, muitas vezes, aparentes – em interesses, temperamento, padrões de desenvolvimento e muito mais – em rapazes e moças desde muito cedo, como qualquer pai pode comprovar. Não surpreende, portanto, que algumas dessas diferenças persistam, e talvez até se tornem exageradas, durante a idade adulta. Contudo, nossas preocupações aqui são os elementos universais do desenvolvimento psicoespiritual humano, padrões partilhados por todas as pessoas. Isso pode incluir qualquer um ou até mesmo todos os elementos descritos a seguir:

1. trazer a personalidade do ego (o princípio do eu) para um relacionamento consciente com o inconsciente;
2. navegar por uma mudança profunda na identidade pessoal, do ego para o *Self*;

[10] Estés, Clarissa Pinkola. *Women who run with the Wolves* (publicado no Brasil como *Mulheres que Correm com os Lobos*), p. 2.

3. vivenciar uma experiência de morte-renascimento psicoespiritual;
4. entrar em contato com o poder instintivo da natureza por meio do inconsciente;
5. participar na transformação da visão de mundo;
6. buscar um significado mais profundo para a vida;
7. conciliar razão e sentimento, espírito e instinto; o bem e o mal;
8. encontrar a dimensão numinosa e espiritual da experiência;
9. unir o espírito sombrio imanente na natureza com o divino transcendente;
10. trazer o princípio feminino reprimido à luz da consciência.

É claro que esses aspectos não são exclusivos de pessoas de um gênero específico, embora o sexo biológico e a identidade de gênero possam influenciar a maneira como os vivenciamos e interpretamos. Acredito que o modelo mítico da jornada do herói seja uma representação simbólica de um processo pelo qual o indivíduo, independentemente do sexo e do gênero, pode enfrentar cada uma dessas transformações e cada um desses desafios.

O início da jornada

Campbell descreve a primeira fase da jornada do herói como "uma retirada do desespero da terra devastada para a paz do reino sempiterno que está dentro de nós", embora, conforme a situação específica em que estivermos, um encontro com o mundo interior possa ser tudo, menos pacífico.[11] Entretanto,

---

[11] Campbell, *The Hero with a Thousand Faces*, p. 12. [*O Herói de Mil Faces*. São Paulo: Cultrix, 1989, p. 27.]

em todos os casos, ocorre um distanciamento psicológico dos valores, das expectativas e dos padrões de vida aceitos pela cultura dominante.

O descolamento do mundo comum expõe a pessoa a tudo com o que não foi confrontada na vida. A psique infantil é redescoberta, tendo permanecido inabalada sob o mundo funcional do ego adulto. Em *O Herói de Mil Faces*, Campbell descreve uma experiência onírica típica que acompanha ou antecipa o ressurgimento da psique infantil, a de olhar para o oceano e ver ali uma variedade de brinquedos infantis, lixo e parafernália espalhados no fundo do mar. Tais objetos do passado servem como símbolos da parte de nós que permaneceu de nossa criança, que não amadureceu e que está subdesenvolvida e esquecida no fundo do "oceano" da psique inconsciente. Essa imagem descreve tanto a potencialidade perdida quanto a inocência lúdica da juventude, muitas vezes, reprimida em meio às duras pressões materiais da vida, e as tendências infantis residuais dentro de nós que devem ser trazidas à tona, enfrentadas e superadas. O ego consciente deve descer às profundezas do inconsciente (o oceano) para trazer esses elementos – já há muito tempo esquecidos – à superfície da consciência. O ego deve estabelecer contato com a criança interior, que contém o potencial de renovação criativa. Como afirma Campbell:

> Se pudéssemos recuperar algo esquecido não apenas por nós mesmos [ou seja, os conteúdos pessoais da infância da psique individual], mas por toda a geração ou por toda a civilização a que pertencemos, poderíamos vir a ser verdadeiramente portadores da boa-nova, heróis culturais do nosso tempo, personagens do momento histórico local e mundial. Numa palavra: a primeira tarefa do herói consiste em retirar-se da cena mundana dos efeitos secundários e iniciar uma jornada pelas regiões causais da psique, onde residem efetivamente as dificuldades.[12]

[12] Campbell, *The Hero with a Thousand Faces*, p. 12. [*O Herói de Mil Faces*. São Paulo: Cultrix, 1989, p. 27.]

Durante a etapa da partida, ocorre, então, uma passagem para dentro de si próprio, para encararmos a nós mesmos, para confrontarmos aspectos há muito esquecidos da nossa psique. Aqui, nas profundezas da psique, podemos encontrar não apenas o conteúdo reprimido do nosso passado, mas também fatores coletivos – os arquétipos – que moldam toda a experiência humana.

O indivíduo é conduzido por meio do pessoal e do cultural para o transpessoal. Campbell acredita que, ao passar por essa separação do mundo da cultura dominante, o herói pode forjar o próprio caminho psicológico, rompendo e ultrapassando as limitações inerentes da cultura, a qual, vale recordar, tornou-se nesse ponto uma terra devastada no âmbito espiritual. Nessa condição alienante, as preocupações econômicas e as práticas terminam por dominar e sufocar o espírito: não há vitalidade, nem significado vivo, nem mito válido. A cultura imprime em cada um de nós modos de ser inautênticos, padrões de vida que não são de nossa escolha e que invariavelmente não atendem aos nossos interesses mais profundos; isso faz com que permaneçamos isolados daquele fluxo de poder instintivo e da inspiração dinâmica que é tão essencial e que nos faz sentir vivos – vem daí a experiência da secura, que, aliás, não é apenas metafórica, mas real. Se você sente uma grande alienação da sua vida interior, distanciando-se de quem você de fato é e da vida que deseja viver ou deveria viver, pode experimentar a secura como uma sensação física corporal, uma expressão psicossomática do que está acontecendo. A terra devastada, em sua forma mais extrema, é como uma morte em vida, uma morte espiritual. Campbell acredita que o herói pode romper os padrões limitantes da ordem social para acessar de modo direto as fontes da vida, e, ao fazê-lo, pode dar uma vitalidade renovada a uma cultura em decadência, levando a cultura em novas direções e trazendo um novo fluxo de energia vital para a terra devastada. "Uma pessoa vitalizada vitaliza", como ele afirma de modo sucinto.[13] Tornar a vida tão gratificante, energética, repleta de entusiasmo e intensidade quanto possível: essa deveria ser, segundo Campbell, a nossa preocupação. Se nos tornarmos vivos de verdade, haverá uma exuberância tal que produzirá um impacto revigorante na cultura mais ampla. Cabe ao ser humano salvar a sociedade, e não o contrário.

A jornada do herói, observa Campbell, diz respeito ao processo de superação de resistências e à recuperação de poderes há muito perdidos no inconsciente. É o meio pelo qual podemos experimentar um nascimento contínuo, ativando um fluxo persistente de poder do inconsciente para o mundo diurno da consciência. O estudioso junguiano Edward F. Edinger vê essa troca de energia mediada pelo que ele chama de eixo *ego-Self* – o *Self*, você deve se lembrar, é o termo que Jung utiliza para nomear o centro mais profundo do inconsciente que reflete nossa totalidade psicológica, e não apenas nossa consciência. Interpretada no âmbito psicológico, a jornada se refere também a como descobrir e aprender a servir esse centro mais profundo dentro da psique.

No Capítulo II, consideramos a separação que ocorreu entre a consciência, que é centrada no ego, e o inconsciente, o instinto, o princípio "feminino", o mal, a natureza e o irracional. Como vimos, essa separação foi influenciada pelo cristianismo de modo significativo e por toda a trajetória da civilização ocidental: a consciência passou a ser identificada com elementos como a luz, o bem, o espírito e a razão, enquanto a natureza, o instinto, o desejo, a matéria, o corpo e a sexualidade passaram a ser interpretados como maus e corruptos; portanto, deveriam ser reprimidos fora da consciência, lançados no inconsciente, tornando-se poderes demoníacos e sombrios. Em consequência disso, a fonte do poder vital acabou permanecendo no inconsciente reprimido. Um espírito de terra devastada predomina, então, na civilização, pois o fluxo do poder vital e

---

13 Campbell (com Bill Moyers), entrevista em *The Power of the Myth*.

da paixão pela vida foi interrompido e não está disponível para nós em nossa experiência consciente. Muitas vezes, como enfatizou Nietzsche, o poder vital, o potencial para grandes realizações e novos valores, para alcançar excelência e grandeza, deve ser extraído daqueles aspectos do nosso ser que são considerados maus do ponto de vista da moralidade consensual. "Quando o animal do rebanho surge irradiado pela glória da mais pura virtude, o homem excepcional deve relegar-se para o plano inferior do mal".[14] É por isso que Nietzsche adota, com frequência, uma perspectiva tão afirmativa em relação ao mal, encontrando nos impulsos supostamente imorais uma autenticidade e uma vitalidade que faltam à experiência humana normal.

Seguindo Nietzsche, Campbell acredita que os símbolos, as imagens e os ensinamentos do cristianismo não estão mais ligados à vida em sua essência. A dualidade ética no cristianismo intensificou a separação entre a nossa identidade consciente, refletindo o que desejamos ser, e a nossa totalidade psicológica, a realidade de quem e o que de fato somos bem como o que na verdade vivenciamos. Como vimos, foi negada a expressão do poder instintivo e das energias do corpo, porque esses impulsos e desejos naturais eram vistos, com frequência, como pecaminosos ou maus. O poder instintivo foi reprimido no inconsciente, empurrado para as profundezas da psique. Por essa razão, o herói, representando o ego, deve proceder a descida às profundezas do submundo, à "base materna do ser", para se reconectar a esse poder. Jung descreve o terreno materno como fervilhante de paixões e impulsos irracionais, que, durante o processo de transformação psicológica, precisam ser liberados na consciência, controlados e transformados.

A fase de separação da aventura do herói é essencial para essa transformação. Se você tiver um envolvimento pleno e ativo na vida cotidiana – trabalhando para ganhar dinheiro, constituindo família, participando

[14] Nietzsche, *Ecce Homo*, seção 5, em: *Basic Writings of Nietzsche*, p. 786.

de sua vida social com amigos e assim por diante –, sua energia psicológica será absorvida por essas atividades. Seu papel e suas atividades mundanas apoiam seu senso de identidade, seu senso de quem você é em relação ao mundo. Um afastamento ou uma separação do mundo, entretanto, libera a energia psicológica e a leva para dentro, ativando o inconsciente. Jung chama esse processo de regressão da libido.[15] Se você se encontra em meio a uma crise em sua vida, algo com que simplesmente não consegue lidar, quando a estrutura da personalidade em sua forma atual não é capaz de aceitar o que está acontecendo, essa pode ser uma das causas de uma regressão da libido. A expressão externa da energia fica bloqueada, talvez porque a vida pareça muito difícil, muito dolorosa, ou porque os obstáculos que você enfrenta parecem intransponíveis ou porque você se depara com uma decisão impossível. Por alguma razão, a energia vital não consegue fluir para o mundo, como em geral acontece, e é devolvida à psique, sendo conduzida para seu interior. É por isso que muitas pessoas começam a enfrentar dificuldades psicológicas quando perdem o emprego, por exemplo. O mundo exterior já não absorve a sua energia vital e, à medida que o inconsciente é cada vez mais ativado pelo fluxo interior da libido, o ego e a sua *persona* começam a se desfazer. Uma vez ativado, o poder do inconsciente pode explodir como um dilúvio ou uma avalanche de fantasias, impulsos, paixões e medos liberados.

A jornada do herói, então, pode começar a qualquer momento, quando uma pessoa se sentir presa na vida ou quando deixar para trás ou se afastar de suas preocupações pessoais e mundanas cotidianas. Por exemplo, um fracasso, uma derrota ou uma ferida podem criar uma abertura para a transformação psicológica. Jung disse que o aparecimento do *Self* é sempre uma "derrota para o ego", pois muitas vezes é através de uma

---

[15] Para Jung, o termo "libido" significa energia psicológica, energia vital. Para Freud, é definido de forma mais restrita como energia sexual.

derrota desmoralizante que o ego desperta para a realidade maior do inconsciente.[16] Um novo poder e uma autoridade superior emergem na psique, que é claramente mais forte do que o ego e que, por isso, o supera. Assim é o encontro de Jó com Yahweh, no Antigo Testamento. Qualquer experiência que abale a confiança do ego, que frustre de modo severo a vontade e lance a pessoa de volta sobre si mesma pode ser o ponto de partida para desencadear uma busca pelo herói. No momento em que sua vida naufraga, eis aí o seu tesouro, como disse Campbell. A recuperação do tesouro do fundo do oceano da psique ocorre durante a principal fase de iniciação ou transformação da aventura do herói – a "estrada das provações" –, como Campbell a chama. Algum tipo de descida iniciática ao submundo é fundamental para essa fase da aventura. O submundo mítico simboliza as profundezas da psique inconsciente, o reino dos impulsos instintivos primitivos e dos arquétipos. É aqui, nas profundezas abismais, nas profundezas do Inferno, que se encontra o tesouro.

É importante reiterar que Campbell sempre deu ênfase psicológica ao significado do mito. Dessa perspectiva, todo mito do herói pode ser entendido como relacionado a um processo interno de transformação psicológica e espiritual. É claro que esses mitos não descrevem nem defendem uma viagem real por terra e mar – embora tal viagem possa desencadear uma transformação psicológica. Se ocorrer, a jornada física será apenas incidental; a essência está na transformação interior.

O que Campbell descreve em *O Herói de Mil Faces* é uma experiência bastante rara de transformação psicológica. Lembro-me de quando comecei a estudar os mitos dos heróis e a individuação na obra de Jung e de Campbell e fiquei totalmente fascinado; suas ideias me cativaram de verdade. O mundo dos mitos, dos arquétipos e da transformação psicológica tinha um fascínio mágico, quase hipnótico. No entanto, foi apenas anos

16 Jung, *Mysterium Coniunctionis*, p. 546.

depois, no meio de um período de prolongada turbulência psicológica, que comecei a ver por mim mesmo como esses mitos e esses processos arquetípicos estavam sendo representados por meio de minhas experiências interiores. A partir daí, pude perceber que o que Campbell descreve na jornada do herói está diretamente relacionado ao que ocorre na verdade durante um período de crise espiritual e transformação psicológica. Entendi que esses mitos não são apenas ideias fantásticas extraídas de um mundo mágico de mitos antigos, pois descrevem experiências verdadeiras, processos e desafios internos reais que cada um de nós pode enfrentar em sua própria vida. Os mitos não podem ser descartados como se fossem "nada além de" metáforas. Eles descrevem uma realidade viva, expressa através de imagens e símbolos, de como é embarcar na própria jornada interior de transformação nas profundezas da psique. O sentido e a orientação instrutiva que esses mitos fornecem podem ser inestimáveis nesses momentos. Percebi que é útil conhecer esses mitos e modelos porque, se mais tarde você se encontrar em um período de transformação, será capaz de recordá-los e trazê-los à mente.

Ao contemplar a relevância desse modelo para a sua vida, é importante considerar que a jornada do herói não é um modelo estritamente linear. Embora, é claro, ocorra numa sequência linear num percurso temporal, a natureza da viagem é cíclica em sua essência. É importante observar, também, que os estágios do monomito não ocorrem apenas uma vez, mas são repetidos em diferentes níveis dentro da aventura heroica mais ampla, constituída por sua própria vida. É provável que você experimente muitos "chamados para a aventura": cada vez que vivencia uma sincronicidade, por exemplo, isso equivale a algum tipo de chamado para seguir um caminho específico. Assim, da mesma forma que é preciso superar diversas vezes as resistências à vida, trazendo sempre uma nova energia vital do inconsciente, também é necessário o esforço de comunicar de modo contínuo a própria verdade ao mundo. Há, portanto, uma fluidez nas fases principais – separação, iniciação e retorno – e nas subseções dentro dessas fases. Campbell articula uma fórmula para o modelo da aventura do herói, mas é uma fórmula vaga. Mitos específicos destacam diferentes seções da jornada e motivos diversos, assim como o modo de individuação apresenta diferenças significativas para cada pessoa.

Começando com a partida, consideremos agora cada uma das subseções dos estágios em detalhes, examinando exemplos de mitos antigos e novos, e cada uma das biografias das três figuras com as quais estamos mais preocupados: Nietzsche, Jung e Campbell.

O chamado para a aventura

No esquema de Campbell, a primeira subseção da fase de separação ou partida é o chamado à aventura. Isso pode assumir diversas formas diferentes. "A mensagem do arauto", explica Campbell,

> pode ser viver [...] ou, num momento posterior da biografia, morrer. Ele pode anunciar o chamado para algum grande empreendimento histórico, assim como pode marcar a alvorada da iluminação religiosa. Conforme o entende o místico, ele marca aquilo a que se deu o nome de "o despertar do eu".[17]

"Mas, pequeno ou grande", prossegue ele,

> e pouco importando o estágio ou grau da vida, o chamado sempre descerra as cortinas de um mistério de transfiguração, um ritual, ou momento de passagem espiritual que, quando completo, equivale a uma

[17] Campbell, *The Hero with a Thousand Faces*, pp. 42-3. [*O Herói de Mil Faces*. São Paulo: Cultrix, 1989, p. 60.]

> morte seguida de um nascimento. O horizonte familiar da vida foi ultrapassado; os velhos conceitos, ideais e padrões emocionais já não são adequados; está próximo o momento da passagem por um limiar.[18]

Nos contos de fadas – com o intuito aqui de descrever um cenário familiar –, lê-se sobre uma criança que, brincando em uma floresta, deixa cair sem querer uma bola, e a criança segue a bola enquanto esta rola para fora do caminho, deixando a criança numa situação difícil ou levando-a a um encontro significativo. Uma variação desse tema é retratada no filme *O Labirinto do Fauno* (*Pan's Labyrinth*, 2006). No início do filme, testemunhamos a heroína infantil Ofelia viajando com a mãe para começar uma nova vida, sob a tirania do novo padrasto, o sádico Capitão Vidal, um oficial militar da época do governo de Franco, na Espanha, em 1944. Grávida de Vidal, gestando um filho dele, a mãe sente enjoo durante a viagem; então, ela pede para pararem o carro. O local onde param para descansar revela-se muito significativo, pois é nele que Ofelia, afastando--se do grupo de viajantes, se depara com um misterioso inseto, símbolo do arquétipo do espírito que servirá de guia, conduzindo Ofelia ao labirinto, onde mais tarde ela encontrará um fauno que lhe revelará sua verdadeira identidade espiritual. A interrupção inesperada da viagem num determinado local da estrada e o aparecimento do inseto constituem o apelo de Ofelia à aventura, transportando-a ao submundo sobrenatural, no qual o destino de sua vida será revelado.

O motivo principal nesse tipo de exemplo é que, por meio de um ato não intencional ou de um incidente que parece inofensivo, o herói é lançado em uma aventura que não foi desejada de modo consciente. O chamado à aventura assume a forma de um acidente, de um erro crasso, de uma ocorrência que parece fortuita ou de um engano. Tenho certeza de

---

[18] Campbell, *The Hero with a Thousand Faces*, pp. 42-3. [*O Herói de Mil Faces*. São Paulo: Cultrix, 1989, p. 60.]

que todos nós já enfrentamos "acidentes" sincrônicos, em que algo que parece insignificante – um encontro ou uma conversa casual, um atraso ou um colapso de algum tipo, ou a leitura de uma passagem de um livro – pode produzir um significado mais profundo e vital, gerando consequências que podem modificar o rumo de nossa vida. "Um erro – aparentemente um mero acaso", escreveu Campbell em *O Herói de Mil Faces*, "pode equivaler ao ato inicial de um destino".[19]

A Divina Comédia tem início com um erro desse tipo. No início da jornada de Dante, ele tropeça em uma floresta escura e fica desorientado:

> No meio do caminho de nossa vida,
> me vi embrenhado em uma grande floresta escura,
> desorientado, eu sabia que havia perdido o caminho.
> [...]
> Eu não sei dizer exatamente como cheguei lá,
> sentia tanto sono naquele ponto da jornada,
> que, de algum modo, me desviei do caminho certo.[20]

A experiência de se perder, mesmo que pareça indesejável ou traumática, é um aspecto essencial da jornada de desenvolvimento psicoespiritual, pois reflete o estranhamento e a divergência do ego consciente da vontade mais profunda do *Self*. A tentativa de encontrar o próprio caminho de novo, de voltar ao "caminho certo", constitui, assim, o alinhamento do ego com a psique mais ampla e a vontade do *Self*.

---

19 Campbell, *The Hero with a Thousand Faces*, p. 43. [*O Herói de Mil Faces*. São Paulo: Cultrix, 1989, p. 60.]

20 Dante, *Divine Comedy*, p. 47. (A versão apresentada aqui foi elaborada com base no original em italiano, tomando como fonte o seguinte poema de Dante: Canto I, Inferno, 1ª e 4ª estrofes. [N. da T.])

Outra forma pela qual o destino da vida de alguém pode ser traçado se evidencia por meio de um chamado interior, um chamado que exige mais participação da vida espiritual ou do desenrolar do drama da história. Podemos ver isso, por exemplo, no personagem Luke Skywalker, no primeiro filme da série *Star Wars*, de 1977. Quando jovem, Luke mora numa fazenda com o tio e a tia (que são seus tutores), cuidando de tarefas agrícolas dia após dia, mas ele sabe, bem lá no fundo, que um destino maior o espera: ele sonha em servir a Aliança Rebelde como piloto de caça contra o Império. Ele dispõe de muita energia psicológica e de um poder vital que brota dentro dele e sabe que não continuará vivendo daquela maneira por muito tempo. "A Força é poderosa nele", comenta seu adversário Darth Vader, nesse filme. Esse reconhecimento da potencialidade interior é um aspecto do chamado à aventura – uma compreensão que pode surgir como uma inquietação constante, um "descontentamento divino", porque você sente na medula dos ossos que estava destinado a algo mais do que os padrões da vida comum e das possibilidades apresentadas a você. Quando chega o momento certo, às vezes, pode ocorrer um incidente específico que funciona como um chamado ativador, no qual o seu destino transpessoal se manifesta e a sua vida pessoal comum, como era antes, chega ao fim.

Chamado como despertar espiritual

A forma mística do chamado à aventura foi denominada "despertar do eu". Esse despertar é a revelação de uma identidade espiritual mais profunda, que transcende o ego, quando as paredes que separam a consciência desperta normal e a divina são removidas por um tempo, levando, assim, a um vislumbre do numinoso. Esse despertar pode assumir a forma de uma experiência de iluminação do mistério divino. Claro, tal experiência pode transformar de modo radical a noção do que é a vida e alterar também de forma radical os rumos da vida.

O "despertar do eu" espiritual foi descrito em detalhes pelo psiquiatra italiano Roberto Assagioli, criador do termo psicossíntese e pesquisador de experiências transpessoais; ele recorre em especial aos trabalhos pioneiros de Richard Bucke e William James. Segundo ele, quando a alma está pronta, o despertar para o divino pode ser desencadeado por um incidente ou um pensamento que pareça inofensivo. Em geral, a experiência do despertar é acompanhada de outras experiências poderosas de luz espiritual radiante e fogo. Como lemos num testemunho narrado por Bucke:

> De repente, sem o menor aviso, ele se viu cercado por uma nuvem cor de fogo. Por um instante, pareceu-lhe um incêndio, uma conflagração inesperada na cidade, mas depois de um tempo ele percebeu que a luz estava dentro dele.[21]

A descrição de Pascal do seu próprio despertar espiritual não poderia ser mais clara:

> No ano de graça de 1654, segunda-feira, 23 de novembro, dia de São Clemente [...] das dez e meia da noite até meia hora depois da meia-noite, fogo.[22]

Por fim, Assagioli apresenta o relato de Richard Rolle:

> Fiquei tão maravilhado, na verdade, mais do que posso expressar, quando senti pela primeira vez esse calor e uma queimação em meu coração; não era em minha mente, e sim um fogo tangível [...] sobre o qual, em minha ignorância, coloquei repetidamente as minhas mãos

---

[21] Citado em Assagioli, *Transpersonal Development*, p. 145.

[22] *Ibidem*, p. 146.

> no peito para sentir se essa queimação tinha alguma causa física. Porém, quando percebi que o fogo estava dentro de mim e que tinha uma origem espiritual, soube então que era um presente do meu Criador.[23]

O despertar espiritual apresenta dois tipos básicos: pode ser uma revelação repentina da realidade do divino imanente, presente em todo o Universo, vivenciado como "unidade suprema", que unifica toda discórdia; ou pode ser uma experiência do divino transcendente, "fora" do Universo, "uma sensação real da presença de [...] um grande Ser."[24] Em ambos os casos, observa Assagioli, o despertar é "acompanhado de uma inundação poderosa e avassaladora de novos sentimentos", e a percepção do Universo é "transfigurada pela nova luz do espírito".[25] A experiência do despertar místico é um chamado radicalmente transformador à aventura, por meio do qual a percepção e a compreensão da natureza de si mesmo e da realidade são transformadas em sua totalidade e de modo inequívoco. Depois disso, o curso da vida é moldado pelo poder espiritual que se tornou conhecido. A experiência marca o início de um modo de vida completamente diferente, mesmo que as circunstâncias exteriores da vida permaneçam, no início, inalteradas.

Outras variantes do chamado

Essas versões místicas do chamado são mais exceções do que a regra, é claro, mas ainda compõem o padrão geral de despertar repentino e alteração no direcionamento da vida, que ocorre nas variantes do chamado mítico à aventura. Em todos os casos, o chamado é, em geral, algo transcendente

---

[23] Citado em Assagioli, *Transpersonal Development*, p. 146.

[24] *Ibidem*, p. 147.

[25] *Ibidem*.

que irrompe no campo da consciência – seja uma sincronicidade, um acidente, um chamado interior ou um despertar espiritual. A partir desse momento, somos lançados a modos diferentes de viver, que nos levam a enfrentar um conjunto diverso de possibilidades de vida, que trazem novos desafios e responsabilidades.

Em geral, poderia afirmar que o apelo à aventura costuma ser percebido como algo positivo sempre que o entusiasmo para uma aventura maior na vida pode levar uma pessoa adiante, fazendo-a atravessar o limiar da aventura com grandes esperanças e boa disposição, antecipando apenas sucesso e recompensas positivas. A pessoa é atraída pelo inconsciente para cumprir seu destino.

Outras vezes, porém, o chamado heroico pode parecer tudo menos positivo. Pode ser vivido como um fardo titânico que devemos assumir, uma cruz para carregar ou uma pedra no sapato. É importante, então, contar com algumas estratégias para lidar com a natureza árdua do caminho a percorrer – talvez a capacidade de relembrar um momento de elevação espiritual ou uma sincronicidade tranquilizadora ou de sintonizar-se com uma visão de realização futura ou ideal espiritual de algum tipo.

O chamado é retratado de forma memorável na cena do filme *Star Wars* em que Luke Skywalker é, de repente e de modo inevitável, lançado em uma nova situação de vida, depois que sua antiga forma de vida é destruída em um acidente vascular cerebral. Após um encontro fortuito com Ben Kenobi, a figura do velho sábio que resgata Luke de um ataque do povo da areia, Luke sente que o tio e a tia que estão na fazenda correm perigo por causa dos Stormtroopers Imperiais. Luke corre para casa e confirma suas piores suspeitas ao encontrar a casa destruída e seus guardiões mortos. Sua vocação transpessoal se impõe de modo impiedoso a ele. Para algumas pessoas, é uma decisão difícil virar as costas ao mundo pessoal e aos horizontes de vida familiar. O futuro pode parecer incerto e agourento, mas também emocionante. Para Skywalker, no entanto, não havia decisão a tomar. Permanecer em sua atual situação de vida não era mais uma opção. Desse modo, então, o chamado se anuncia como uma morte e um fim repentino da antiga vida.

Em *O Senhor dos Anéis*, para dar outro exemplo popular, o chamado à aventura de Frodo Bolseiro ocorre quando, numa conversa com Gandalf, ele descobre a verdadeira origem do Anel do Poder e a ameaça que ele representa para o Condado. O momento em que Frodo percebe que, para salvar o Condado, precisa levar o Anel para longe constitui seu chamado à aventura – um chamado que foi semeado ao longo dos anos pelo fascínio de Frodo pelas histórias de aventuras pelo mundo que seu tio Bilbo Bolseiro lhe contava. O que ele imaginou e sonhou, nesse momento, se tornava uma realidade muito palpável para ele, um chamado de agouro, quando Gandalf explica a Frodo a única maneira pela qual o Anel pode ser destruído:

> – Só há uma maneira: encontrar as Fendas da Perdição nas profundezas de Orodruin, a Montanha de Fogo, e lançar o Anel lá, se você realmente deseja destruí-lo, colocá-lo fora do alcance do Inimigo para sempre.

Frodo é, portanto, chamado a assumir um fardo perigoso que ele, é claro, é relutante em aceitar:

> – Eu de fato desejo destruí-lo! – gritou Frodo. – Ou, bem, fazer com que ele seja destruído. Não fui feito para missões perigosas. Eu gostaria de nunca ter visto o Anel! Por que isso veio até mim? Por que fui escolhido?
>
> – Essas questões não podem ser respondidas – disse Gandalf [...]. – Mas você foi escolhido e, portanto, deve usar a força, o coração e a inteligência que possui.[26]

[26] Tolkien, *The Lord of the Rings*, p. 75.

Percebendo que não há outro curso de ação possível a não ser proteger ele mesmo o Anel e tentar destruí-lo, devolvendo-o às chamas da Montanha da Perdição, em Mordor, Frodo aceita com relutância o chamado:

> – [...] Parece que sou um perigo, um perigo para todos os que vivem perto de mim. Não posso ficar com o Anel e permanecer aqui. Eu deveria deixar o Bolsão, deixar o Condado, largar tudo e ir embora.[...]"
>
> – Eu gostaria de salvar o Condado, se pudesse [...]. Sinto que, enquanto o Condado ficar para trás de mim, estará seguro e tranquilo, e minha caminhada será mais suportável.[27]

Nessa situação, a aventura espiritual é inserida numa necessidade incontornável; a vida impõe um destino que não é desejado nem pretendido, levando o indivíduo a uma tarefa inevitável. Esse destino também recai sobre Sam, amigo de Frodo, que se envolve na aventura ao ouvir a conversa entre Frodo e Gandalf e ser descoberto. Gandalf transmite a Sam sua punição por ouvir a conversa: "Pensei em algo [...] para calar sua boca e puni-lo de modo adequado por ficar ouvindo a conversa. Você irá embora com o Senhor Frodo!".[28] Aqui, de novo, em virtude de um acontecimento casual, um acidente, o destino de vida se desencadeia, enquanto Sam é levado, de forma involuntária, para a perigosa jornada que tem pela frente. Esse exemplo também retrata a voz autoritária do velho sábio Gandalf, comandando a personalidade do ego pessoal de Frodo e Sam, para que assumam a tarefa de suas vidas. Para Frodo e Sam, o chamado à aventura por meio do encontro com Gandalf põe fim à vida confortável, tranquila e habitualmente monótona no Condado.

---

[27] Tolkien, *The Lord of the Rings*, p. 76.

[28] *Ibidem*, p. 77.

No filme de ficção científica *Matrix* (*The Matrix*, 1999), o apelo à aventura do personagem principal, o *hacker* de computador Neo, assume a forma de seu primeiro encontro com os sinistros "agentes" de terno preto e com Morpheus e Trinity, que mais tarde se tornarão seus companheiros na luta para destruir a ilusão mundial e manipuladora que é a Matrix. Um dia depois de ter passado por uma experiência que o transformou, Neo acorda e sente que não pode mais voltar atrás.

Em *O Mágico de Oz* (*The Wizard of Oz*, 1939), para exemplificar utilizando um gênero diferente, o chamado de Dorothy à aventura começa com o tornado (o poder transcendental, o poder da natureza), quando o cachorrinho perdido, Totó, acaba impedindo que Dorothy encontre abrigo (uma variação do tema da bola perdida) e, depois, pelo acidente sofrido por Dorothy, que fica inconsciente, em um estado de sono profundo, o que, por sua vez, desencadeia uma torrente de fantasias, as quais ganham corpo no restante do filme. Ela é empurrada por um acidente, ao que parece, insólito para a terra mágica e estranhamente familiar de Oz (a paisagem interior da psique), onde sua aventura se desenvolve.

Em outro nível, o jovem Príncipe Sidarta, destinado a tornar-se o Buda, abandona sua rica e confortável existência em meio à nobreza para aventurar-se pelo mundo, onde, pela primeira vez, encontra a pobreza, a velhice, a doença, o sofrimento e a morte. O chamado do futuro Buda à aventura assume a forma de um despertar para os horrores do *Samsara*. Ele deixa para trás sua família e sua vida anterior e parte em busca da iluminação, seguindo o caminho da libertação do sofrimento e do ciclo constante de morte e renascimento.

Na *Odisseia*, de Homero, para dar um último exemplo baseado no mito clássico, temos a história de Odisseu, que embarcou em uma longa jornada marítima, e não houve notícias dele por muitos anos. Seu filho, Telêmaco, que permaneceu em casa ao lado da mãe, Penélope, recebe a visita da deusa Atena, que o instrui a "buscar notícias de seu pai que há muito é esperado".[29] O chamado à aventura ocorre aqui a mando de um poder transpessoal simbolizado pela deusa. Nesse exemplo, como salienta Campbell, a busca pelo pai pode ser interpretada como a busca pela origem espiritual, pela autoridade e identidade de alguém; é a busca para descobrir sua verdadeira origem.[30]

Esses exemplos ilustram algumas das variações do chamado à aventura. Às vezes, há um momento decisivo. No entanto, muitas vezes, o chamado é constante, convidando você a responder o tempo todo ao seu próprio chamado e a permanecer fiel ao seu próprio caminho. Esse padrão é aparente quando se seguem sincronicidades, aquelas estranhas "coincidências significativas", como Jung as descreveu, nas quais o mundo parece conversar com você, transmitindo um poderoso significado oculto que pode fornecer perspectiva e orientação.[31] Se você for capaz de seguir uma sincronicidade, outra surgirá no devido tempo, e depois outra e outra. Em cada ocasião, escolha se deseja seguir os sussurros do espírito interior, as profundezas interiores e o poder organizador do Universo – uma resposta que sempre requer um salto de fé, com a disposição de dar um passo em direção ao desconhecido. A cada passo dado, possibilidades futuras se abrem, levando você cada vez mais longe em seu caminho de vida. Em cada conjuntura da vida, você é convidado a confiar na direção de vida transracional sugerida pela sincronicidade. Goethe considerou que, se você ousasse seguir seu destino mais elevado, tentasse fazer algo grande, o Universo inteiro se curvaria em seu auxílio. No entanto, para fazer isso, é necessário colocar a sua confiança na vida e aceitar e abraçar a sua jornada de vida com todos os desafios e sofrimentos que ela acarreta. A vida vai pedir tudo o que você tem. Isso o levará além de todos os seus

---

29 Homero, *Odyssey*, p. 9.

30 Ver Campbell, *The Power of Myth*, p. 158.

31 Jung explora o fenômeno da sincronicidade em "Synchronicity: An Acausal Connecting Principle", em *Structure and Dynamics of the Psyche*, pp. 417-518.

limites, forçando-o a enfrentar tudo em sua psique, o bem e o mal, pois, no caminho da transformação espiritual, como lemos nas palavras de Jesus (Mateus 10:26), "não há nada oculto que não venha a ser revelado, nem escondido que não venha a se tornar conhecido".

Biografias da vida real fornecem outros exemplos desse chamado. O chamado de Jung à aventura – no que se refere à sua vida profissional – foi a intuição que teve sobre a sua vocação futura, quando ele era ainda estudante de medicina em Zurique, e que foi confirmada por sua decisão de prosseguir estudos na área da psiquiatria, para grande consternação e perplexidade de seus conselheiros e de seus colegas, que não conseguiam compreender o seu interesse por um assunto que, na época, era tão obscuro e marginal, e que prometia pouco em termos de avanço na carreira futura.[32] Sua escolha foi feita graças à leitura do prefácio de um livro de psiquiatria – esse foi o evento específico que o fez tomar uma decisão, pois, olhando para trás, ele percebeu que era o ápice de muitas experiências de vida que prepararam o início de sua vida profissional, tornando-se também o agente catalisador para o trabalho de sua vida futura. Depois de ler as primeiras linhas do prefácio citado, Jung descreveu sua verdadeira alegria ao perceber que o destino de sua vida se abria naquele momento para ele; essa é uma experiência conhecida por todos aqueles que escolhem seguir seus interesses profundos:

> Meu coração, de repente, começou a bater forte. Tive de me levantar e respirar fundo. Minha excitação era intensa, pois ficou evidente, para mim, num lampejo de iluminação, que meu único objetivo possível era

---

[32] Desde muito cedo, Jung sentiu a presença de um destino maior em sua vida. Por meio de uma série de poderosos sonhos e visões de infância, ele foi chamado a um encontro com o "espírito das profundezas". Ver Le Grice, "The Dark Spirit in Nature: C. G. Jung and the Spiritual Transformation of Our Time", em *Archetypal Cosmology and Depth Psychology: Selected Essays.*

a psiquiatria. Somente aqui as duas correntes de meu interesse poderiam fluir juntas e numa corrente unificada, cavando seu próprio leito. Aqui estava o campo empírico comum aos fatos biológicos e espirituais, que eu havia procurado em todos os lugares e não havia encontrado em parte alguma. Enfim, esse foi o lugar onde a colisão entre natureza e espírito se tornou realidade.[33]

Um ponto de partida significativo na vida de Friedrich Nietzsche foi a decisão, imposta a ele por causa do agravamento de sua condição física e psicológica, de abandonar a carreira acadêmica como filólogo clássico na Universidade da Basileia, na Suíça. A própria natureza de Nietzsche exigia dele um tipo de vida totalmente diferente, em que ele fosse capaz de se desligar da cultura para respirar o ar rarefeito das montanhas dos Alpes, em vez de sufocar nos corredores abafados da academia. Vivendo isolado – em peregrinação pelas montanhas suíças, a Itália e a Côte D'Azur, no Mediterrâneo –, torna-se capaz de olhar para a cultura, a religião e a filosofia ocidentais como se estivesse de fora e de descobrir, em suas profundezas psicológicas, a visão redentora do Übermensch (Super-Homem).

No caso de Joseph Campbell, o seu apelo à aventura parece ter sido influenciado de modo significativo por suas experiências em Munique e Paris como estudante ao longo da década de 1920. Durante sua estada em Munique, Campbell aprendeu rápido o idioma, o que lhe permitiu ler Freud e Jung em alemão. Embora Campbell já tivesse conhecido Freud antes, foi nessa época que ele de fato mergulhou nos escritos desses pensadores. Ele também foi profundamente influenciado, em muitos aspectos, por Schopenhauer e Nietzsche, os antepassados filosóficos da psicologia do inconsciente.

---

[33] Jung, *Memories, Dreams, Reflections*, p. 130.

A mente de Campbell foi estimulada pelas novas ideias que ele encontrou na Europa. Ao voltar a Nova York, ele descobriu que não conseguiria retomar seu doutorado, cujo foco era especializado em literatura medieval; então, desistiu. Era 1929, durante o início da Grande Depressão. Com pouca esperança de encontrar emprego, Campbell passou os cinco anos seguintes no meio do mato – literalmente. Ele passou quatro desses anos numa floresta próxima a Woodstock, na costa leste dos Estados Unidos, período durante o qual ele adotou um planejamento disciplinado e autoimposto de leitura e escrita. Foi um período de pedagogia hermética, utilizando a terminologia que Campbell empregaria mais tarde para descrever o afastamento das exigências do mundo externo, que possibilitou a descoberta de si mesmo e, logo, do direcionamento de seus interesses. Foi um período de incubação criativa na vida de Campbell, em que ele se libertou das exigências do mundo externo, com as suas pressões para encontrar um emprego, se casar, comprar uma casa, constituir família, e assim por diante, e que lhe permitiu depositar sua confiança na própria experiência, cujo rumo era desconhecido e estava em desenvolvimento. Ele permitiu que a vida dentro dele moldasse sua experiência e guiasse suas leituras e reflexões. Podemos dizer que ele se abriu para o inconsciente. Em termos míticos, Campbell entrou na floresta sombria tentando encontrar o próprio caminho, perseguindo as ideias que o entusiasmavam de verdade.

Nesse período de cinco anos, Campbell passou um ano na Califórnia dedicando-se à convivência com um grupo de escritores e acadêmicos que incluía o romancista John Steinbeck e o biólogo marinho Ed Rickets. Os eventos desse período foram descritos no romance *A Rua das Ilusões Perdidas – Caravana de Destinos*, de Steinbeck. Assim como fizera em Paris, durante esse período, Campbell viveu entre artistas, boêmios e outras pessoas que desenvolviam atividades criativas que, ao saírem das pressões da vida moderna, lhes possibilitavam explorar as fontes de energia criativa que tempos de isolamento podem ativar.[34]

Depois disso, a jornada heroica de Campbell parece ter sido representada e mediada por seus escritos e estudos: escrever *O Herói de Mil Faces* parece ter constituído uma descida alternativa ao submundo e uma jornada transformadora, que ocorreu dentro dos limites relativamente seguros do intelecto e da imaginação, e não como uma experiência pessoal direta.[35] Como vimos, o processo criativo está intimamente ligado à individuação.

---

[34] Nessa época, Campbell virou as costas para a carreira acadêmica tradicional, preferindo a liberdade da vida de um pensador independente à do acadêmico, com a sua mentalidade de "publicar ou perecer". Ele acreditava que embarcar em um programa de doutorado naquele momento de sua vida, em que o mundo das ideias estava se abrindo, poderia ser prejudicial, sufocando os impulsos criativos, forçando o indivíduo a vestir uma camisa de força acadêmica. Em consequência, embora mais tarde ele assumisse o cargo de professor na faculdade Sarah Lawrence, no estado de Nova York, a filosofia de vida de Campbell era um tanto anti-intelectual. Na verdade, a sua admiração pelo desportista de fala franca contrastava com o seu desprezo pelo acadêmico excessivamente educado e deliberativo, sem convicção e autoridade, sem voz própria. Ver, por exemplo, Campbell, *The Way of Myth*, p. 86.

[35] O próprio Campbell confessou não ter de fato um caminho espiritual do qual falar. Ele relata uma discussão interessante com Alan Watts sobre o assunto. Impressionado com as amplas percepções espirituais que, com frequência, brotavam de Campbell, Watts perguntou qual era exatamente a forma de "yoga" praticada por Campbell: qual foi a prática espiritual que o levou a essas profundas percepções? Para grande surpresa de Watts, Campbell disse que seu yoga nada mais era do que sublinhar frases! Ele apenas lia um livro após o outro, fazendo anotações e refletindo com profundidade sobre o material que estudava. Ver, por exemplo, Campbell, *The Way of Myth*, p. 82. Esse episódio também é recontado nas entrevistas de *The Power of Myth,* com Bill Moyers. Embora Campbell tenha experimentado algumas dificuldades psicológicas durante seu retiro de cinco anos do mundo, no final da década de 1920 e no início da década de 1930, ele não teve uma ruptura psicológica como a de Nietzsche ou como a confrontação de Jung com o inconsciente. No entanto, Campbell tinha uma compreensão clara e profunda do mesmo terreno explorado por Nietzsche e Jung. Ele se baseou nos *insights* de Nietzsche, Freud e, em especial, de Jung, para aplicar ideias psicológicas profundas à história da mitologia do mundo e relacioná-la de uma forma muito direta com os problemas e os desafios pessoais da vida contemporânea.

A imaginação pode servir como veículo para a transformação psicoespiritual, fornecendo um modo de acessar e processar energias e emoções das profundezas da psique.

A atualização do destino

Acontece, com frequência, de o padrão e o curso futuro da vida serem prefigurados e antecipados por experiências iniciais específicas ou pelas circunstâncias dos anos da infância, como se o nosso destino já nos estivesse moldando desde o nascimento, se não antes. James Hillman chama isso de "teoria da bolota": a essência do que somos e do que temos potencial para nos tornarmos está presente desde o início, ainda na infância, assim como o padrão do carvalho está presente, desde o início, dentro da semente – a bolota.[36] Em certo sentido, somos levados a cumprir o nosso caminho e nossa vocação de vida já determinados desde o início – uma perspectiva que contradiz a forma habitual de pensar a vida como sendo moldada por fatores causais ou circunstâncias no passado ou pelos nossos próprios atos de vontade.

No ensaio intitulado "Especulação transcendente sobre a aparente intencionalidade do destino do indivíduo", em *Parerga e Paralipomena* (vol. I),* Arthur Schopenhauer argumenta que, se olharmos para trás, para a nossa vida, sobretudo se já estivermos velhos, pode parecer que os acontecimentos e as experiências foram organizados e escritos por um autor invisível, e que parece existir um poder nos bastidores que determina o curso de nossa vida. Ao fazermos uma retrospectiva da vida, parece que tudo se enquadra num padrão e que fomos guiados de modo involuntário para seguir determinado caminho.

---

[36] Ver Hillman, *The Soul's Code: In Search of Character and Vocation.*

* Título original em alemão: *Transzcendente Speckulation über die anscheinende Absichtlichkeit im Schicksale des Einzelnen.* (N. da T.)

Jung chegou a uma conclusão semelhante: "O que acontece com uma pessoa é característico dela. Ela representa um padrão e todas as peças se encaixam. Uma por uma, à medida que sua vida avança, cada peça se encaixa de acordo com algum projeto predestinado.".[37] Nessa visão, o indivíduo não é o criador voluntário de seu destino de vida, mas, sim, faz parte da consciência do ego respondendo ao chamado do ser mais profundo, que realiza um caminho de vida ou um destino já designado.

Schopenhauer sugeriu que a natureza humana é composta de um *caráter inteligível*, que é a pessoa que somos em potencial, e um *caráter empírico*, que é o ego, a pessoa que estamos nos tornando, realizando-nos com os atos da vida. O caráter inteligível (equivalente aproximado ao conceito de *Self* de Jung) é o orquestrador de nossas experiências. Ao observar o funcionamento e as "intenções" desse princípio orquestrador em momentos de iluminação, pode parecer que há uma fatalidade transcendente em ação em nossa existência, organizando as nossas experiências e as circunstâncias de vida, expressando-se, inclusive, por meio do que consideramos ser os nossos próprios atos de livre-arbítrio. Jung fez uma afirmação semelhante: "O Self [...] é o existente *a priori*, a partir do qual o ego evolui. É ele quem, por assim dizer, constitui uma prefiguração inconsciente do ego. Não sou Eu que me crio, mas sou eu que aconteço a mim mesmo."[38] Na mesma linha, Friedrich Nietzsche sugere que é possível chegar a uma condição de "fatalismo alegre e confiante", que se baseia na compreensão da vinculação indissociável entre a própria vida e o todo – a totalidade de tudo o que foi e será.[39]

---

[37] Jung, "Men, Women and God", em: *C. G. Jung Speaking: Interviews and Encounters*, p. 242.

[38] Jung, *Psychology and Religion: West and East*, p. 259. Campbell também aborda esse tema em *Creative Mythology*, o quarto volume da série *The Masks of God*, em sua exploração da compreensão da natureza do destino dentro de diferentes tradições.

[39] Comentando Goethe, Nietzsche escreve: "Um espírito assim emancipado permanece no meio do universo com um fatalismo alegre e confiante, na fé de que apenas o que

De modo paradoxal (pelo menos, para a mente racional), embora afirmemos um fatalismo na vida, também estamos ativamente envolvidos em trazer à existência um eu e um mundo que estão presentes no início como mera potencialidade. Em última análise, o destino e o livre-arbítrio podem ser percebidos como lados opostos da mesma moeda.

A recusa do chamado

A contrapartida negativa do chamado à aventura é a recusa do chamado – o "triste caso do chamado que não obtém resposta", como Campbell o descreve.[40] É triste se considerarmos o seu impacto na experiência de vida futura do indivíduo, mas, como fenômeno, considero a recusa do chamado muito interessante.

Por que alguém não iria querer seguir o chamado da vida? Por que alguém se recusaria a seguir o caminho do próprio destino transpessoal com todo o rico significado de vida e aventura que isso engloba? Ao recusar a aventura da vida, o que acontece a seguir? Esta é uma situação fascinante. Vejamos, primeiro, a descrição de Campbell:

> Com frequência, na vida real, e com não menos frequência, nos mitos e contos populares, encontramos o triste caso do chamado que não obtém resposta; pois sempre é possível desviar a atenção para outros interesses. A recusa à convocação converte a aventura em sua contraparte negativa. Aprisionado pelo tédio, pelo trabalho duro ou pela

---

é separado e individual pode ser rejeitado, que na totalidade tudo é redimido e afirmado – ele não nega mais" (*Twilight of the Idols*, p. 114).

40 Campbell, *The Hero with a Thousand Faces*, p. 49. [*O Herói de Mil Faces*. São Paulo: Cultrix, 1989, p. 66.]

"cultura", o sujeito perde o poder da ação afirmativa dotada de significado e se transforma numa vítima a ser salva.[41]

Campbell dá o exemplo do Rei Midas, que constrói um vasto império e acumula imensa riqueza; no entanto, como isso foge do seu verdadeiro propósito de vida, revela-se totalmente insatisfatório, mais um embuste e uma armadilha do que uma realização. Na obra *E Por Falar em Mitos: Conversas com Joseph Campbell*, de Fraser Boa (*The Way of Myth*), Campbell fala sobre a percepção de alguém que tenha "subido a escada apoiando-se na parede errada", uma compreensão que, em geral, ocorre mais tarde na vida, de que você dedicou sua energia vital e atenção a algo que não refletia sua verdadeira vocação.[42] A subida pode ter sido bem-sucedida, mas essa era a escalada, em particular, a que você almejava desde o início? Foi essa escalada que a vida planejou para você?

Há várias razões pelas quais alguém pode recusar o chamado para a aventura. A primeira é a *racionalização*, o que significa descartar o apelo como impraticável, irracional, impossível. Seguir o apelo à aventura pode, muitas vezes, parecer uma loucura do ponto de vista do senso comum ou da perspectiva econômica. Comprometer-se com a aventura de sua vida causará inevitavelmente muitas perturbações em seu cotidiano. O mundo é construído sobre preocupações aparentemente racionais e pragmáticas, muitas vezes, a serviço de uma motivação subjacente para evitar a dor e o sofrimento, e para tornar a vida tão agradável e confortável quanto possível, o que, em termos práticos, em geral, se traduz em conseguir o máximo de dinheiro que for possível. Se esse for o seu objetivo de vida, você não será capaz de seguir o seu chamado à aventura, o que invariavelmente

[41] Campbell, *The Hero with a Thousand Faces*, p. 49. [*O Herói de Mil Faces*. São Paulo: Cultrix, 1989, p. 66.]

[42] Ver Campbell, *The Way of Myth*, p. 9, pp. 146-47.

implica abrir mão de tudo o que é seguro e confortável, indo contra o bom senso, contrariando até mesmo o princípio do prazer e o impulso autoprotetor para evitar a dor. O bom senso é, de forma ampla, ditado pelas normas e pelas expectativas da cultura; muitas vezes, reflete o que todos querem que você faça para manter o mundo em ordem, ou reflete o que todo mundo faz. Como a maioria das pessoas não escolhe seguir a própria vocação espiritual (ou essa vocação ainda não se tornou conhecida por elas mesmas com a suficiente força), os padrões de vida coletivos aceitos acabam, de modo irremediável, por nos impor formas de ser inautênticas e limitantes. Para viver com autenticidade, muitas vezes, temos de deixar para trás a opção razoável e sensata e aprender a conviver com a incerteza generalizada e, às vezes, com a aparente loucura do percurso e da vocação que nos são apresentados. Essa não é uma tarefa fácil e, na minha experiência, esse fator impede que muitas pessoas aceitem e sigam o seu próprio apelo à aventura.

A segunda razão, intimamente relacionada, é a sensibilidade emocional e o desejo de não incomodar as pessoas. Essa preocupação é exacerbada pela ênfase na moral cristã, muitas vezes, profundamente enraizada, na consideração dos outros – o amor ao próximo – que pode facilmente tornar-se um obstáculo, impedindo de prosseguir com o que deve fazer na vida. Diante dessa preocupação, pode ser útil refletir sobre a discrepância entre a moralidade cristã adotada e os atos e as palavras reais de Jesus, pois, diferente da imagem popular do Filho de Deus como um pacifista todo amoroso, as palavras de Jesus enfatizam a necessidade de luta, conflito e divisão se uma pessoa decidir seguir o caminho do espírito: "Talvez os homens pensem que eu vim para lançar a paz sobre o mundo, e eles não percebam que eu vim para trazer as separações sobre a terra, o fogo, a espada, o conflito".[43] As divisões dentro da família, inclusive no

[43] Ross, *Gospel of Thomas (Evangelho de Tomé)*, *logion* 16, 19.

âmbito cultural, são aparentemente inevitáveis: "Numa casa, haverá cinco; três serão contra dois, e dois contra três, o pai contra o filho, e o filho contra o pai".[44] Para compreender o Cristo interior, o que, em termos junguianos, significa tornar-se uma manifestação única do Eu universal na sua cultura particular, num momento particular da história, inevitavelmente, você perturbará as pessoas. Se o seu objetivo de vida é sempre ser bem considerado e nunca causar conflitos, você não poderá se tornar quem você é e concretizar seu potencial. Nunca alguém viveu uma vida sem conflitos, muito menos uma vida profundamente significativa e repleta de propósito espiritual. Isso faz parte do teste do herói. Você precisa ser capaz de conviver com seus sentimentos desconfortáveis, se suas palavras e suas ações causarem ofensa e forem contra a moralidade convencional. Como vimos antes, se os valores positivos caíram na escuridão e se tornaram o que é considerado tabu ou algo relativo ao mal, então, para aceder a esses valores, muitas vezes, será necessário desafiar a moralidade coletiva, indo contra o que é, em geral, considerado bom ou aceitável. Isso não é fácil, sobretudo porque muitas pessoas que estão tentando seguir algum tipo de chamado espiritual são, muitas vezes, pessoas sensíveis, dedicadas e atenciosas, que, por temperamento, não gostam de causar transtornos.

Nietzsche é muito bom em ajudar com essa questão. Ele é bastante extremo. Ele despreza a massa, a multidão comum e a moralidade consensual, apontando que, muito do que se disfarça de moralidade, caridade e altruísmo, na verdade, serve para esconder um impulso inconsciente de poder – é o interesse próprio disfarçado, ou uma falta de vontade de ser honesto em relação às próprias motivações – "Vosso amor ao próximo é o vosso mau amor por vós mesmos".[45] Você precisará de um pouco do que, em geral, é considerado energia egoísta se quiser se tornar quem você é;

---

[44] Ross, *Gospel of Thomas* (*Evangelho de Tomé*), *logion* 16, 19.

[45] Nietzsche, *Thus Spoke Zarathustra*, p. 86.

um egoísmo saudável, pode-se dizer. Contudo, é um egoísmo baseado numa autoridade transcendental que está além da sua vontade, sancionado por um poder além da sua escolha. Não se trata de um mero egoísmo.

A terceira razão para a recusa é o medo do desconhecido. Na vida cotidiana, tendo um emprego, uma família e um lugar estável para morar, em geral, talvez você acredite saber quem você é; talvez saiba em grande parte o que está por vir; as coisas parecem razoavelmente bem sob seu controle (embora isso, muitas vezes, seja mais aparente do que real). No entanto, se você sair do caminho trilhado, poderá se encontrar na floresta sombria, em um lugar assustador em sua vida, onde você simplesmente não sabe o que vai acontecer, onde tudo parecerá incerto e não haverá nada em que você possa se firmar. Essa incerteza generalizada está ligada, às vezes, ao medo de morrer, ao medo de enlouquecer, ao medo do ridículo ou ao medo da solidão e da miséria. Esses medos podem prender você a uma situação de vida que está muito abaixo de seu potencial. O medo pode servir como guardião do limiar, dificultando a superação de obstáculos psicológicos e ambientais, bem como a continuação de sua autêntica aventura de vida. Se você não for capaz de enfrentar seus medos ou não tiver disposição para isso, não poderá encarar o desafio arquetípico do herói, e isso o levará a passar a vida evitando seus desejos mais profundos, e, como resultado, você poderá terminar por ignorar suas potencialidades mais fortes. Você deve acreditar em si e no poder espiritual mais profundo que sustenta você e sua vida. A paixão que inspira a sua jornada pode contribuir para que você siga em frente; pode ajudar a dissipar o medo que sentirá em várias etapas da aventura de sua vida. A dura necessidade material também pode ser de grande ajuda, forçando-o a realizar e a enfrentar aquilo que, de outra forma, poderia ser evitado.

A quarta razão para rejeitar a ação do chamado à aventura é um "conflito de deveres" – tema que já abordamos aqui. Se, por exemplo, o cuidado e a preocupação do jovem Buda com sua família, seu desejo de permanecer com eles em sua existência principesca, fossem de intensidade absolutamente igual ao seu desejo de procurar a iluminação e eliminar as raízes do sofrimento, ele teria se encontrado em uma paralisia total, num impasse absoluto, na impossibilidade de decidir entre uma linha de ação e outra. Talvez ele se sentisse incapaz de aceitar seu chamado à aventura, pelo menos até que a questão pudesse ser resolvida num nível superior. Tais conflitos – como Jung percebeu –, muitas vezes, impedem a expressão extrovertida da energia vital. A condição de impasse total impulsiona a energia para dentro, estimulando a profunda transformação psicológica.

A quinta razão, e a última que consideraremos aqui, é a falta de vontade de lidar com o peso da responsabilidade e a perturbação que a aceitação do chamado acarreta. Muitas vezes, o chamado para a aventura é, em si, excitante e inspirador, e pode transportar você a ponto de fazê-lo se sentir como se surfasse sobre uma onda de energia. No entanto, para atender ao chamado, você terá, de modo invariável, de resolver muitas questões em sua vida, e precisará ter disposição para efetuar mudanças radicais. Terá de ser dono de si mesmo, pelo menos, até certo ponto, para poder direcionar suas energias para onde elas precisam ir a fim de realizar as tarefas que estão à sua frente. A aceitação do chamado pode ser adiada pela falta de preparação psicológica e emocional para a jornada que temos pela frente. Você precisa ser capaz de manter um firme senso de controle psicológico, pois a jornada envolve enfrentar energias, paixões e medos poderosos que podem facilmente dominar você, e, se não forem controlados, podem levar à destruição e à ruína.

Fico intrigado com o fenômeno da recusa porque penso que muitos de nós enfrentamos isso de uma maneira ou de outra. Está enraizado nas defesas do ego, que talvez precisem ser desconstruídas de modo sistemático antes que a aventura da vida possa prosseguir. Percalços e infortúnios, doenças e tensão psicológica sustentada, choques violentos ou encontros próximos com a morte podem servir para desferir golpes de martelo nas resistências do ego e galvanizar a vontade de ação afirmativa.

Contudo, Campbell destaca também que a recusa em si pode ser heroica. Ele dá o exemplo do que chama de "introversão voluntária", que ocorre quando uma pessoa com aspiração espiritual se torna totalmente desinteressada pelas possibilidades de vida apresentadas pelo mundo e, portanto, rejeita tudo, rugindo como um leão, dizendo "não" à vida, como fez Nietzsche.[46] Simplesmente não existe nenhum caminho de vida, opção ou objetivo que seja atraente o suficiente para mobilizar as energias dessa pessoa. Campbell descreve essa condição como "uma deliberada e extraordinária determinação de só dar a mais profunda, elevada e rica resposta à exigência, ainda desconhecida, de algum vazio interior expectante; uma espécie de recusa total, ou rejeição dos termos de vida oferecidos".[47] Se você estiver destinado a fazer algo além do normal, algo que não esteja em sua atual esfera de consciência ou que não seja de seu interesse, é claro que você não se satisfará com outras alternativas menos interessantes que lhe oferecerem. No entanto, talvez as pessoas que se sintam chamadas a um destino maior tentem evitar a verdade de sua situação, procurando desesperadamente alternativas ou paliativos, por se verem perseguidas o tempo todo pela única coisa, a verdadeira vocação, que poderia proporcionar a única resolução autêntica e satisfatória. Para algumas pessoas, responder ao chamado é uma questão de escolha. Para outras, fugir do chamado do destino é, em última análise, inútil. A vida colocou sobre elas uma tarefa ineludível a ser cumprida. A única alternativa para fazer isso é não viver. "Muitos são chamados, mas poucos são escolhidos." Como vimos, ser "escolhido" (ou ser "escolhida"), nesse sentido, significa que a sua vida não é sua, mas deve ser entregue a serviço de um destino superior.

---

46 Campbell, *The Hero with a Thousand Faces*, p. 53. [*O Herói de Mil Faces*. São Paulo: Cultrix, 1989, p. 71.]

47 *Ibidem*. [*O Herói de Mil Faces*. São Paulo: Cultrix, 1989, p. 71.]

Outra representação mítica da versão positiva e heroica da rejeição ao chamado é retratada no que Campbell denomina como "recusa dos pretendentes", exemplificada, sugere ele, pela aventura romântica do Príncipe Kamar al-Zaman e da Princesa Budur, de *As Mil e Uma Noites*. Al-Zaman, o príncipe da Pérsia, se recusa com veemência a atender aos desejos do pai de que ele tivesse uma esposa. Então, declara de modo desafiador que preferiria morrer a se casar com uma pessoa que não fosse de sua escolha. Humilhado pelas ações do filho, o rei opta por aprisionar o jovem em uma torre escura.

Enquanto isso, em outro reino distante, na China, uma bela princesa segue um curso de ação semelhante, recusando todas as propostas de casamento de seus pretendentes, provocando uma grande consternação em seu pai. Ela recusa uma proposta atrás da outra, afirmando que preferiria tirar a própria vida a ter de se casar; então, a paciência do rei com a filha acaba se esgotando e, com medo de que ela possa sofrer algum dano, ele a mantém prisioneira em um dos aposentos do palácio. A situação parece impossível de ser resolvida. Nos bastidores, porém, poderes desconhecidos estão em ação, os quais, em última análise, realizarão o destino romântico do casal real.

Ao permanecerem fiéis ao sentido do que acreditam ser o correto para eles, apesar da pressão das circunstâncias, os poderes que moldam os destinos do príncipe e da princesa fazem com que tais circunstâncias os unam, ainda que por meio das maiores provações e de grandes aventuras. Como observa Campbell,

> Pois quando um coração insiste em seguir o seu destino, resistindo às recomendações generalizadas para que se abrande, a agonia é grande, assim como o é o perigo. Todavia, terão sido postas em movimento forças que estão além da capacidade de reconhecimento dos sentidos.

> Sequências de eventos dos quatro cantos do mundo gradualmente se reúnem, e milagres de coincidência levam a cabo o inevitável.[48]

Esse exemplo se aplica não apenas aos casos românticos, é claro, mas a qualquer aspecto da vida: a procura da vocação certa, do lugar certo para viver, talvez da área e do programa certo de estudos. É preciso muita coragem e fé para manter-se firme em um curso de ação que reflita seu próprio senso de verdade e seu potencial mais elevado; então, assim, devemos recusar substitutos menores e mais facilmente disponíveis. Para fazer isso, você precisa estar disposto a conviver com a incerteza e a enfrentar o risco de que as coisas possam não dar certo. Você precisa ser capaz de lidar com as emoções negativas que surgem durante os períodos em que sua energia vital não tem meios imediatos de expressão satisfatória. Sua vontade e o chamado interior são confrontados com as circunstâncias. Ao recusar uma possibilidade da vida após a outra, a energia se acumula dentro de você, e isso provoca uma resposta por parte da natureza e do inconsciente.

Na vida cotidiana, muitas vezes, pode acontecer de as circunstâncias de nosso dia a dia se tornarem muito difíceis e opressivas, antes de conseguirmos encontrar motivação suficiente para fazer as mudanças complicadas, porém necessárias, para reestruturar a nossa vida em torno de nossas paixões e de nossos interesses mais profundos. Na verdade, essa é uma das razões pelas quais "é mais fácil um camelo passar pelo fundo de uma agulha do que um rico entrar no Reino de Deus" (Mateus 19:24). Com o dinheiro à nossa disposição, podemos facilmente nos perder em todos os tipos de distrações e diversões, evitando, assim, o risco, a autodisciplina e as duras exigências da autoconsciência que inevitavelmente

[48] Campbell, *The Hero with a Thousand Faces*, p. 196. [*O Herói de Mil Faces*. São Paulo: Cultrix, 1989, p. 224.]

acompanham a individuação (o "rico" Jung parece ter sido uma rara exceção à regra). A pessoa abastada é capaz de usar o dinheiro para adquirir inúmeras alternativas de vida mais fáceis e atraentes, em vez de enfrentar as árduas exigências da individuação. A riqueza pode, portanto, ser uma barreira para a realização espiritual. Pode permitir satisfazer aos nossos desejos no mundo, mas, ao fazê-lo, também podemos ser possuídos por esses desejos, em detrimento de nossa consciência autoconsciente e da direção espiritual. "Na verdade, quem possui pouco é muito menos possuído", observou Nietzsche, dando um toque positivo à relativa pobreza.[49] As pessoas sem excedentes de dinheiro são forçadas a comprometer-se com um caminho e a permanecer nele. Não podem se dar ao luxo de *comprar* alternativas. Esse compromisso singular é necessário para produzir algo de valor. Se você tem dinheiro em abundância, é fácil agir de acordo com os desejos e, assim, ser "possuído" por eles.

A psicologia da recusa do chamado está ligada ao ego. O ego é construído sobre o instinto de autopreservação, é uma expressão psicológica desse instinto. O sistema de defesas do ego pertence à parte de nós que se preocupa em preservar o nosso bem-estar e em garantir que tenhamos sempre respostas tranquilizadoras a perguntas como "Estarei bem dentro de um ano?" e "Estarei bem dentro de uma semana?". Os limites do ego são construídos pelo medo. Assim que você coloca em risco o seu lugar no mundo e a sua segurança pessoal e econômica, o ego fica agitado, ansioso, medroso e mais rígido. No *Evangelho de Tomé*, esse aspecto do ego é retratado como o "homem forte" que procura permanecer no controle, protegendo, forçando, mantendo um controle rígido sobre sua personalidade e as circunstâncias de vida para garantir seu bem-estar. Ao fazer isso, a alma e a criança dentro de você são mantidas aprisionadas pelo "homem forte".

---

[49] Nietzsche, *Thus Spoke Zarathustra*, p. 77.

Para libertar a alma, o "homem forte" que está em seu interior deve ser reconhecido e mantido sob controle ou "limitado".[50]

Viver de acordo com os ditames de um ego controlador só pode ocorrer à custa de uma existência autêntica, uma visão encapsulada no ensinamento de Jesus (Lucas 17:33) de que "quem tentar conservar a sua vida, a perderá". Se a motivação da sua vida for construída em torno de uma autopreservação temerosa (tentar preservar a própria vida), que o impeça de viver de modo autêntico com liberdade e confiança, com base na paixão e na espontaneidade do seu ser mais profundo, você atrairá para a sua vida circunstâncias e eventos que minam e procuram destruir a estrutura de vida que você construiu. A vida quer que você seja quem você é e que não permaneça em uma situação limitante inadequada por medo do que pode dar errado, se ousar arriscar-se na aventura de sua vida. Você perderá sua vida, sua vida autêntica, se tentar se apegar ao que possui, escondendo-se atrás de armadilhas materiais ou de alguma identidade mundana e uma estrutura de vida aparentemente segura. Você já terá abandonado a sua vida real e, além disso, atrairá circunstâncias e acontecimentos que procuram "libertá-lo" dessa situação, destruindo a sua estrutura de vida existente, ou talvez até fazendo com que adoeça, destruindo a parte de você que resiste à vida. "De quem não tem, até o que tem lhe será tirado", Jesus adverte ainda (Mateus 13:12). Muitas vezes, nessa situação, pode parecer que alguém é a infeliz vítima de um destino caprichoso, ou que foi escolhido pela ira de Deus por causa de algum pecado imperdoável. No entanto, isso é, na verdade, a consequência legítima de não viver de acordo com os imperativos e os ditames de nossa natureza mais profunda. Se um leão tentar viver a vida de um cordeiro, a natureza do leão será mutilada, levando-o, em última instância, à sua morte.

---

50 Ross, *Gospel of Thomas, logion* 35, 30.

Você deve ousar se comprometer com a aventura de sua vida e aceitar a incerteza, o medo e as emoções desafiadoras que surgem como resultado. É claro que não há garantias de sucesso, não há apólice de seguro ou rede de segurança à qual recorrer. Mas não ousar ser quem você é implica perder antes mesmo de começar.

Durante a individuação, deve haver uma mudança de uma atitude obstinada e de um interesse próprio cauteloso e protetor – a crença de que você sempre tem de estar no controle de sua vida, tendo certeza absoluta de que ficará bem – para uma atitude de confiança em uma autoridade superior: o *Self*, nos termos junguianos. Você tem de superar aquela "pessoinha" que está tentando manipular e controlar tudo; apesar de qualquer medo que possa sentir, você precisa abandonar seu controle rígido e seguir em frente na vida, um passo de cada vez, depositando sua confiança no que vai acontecer. Campbell observou que, se você não viver a aventura de sua própria vida, com o tempo, o cinismo e a amargura poderão se instalar, e você poderá, então, se tornar "o policial do mundo", o aplicador de leis e de julgamentos de valores consensuais, patrulhando seu pequeno mundo como um censor freudiano para garantir que tudo e todos permaneçam no lugar.[51] Se não estiver vivenciando a aventura de sua vida, você poderá muito bem se sentir obrigado a garantir que ninguém mais o faça. É possível detectar esse fenômeno para onde quer que se olhe na vida, pois é muito comum. Por isso, é importante viver a aventura de sua vida enquanto ainda pode, para descarregar sua energia vital na direção que pretende seguir, para que a energia não fique presa dentro de você. A essência desse tema é captada de novo no *Evangelho de Tomé*: "Se vocês revelarem o que está em cada um, o que está dentro de vocês os salvará. Se não revelarem o que está dentro de vocês, o que não revelarem irá destruí-los".[52]

---

[51] Comentário feito por Campbell em *Reflections on the Art of Living*.

[52] Lambdin (tradutor), *Gospel of Thomas, logion* 70. Disponível em: http://www.sacred-texts.com/chr/thomas.htm. Acesso em 21 fev. 2024.

Se, por algum motivo, você não for capaz de aceitar o chamado para a aventura, a energia começará a se acumular. Essa energia que deveria ser expressa no momento em que você atendesse ao seu chamado acabará represada e, do acúmulo de energia resultante, surgirá um aumento correspondente na pressão psicológica e na tensão no corpo, provocando mais estresse e mais ansiedade. A energia do destino não realizado torna-se uma força negativa ou destrutiva, e não há como descarregá-la por meio de outras atividades, pois nada parece satisfatório, nada parece correto.

Essa situação está no cerne da crise existencial, com a sua experiência característica de angústia ou de pavor. Quando o ego racional se opõe de forma persistente à espontaneidade dos instintos, a consciência fica desligada da psique mais ampla e a pessoa pode, então, ficar sujeita a um estado paralisante de ansiedade. Com frequência, essa condição aflige os intelectuais, porque neles ocorre um superdesenvolvimento da racionalidade, de modo que o desenvolvimento intelectual entra em desequilíbrio com as necessidades da psique mais ampla. Sente-se, nessas circunstâncias, que é preciso conquistar tudo pensando, lendo, aprendendo, analisando. Para o intelecto posto a serviço do ego, a vida torna-se um problema a ser resolvido, um enigma a ser desvendado. É claro que não existe fórmula nem receita de vida que garanta sucesso, prosperidade e felicidade. A vida não exige solução. Apenas isso. A vida não pode ser acomodada dentro de um programa racional, de um caminho espiritual, de uma prática religiosa ou de qualquer sistema filosófico, por mais grandioso ou integral que seja. O chamado para a aventura leva a pessoa que se individualiza para além da torre de marfim do intelecto, para a realidade mais intensa, extrema e ambígua da psique mais ampla.

Existencialismo, pecado e o lado sombrio

A armadilha dentro do ego racional, nessa fase particular do desenvolvimento psicoespiritual, é explorada no trabalho de filósofos existencialistas como Sören Kierkegaard, Jean-Paul Sartre e Albert Camus (embora os existencialistas, em geral, não vejam isso como um estágio de desenvolvimento, mas, sim, como um reflexo dos fatos inalteráveis da existência humana). O existencialismo explora uma condição em que o indivíduo ficou totalmente desiludido com a vida convencional, sentindo-se tragicamente alienado do mundo e, muitas vezes, não conseguindo fazer mais do que suportar a existência sob protesto ou num estado de angústia e resignação. A vida é vivenciada como uma agonia sem sentido, absurda, esmagadoramente banal, causando emoções de tédio (tédio existencial), aflição e náusea (uma ansiedade generalizada e inespecífica e um estado de apreensão) – uma condição retratada com clareza na pintura de Edvard Munch, *O Grito* (*Skrik*, 1893). Essas são respostas autênticas de um ego alienado do dinamismo instintivo da psique mais ampla. Rejeitá-las e refugiar-se por trás de algum papel social é viver, como observou Sartre, numa condição de má-fé. Essas reações só se tornam genuinamente patológicas se forem evitadas, negadas ou aceitas sem crítica, como se refletissem a natureza da própria realidade.

Em *Memórias do Subsolo*, Fiódor Dostoiévski contribui muito para iluminar o estado de alienação que caracteriza a condição existencialista. Com uma visão penetrante, Dostoiévski leva o leitor ao cerne da situação existencial, enquanto explora a experiência do indivíduo por meio de uma autoconsciência elevada que está patologicamente distante de um modo de vida instintivo e natural. Esse tipo de consciência do ego não confia no instinto. Questiona tudo, analisa, procura causas e razões cada vez mais fundamentais, forma associações intermináveis entre ideias – em suma, a consciência fica presa no pensamento, colocada contra o dinamismo do instinto. Nessa condição, a pessoa fica dividida e vai contra si mesma, podendo sentir-se como o lamentável auxiliar de escritório e narrador anônimo do romance de Dostoiévski. O funcionário público anônimo descreve o tortuoso sofrimento de uma vida sob a tirania da razão, experimentando as consequências negativas dos impulsos e os estímulos que não podem ser expressos, levando ao absurdo do autoengano, da aversão e do ressentimento. Toda convicção está perdida, tudo é incerto. "O fruto direto, legítimo e imediato da consciência", observa Dostoiévski, "é a inércia" – a incapacidade de agir.[53] Separado do instinto, perde-se a capacidade consciente de ação afirmativa. No âmbito coletivo, essa condição dá origem ao cenário da terra devastada, caracterizado por uma dolorosa disjunção entre o modo como a pessoa age e o modo como se sente de verdade.

O indivíduo que se encontra no meio desses estados psicológicos, às vezes, tem uma sensação aguda do fardo inescapável da liberdade de escolha que a autoconsciência acarreta, a angustiante liberdade de existir como um ser autoconsciente dentro da vastidão e da aparente indiferença sem propósito do Universo. Essa pode ser uma experiência esmagadora para se suportar. Não tendo ainda encontrado uma fonte de maior significado e direção de vida, e não tendo sido capaz de se conectar a um fluxo de poder renovador de vida vindo do inconsciente, nesse estágio, a pessoa pode se sentir completamente sozinha no Universo, dentro de uma existência sem sentido, sem o apoio de um princípio espiritual ou de um poder maior além da vontade pessoal. Crises existenciais desse tipo, muitas vezes, tendem a surgir, eu diria, quando o indivíduo está se aproximando do ponto final do desenvolvimento do ego, tendo um intelecto muito bem desenvolvido, em geral, associado a um temperamento sensível, mas sem nenhuma saída aparente da prisão da personalidade do ego. A realidade psicológica dessa situação é invariavelmente projetada ou revelada no próprio mundo, que pode parecer opressivo, claustrofóbico e banal, quase chegando ao absurdo, situação que Jean-Paul Sartre descreveu como "sem saída". Nessa prisão existencial, o indivíduo pode ficar totalmente preso em sua consciência reflexiva, numa análise racional e nos processos do

---

[53] Dostoiévski, *Notes from Underground*, p. 17.

pensamento, emaranhado em nós, incapaz de ver alguma saída para a sua atual situação psicológica e existencial. O resultado pode ser uma neurose aguda – um estado de dolorosa divisão interior quando a consciência se separa da realidade mais ampla da psique, exacerbando o sentimento de alienação. Se for compreendida de forma adequada, porém, essa situação não é intrinsecamente patológica, e sim um sintoma de um estágio de transformação psicoespiritual que pode ser superado no caminho para uma vida mais plena e profundamente significativa a serviço do *Self*. Como destacou Jung, as neuroses só ocorrem em pessoas de "tipo superior", com uma potencialidade muito maior do que a média.[54]

De uma perspectiva cristã, é esclarecedor pensar nas origens da crise existencial em termos de bem e mal, e de pecado e tentação. O pecado está relacionado com a consciência do ego, com a sua vontade pessoal que se desvia da vontade de Deus. Todo ato que não está de acordo com a vontade de Deus é, estritamente falando, um pecado. Desenvolver a consciência do ego, como devemos, é desenvolver a própria capacidade de liberdade de vontade e, assim, cair inevitavelmente no pecado.

Muitas vezes, também pensamos que o pecado e o mal estão intimamente relacionados ou que são sinônimos. No entendimento popular, os pecados são atos que contrariam o padrão ético do que é bom e, portanto, parecem ser atos maus. Aldous Huxley, analisando o significado da *Oração do Senhor*, lança uma luz interessante sobre este tema. Ele considera os versos "E não nos deixeis cair em tentação, mas livrai-nos do mal". Ao ler essas palavras, assume-se de imediato que a tentação (que leva ao pecado) e o mal estão intimamente relacionados, sendo talvez até a mesma coisa. No entanto, Huxley chama a atenção para a conjunção "*mas*", que implica que a tentação e o mal são, em certo sentido, opostos. A implicação é que, ao evitar a tentação, somos mais suscetíveis de cair no mal e, portanto,

54 Ver Jung, *Two Essays on Analytical Psychology*, p. 184.

necessitamos de libertação do mal. O significado seria totalmente diferente se fosse "não nos deixe cair em tentação *e* livra-nos do mal".

Em termos psicológicos profundos, em uma oração, pedimos, primeiro, para não sermos possuídos pelo fluxo de desejo e instinto do inconsciente ("não nos deixeis cair em tentação"); em segundo lugar, pedimos para não nos fecharmos ao fluxo do desejo e do instinto e, assim, cairmos no mal da vontade pessoal e da consciência do ego ("mas livrai-nos do mal"). A tentação pode ser interpretada como um consentimento ao desejo ou como ser inconscientemente possuído por ele; o mal pode ser interpretado como alienação do desejo, do instinto, numa situação em que, em virtude dessa alienação, estamos sujeitos à tirania da vontade pessoal e da racionalidade (a condição existencialista), de modo que nossos desejos e nossa energia vital se tornam negativos. Esses versos da oração do Pai Nosso apontam para um caminho intermediário, cortesia da graça de Deus, entre ser possuído ou possuída pelo desejo e a repressão do desejo.

Campbell sugere que o "lado sombrio", conforme retratado em *Star Wars*, se refere a um estado de ser no qual você se desviou demais para o lado conscientemente intencional da vida, quando vive apenas de acordo com seu ego racional, sem nenhuma espontaneidade de seu coração – que é exatamente o que, muitas vezes, ocorre antes do início da condição existencial já descrita. Vivendo dessa maneira, os desejos e impulsos naturais são reprimidos e podem passar a dominar você de forma inconsciente. O "lado sombrio", portanto, se refere ao ego intencional excessivamente controlador, que é possuído pelos impulsos inconscientes, impedindo que sejam expressos e que, portanto, se tornem forças negativas na psique. Essa condição é transmitida de forma clara e vívida no personagem Darth Vader, que é controlador e movido pelo poder que está fora de sintonia com sua própria humanidade. Darth Vader, sugere Campbell, é uma personificação arquitetônica do homem mecânico, o homem máquina, sugerindo um extremo de racionalidade consciente, fora de sintonia com a naturalidade do corpo; na verdade, ele nem consegue respirar sem a ajuda de sua máscara.

Poder do Estado, o rebanho e o homem mecânico

Campbell também vê Darth Vader como a personificação do homem de Estado, cumprindo a posição ocupada pelo próprio Império. Ele abandonou seu ser natural e autêntico, e até mesmo sua humanidade, em favor do papel de poder do Estado – tema esse, acreditava Campbell, que é relevante em especial para o nosso tempo. As novas forças da mecanização e da tecnologia informatizada, por um lado, e o poder político-econômico das corporações globais, por outro, representam uma grave ameaça à integridade e à liberdade do indivíduo, como sublinharam muitos estudiosos.

As Vinhas da Ira, de John Steinbeck, é um romance que contém uma descrição impressionante do tema relativo ao homem mecânico. A passagem em questão descreve de forma pungente o destino das famílias de agricultores de Oklahoma que estão sendo deslocados de suas terras pelo "Banco". Os agricultores, que possuem e trabalham a terra há gerações, enfrentam a perda de seus meios de subsistência e de seu modo de vida. "O Banco" é, agora, dono da terra, a qual se tornou estéril em consequência da seca, e enviou tratores para arar a terra e expulsar os agricultores da propriedade. Quando os tratores chegam, os agricultores confrontam os tratoristas, implorando-lhes que não prossigam, apelando à sua "melhor natureza". No diálogo a seguir, podemos ver a resposta e a explicação dos tratoristas:

> – Desculpe, mas não somos nós. É o monstro. O banco não é como um ser humano.
>
> – Sim – respondem os agricultores –, mas o banco é feito apenas por seres humanos.

– Não, vocês estão errados, muito errados nisso. O banco é algo diferente dos seres humanos. Acontece que todos as pessoas num banco odeiam o que o banco faz e, mesmo assim, o banco faz isso. O banco é algo além dos seres humanos, eu lhes conto. É o monstro. Os seres humanos fizeram isso, mas não conseguem controlar.[55]

Steinbeck então dá uma descrição da figura de Darth Vader no comando do trator:

O homem sentado no trator não parecia humano: luvas, óculos de proteção, máscara de borracha contra poeira no nariz e na boca, ele fazia parte do monstro, um robô no banco. O ruído do trovão dos cilindros ressoou por todo o país, unindo-se com o ar e a terra, de modo que o ar e a terra murmuraram em vibração complacente. O motorista não conseguiu controlar aquilo; ele atravessou o país cruzando uma dúzia de fazendas e depois retornando, sem parar. Um movimento nos controles poderia desviar a máquina, mas as mãos do motorista não podiam se mexer, porque o monstro que construiu o trator, o monstro que mandou o trator embora, de alguma forma, havia se apossado das mãos do motorista, de seu cérebro e de seus músculos, tinha arregalado os olhos dele, amordaçando-o. Ele revirou sua mente, calou sua voz, minou sua percepção e bloqueou seu protesto.[56]

O motorista estava sentado em seu assento de ferro e tinha orgulho das linhas retas que não desejava, orgulho do trator que não possuía e nem amava, orgulho da potência que não conseguia controlar.[57]

---

[55] Steinbeck, *Grapes of Wrath*, p. 33.

[56] *Ibidem*, p. 35.

[57] *Ibidem*.

Nessa passagem arrepiante, somos apresentados à descrição de alguém que entregou sua vontade, seu poder de viver a sua vida, como se tivesse dado tudo ao "Banco" por dinheiro, segurança, por um lugar no mundo, pelas armadilhas materiais e os confortos da vida ou, quem sabe, para o "bem" de seus filhos. Darth Vader e os tratoristas de Steinbeck são representações da tendência e do potencial dentro de cada um de nós de abrir mão de nossa liberdade, nossa individualidade e integridade no cumprimento de uma posição mundana por uma série de razões aparentemente bem-intencionadas. No entanto, ao escolher esse caminho de vida, corre-se o risco de perder a identidade no rebanho, tornando-se efetivamente uma unidade estatística sem sentido, uma engrenagem numa máquina impessoal, movida pelo poder e impermeável à situação da alma. Esse é o destino potencial do "homem de massa".

Campbell deriva parte de sua análise dos perigos desumanizadores do poder estatal de Nietzsche (e também, sem dúvida, de seu velho amigo Steinbeck). Nietzsche era radicalmente contra o Estado:

> O Estado é o mais frio de todos os monstros frios. Mente de forma fria, e é esta mentira que sai de sua boca: "Eu, o Estado, sou o povo".[58]
>
> Eu chamo isso de o Estado, onde todos [...] se perdem: o Estado, onde se chama o suicídio lento e universal de "vida".[59]

O Estado, investido de imenso poder, é capaz de satisfazer praticamente todas as necessidades básicas da população – bens materiais, alimentação, vestuário, habitação, formas de entretenimento e assim por diante. De modo imperceptível, no entanto, esse arranjo pode dar origem a uma condição de dependência infantil do "Estado babá" e de subserviência cega ao

---

[58] Nietzsche, *Thus Spoke Zarathustra*, p. 75.

[59] *Ibidem*, p. 77.

sistema, em que as pessoas renunciam à sua autonomia moral e à responsabilidade individual pelas suas próprias vidas. Como uma criança, pode-se esperar que o Estado supra todas as suas necessidades e, ainda, culpar o Estado quando as coisas vão mal. Como declarou Nietzsche, "O Estado lhe dará tudo se você o idolatrar como se fosse um novo ídolo".[60] É claro que o preço que se paga por essa generosidade pode muito bem ser o sacrifício da individualidade, da autonomia e da liberdade criativa de alguém. Até a humanidade, em última análise, pode ser perdida, como no exemplo de Darth Vader. Como Campbell aponta, no final de *Star Wars* – Episódio IV – *O Retorno de Jedi* (*The Return of the Jedi*, 1983), quando Vader é desmascarado por seu filho, Luke: ele se parece com um verme, com um ser humano não desenvolvido que se esconde atrás de sua máscara, de seu poder e de sua autoridade. Sua porção humana estava atrofiada.

O sacrifício da integridade espiritual e moral em nome da ordem e da segurança e as possibilidades conhecidas dos papéis bem definidos dentro da ordem estabelecida de uma vida gerida pelo Estado – e isso pode ser qualquer quantidade de papéis dentro da sociedade que não estejam necessariamente relacionados com atividades governamentais ou municipais – constituem apenas uma forma pela qual a individualidade genuína pode se perder no coletivo. Não pode haver uma verdadeira individualidade enquanto o indivíduo permanece dentro dos limites do "rebanho", enquanto o seu sentido de identidade não vem de dentro, mas da participação no mundo coletivo de um "eles" que é anônimo, usando a expressão de Heidegger. O poder do Estado permanece indiferente às reivindicações do espírito humano.

É importante ter em mente, quando estiver lendo sobre mitos ou assistindo a filmes sobre esse tema, que, para interpretar o mito no âmbito psicológico, você precisa ver o mito ou o filme inteiro, incluindo todo

[60] Nietzsche, *Thus Spoke Zarathustra*, p. 76.

o elenco de personagens e tudo o que acontece, como expressões de sua psique. Somos todos potencialmente Darth Vader, assim como somos todos Luke Skywalker ou Princesa Leia. Essa abordagem é a prática-padrão para a interpretação de sonhos, na qual todos os personagens são vistos como aspectos do próprio ser. A tendência natural, claro, é colocar-se do lado do bem – identificar-se com os personagens bonzinhos – contra o que é considerado mau, em vez de tentar apreciar ambos os elementos dentro de você. Além de qualquer afinidade com o bem contra o mal, no entanto, cada um de nós é potencialmente o personagem Vader, na medida em que cada um de nós tem de enfrentar a parte de nós que voluntariamente, por dinheiro, segurança ou poder, se afastaria de nossa vocação mais profunda. As pressões para nos adequarmos à sociedade são grandes, os caminhos para a perda da alma e da razão são muitos. Como lemos em Mateus 7:13 e 14, "Porque larga é a porta e amplo é o caminho que leva à perdição, e muitos são os que entram por ela. Porém, estreita é a porta e estreito é o caminho que leva à vida, e poucos a encontram". Você também deve ter em mente, ao assistir a filmes como *Star Wars* e *O Senhor dos Anéis*, que esses desafios e esses temas podem se manifestar em qualquer estágio. Provavelmente, você não resolverá o problema de Darth Vader de uma só vez no início de sua jornada. Da mesma forma, a pressão para se afastar da luta incessante da jornada de sua vida e para se resignar com uma vida mais fácil dentro dos limites da tradição está presente o tempo todo.

O desafio espiritual atual exige pessoas que, firmemente fiéis à sua própria vocação mais profunda, possam permanecer sozinhas – não isoladas do mundo mais vasto, claro, mas como indivíduos de verdade, capazes de resistir à pressão esmagadora para se conformar com a mentalidade de massa, com o poder do Estado e com o condicionamento cultural.[61]

---

[61] Nietzsche, *Gay Science*, p. 283.

Como afirma o Evangelho de Tomé: "Bem-aventurados os solitários [ou "aqueles que estão sozinhos"] e os eleitos, porque encontrarão o Reino".[62] O indivíduo só pode alcançar o Reino dos Céus evitando os padrões sociais e culturais estabelecidos, e, assim, poderá seguir a sua própria vida. Esse é um desafio imenso, mas que é apoiado e assistido pelos poderes espirituais da natureza.

[62] Patterson e Robinson (tradutores), *Gospel of Thomas, logion* 49. Disponível em: http://www.gnosis.org/naghamm/gth_pat_rob.htm. Acesso em 21 fev. 2024.

CAPÍTULO 6

Além do limiar e através dos opostos

"A descida às profundezas parece sempre preceder a subida.[1]
A sombra é uma passagem estreita, uma porta estreita,
cujo aperto doloroso não é poupado a quem desce no poço fundo."[2]
— C. G. Jung

Respondendo de uma forma ou de outra ao chamado, o herói é levado ao limiar da aventura por poderes transcendentais que estão além de sua vontade pessoal. O chamado vem do *Self* para o ego; é um chamado das profundezas do ser. Mesmo que o herói não compreenda de fato o que está acontecendo, a fase da partida reflete o funcionamento desse poder maior, muitas vezes, experimentado como a

---

1 Jung, "Archetypes of the Collective Unconscious", em: *Archetypes and the Collective Unconscious*, p. 19.

2 *Ibidem*, p. 21.

força inescapável do destino. Esse poder maior se manifesta por meio da experiência do auxílio sobrenatural.

Auxílio sobrenatural

Na jornada espiritual, se você tentar encontrar e seguir seu caminho de vida, poderes que nem sabia que existiam virão em seu auxílio. Mesmo que esteja realmente sozinho, os poderes do inconsciente – simbolizados por deuses e deusas, amuletos e armas, ajudantes e guias – estarão lá para você. Para o indivíduo aberto a tal assistência, a ajuda sobrenatural vem como graça; para o indivíduo excessivamente apegado a objetivos apenas pessoais, a ajuda sobrenatural pode não ser reconhecida, pode ser totalmente ignorada ou mal interpretada, como uma intrusão indesejável, que impede seus objetivos e intenções escolhidas. Conforme Jung destacou, o inconsciente reflete, como um espelho, a atitude que tomamos em relação a ele.

Um influxo de graça pode ser desencadeado no ponto de exaustão da vontade individual. Se você, por exemplo, se encontrar num momento desesperador e sentir que atingiu o limite absoluto de sua capacidade de lidar com a situação, fazer um apelo genuíno e sincero pode resultar em uma onda útil de poder emocional e espiritual, em uma convicção que confirme que tudo ficará bem. Ou o auxílio poderá vir na forma de uma voz interior tranquilizadora, ou talvez de uma sincronicidade, na qual o mundo exterior lhe comunica algo importante sobre sua situação. Obviamente, o pedido de ajuda não é algo que possa ser intencionalmente desejado. Isso acontece de modo espontâneo quando, e somente quando, você está a ponto de se render. Há algo inerente ao ato de entrega que ocorre nesses momentos e que esvazia o seu ser de vontade pessoal, permitindo um influxo de poder transpessoal. Quando o ego não tem mais recursos à sua disposição e se rende, surge a ajuda transcendente trazendo a salvação.

Outra versão de auxílio sobrenatural se manifesta por intermédio da figura do velho sábio, como é o caso de Ben Kenobi e Yoda em *Star Wars*, ou Virgílio em *A Divina Comédia* de Dante, que personifica o princípio da razão espiritual que guia Dante em sua jornada pelo Inferno e pelo Purgatório. O velho sábio (ou seu equivalente feminino, a fada madrinha ou a anciã prestativa) fornece orientação e instrução quando necessário. "O ancião sabe que caminhos levam ao objetivo e, então, os aponta ao herói."[3] Ele é um guia, isto é, para a individuação, ele representa o princípio da sabedoria estabelecida, o conhecimento superior da personalidade total, que pode guiar o ego individual (herói) no caminho da individuação. Como Jung demonstrou, nos sonhos, o aparecimento desse arquétipo é, muitas vezes, acompanhado por uma "voz" falando com autoridade espiritual absoluta, que anuncia o que deve ser feito e o que deve acontecer.

Em *Star Wars*, podemos pensar, por exemplo, em Ben Kenobi – que morreu lutando contra Darth Vader – ressurgindo como guia espiritual de Luke Skywalker no memorável clímax do filme, suplicando ao jovem Jedi que "confie na Força", enquanto ele se aproxima da Estrela da Morte. Podemos lembrar, ainda, as palavras de sabedoria ditas por Mestre Yoda, durante o período em que ele está instruindo Skywalker nos caminhos dos Jedi, ensinando-o a ir além de sua vontade e de seu esforço pessoal para dispor sua confiança absoluta na Força. O velho sábio representa o princípio da sabedoria espiritual que pode guiar o ego inexperiente em sua jornada transformadora.

Às vezes, o guia assume a forma de guru espiritual, que faz com que o aspirante a yogue ou o aprendiz execute tarefas aparentemente ridículas e inúteis. Isso costuma ser exibido de maneira bastante divertida em filmes de artes marciais. Em *Karatê Kid* (*The Karate Kid*, 1984), Miyagi faz com que Daniel Larusso, seu aluno e protegido, passe intermináveis horas

---

3 Jung, *Archetypes and the Collective Unconscious*, p. 221.

lavando carros, pintando cercas e encerando pisos, para grande frustração do adolescente, pois ele não percebia que essas atividades repetitivas lhe proporcionavam o condicionamento correto e necessário para efetuar os movimentos para o combate de caratê. Lembro-me de, quando adolescente, assistir aos antigos filmes de Jackie Chan, na década de 1980, que apresentavam um antigo mestre guru chinês bastante semelhante, o qual atribuía ao seu jovem discípulo exercícios excruciantes que pareciam não servir a nenhum propósito final. Personagens desse tipo sugerem a capacidade da sabedoria da psique mais profunda capaz de dar ao ego – muitas vezes, destemido, imprudente e alimentado pelo entusiasmo juvenil – justamente a instrução necessária para desenvolver as virtudes e os poderes de autodisciplina necessários para a jornada de vida que tem pela frente.

O guru também pode ser um personagem imaginário ou desencarnado, como no espírito guia de Jung, Filêmon, que conduziu Jung em seu confronto com o inconsciente. Mesmo que não exista um personagem, seja real ou não, que desempenhe esse papel, o guia pode ser a própria vida, educando e instruindo, testando a paciência, a fé e a firmeza por meio das circunstâncias.

No mito, o auxílio transcendente ou sobrenatural também pode ser mediado por um amuleto, um feitiço ou uma arma mágica de algum tipo que é dada ao herói para auxiliá-lo em sua jornada. Na busca pelo Velocino de Ouro, retratado no filme *Jasão e os Argonautas* (*Jason and the Argonauts*, 1963), Jasão recebe de Phineas um colar com uma imagem esculpida da deusa Hera, a qual virá mais tarde em seu auxílio. Como presente dos deuses, outro herói grego, Perseu, recebe um elmo que o torna invisível e um escudo muito bem polido, que utiliza para matar a Medusa. Odisseu recebe de Hermes uma erva mágica para protegê-lo do feitiço mortal de Circe. Em *O Senhor dos Anéis*, Frodo recebe de Bilbo um colete protetor que salva sua vida nas Minas de Moria, e, além disso, ele também consegue recorrer ao poder do Anel nos momentos cruciais para se tornar invisível ou para ganhar habilidades extrassensoriais. Em *Star Wars*, Luke Skywalker recebe seu sabre de luz, símbolo do poder de discernimento psicoespiritual, por meio do qual é capaz de empreender um combate com as forças das trevas (complexos e resistências inconscientes, o ego e superego tirânicos). De novo, essas cenas e imagens, por mais distantes que possam parecer dos feitos reais da vida cotidiana dos seres humanos, simbolizam experiências reais que alguém pode ter quando está em contato com as profundezas da psique.

Quando você embarca em sua aventura, deixando para trás as antigas certezas e seguranças do mundo cotidiano, se expõe a todo tipo de perigo e desafio inimaginável. Seguindo o caminho do seu desejo, seu caminho da felicidade, como diria Campbell, com uma elevada carga instintiva proveniente do inconsciente, o ego não está mais em sua posição de força. Esse é um período perigoso para todos nós, até nos acostumarmos a lidar com os poderes do inconsciente. Em meio ao perigo, entretanto, muitas vezes, você pode ter a sensação de que tem proteção e orientação transcendentes. Se você se alinhar com as intenções do *Self*, se seguir com sinceridade o chamado de sua vida, sem deixar nada para trás, poderá obter uma sensação da bênção divina, quase ao ponto de se sentir à prova de balas. Impulsionado por um fluxo de poder do inconsciente, você pode se sentir praticamente indestrutível. Manejado com habilidade, esse fluxo de poder estimula a realização de grandes feitos que seriam impossíveis apenas com a força de vontade. A sensação de invulnerabilidade vem do fortalecimento do eu consciente pelo inconsciente; é quase como se você estivesse surfando nas costas de uma onda. Acessar o poder do inconsciente o coloca em grande perigo, mas também ativa forças que podem apoiar, capacitar, carregar e proteger você. A natureza, de modo inconsciente, se esforça pela sua individuação e apoia você em sua empreitada, ao mesmo tempo que resiste. Esse é o paradoxo.

Para Nietzsche, a intercessão de um poder maior, impondo o intenso sofrimento da transformação psicoespiritual e conduzindo, às vezes, para além, para a alegre autossuperação, vem na forma de sua própria vontade:

> Na verdade, passei por cem almas e por cem berços e dores de parto. Já me despedi muitas vezes, conheço as últimas e dolorosas horas.
>
> Mas a minha vontade criativa, o meu destino, assim o quer. Ou, para falar de um modo mais honesto, é justamente a minha vontade que quer esse destino.
>
> Todo sentimento sofre em mim e está na prisão; mas minha vontade sempre chega até mim como meu libertador e portador de alegria.[4]

A vontade é aqui imaginada como um poder que está além do controle consciente de Nietzsche – algo que se apodera dele com intenção e propósito próprio.

Para Jung, o auxílio sobrenatural veio na forma de sonhos, visões e sincronicidades poderosas, ou foi mediado por seu guia espiritual, Filêmon. Campbell fala de "mãos invisíveis" que vêm em seu auxílio quando você está seguindo sua felicidade: são poderes trabalhando nos bastidores para ajudar você em sua aventura.[5] Com uma regularidade infalível, os acontecimentos do cotidiano conspiram para moldar a direção da sua vida, fornecendo orientação exatamente quando você precisa dela: o livro

---

4 Nietzsche, *Thus Spoke Zarathustra*, p. 111.

5 Comentário feito por Campbell na entrevista publicada em *The Power of Myth*. Em 1924, Campbell fez uma viagem à Europa com sua família, onde viveu a experiência de ter inúmeros encontros fortuitos com pessoas e ideias diversas. O principal desses encontros foi com Jiddu Krishnamurti numa viagem transatlântica. Krishnamurti apresentou a Campbell os tesouros da filosofia e da religião orientais, que seriam muito influentes no pensamento e no trabalho subsequente de Campbell, em particular, na sua associação com Heinrich Zimmer, o grande indologista cujas obras inacabadas sobre a religião indiana Campbell editou depois da morte desse autor.

certo cai em suas mãos no exato momento em que você está pronto ou pronta para lê-lo; uma conversa casual direciona seus pensamentos exatamente para onde eles precisam ir; uma sincronicidade ou um momento de abertura espiritual renovam sua fé em momentos de desânimo; ou as circunstâncias impedem uma tentativa equivocada de avançar na direção errada. De centenas de pequenas maneiras, embora significativas, sua mão e seus olhos podem ser guiados por forças invisíveis.

Como esses exemplos deixam claro, o motivo mítico da ajuda sobrenatural não é apenas uma metáfora para uma experiência interior; em vez disso, descreve um princípio de assistência superior que influencia toda a vida de uma pessoa, tendo também um impacto direto no mundo exterior. O inconsciente está ligado a toda realidade, não é apenas uma região encapsulada na mente. O auxílio sobrenatural – tanto no âmbito interno quanto no externo – será ativado se você der o primeiro passo, avançando com coragem em sua aventura. A não ser em circunstâncias excepcionais – nascimentos, mortes, casamentos e afins –, não tende a se revelar para aqueles que optam por permanecer dentro dos limites dos padrões de vida convencionais.

O guardião do limiar

No início da aventura espiritual impulsionada pela excitante onda de energia espiritual recém-descoberta, é tentador imaginar que a vida de alguém logo avançará para estados de iluminação crescente, ascendendo a níveis mais elevados de realização espiritual. Levados pelo entusiasmo de descobrir pela primeira vez ensinamentos espirituais, mitos ou filosofias que transmitem verdades profundas, muitas vezes, não antecipamos a luta que, sem dúvida, surgirá mais tarde na jornada espiritual. Entretanto, invariavelmente, se trata de uma luta.

Mais cedo ou mais tarde, a pessoa atingirá os limites do próprio ego e se verá diante de um obstáculo que não será capaz de superar. Depois da alegria inicial do despertar espiritual, o surgimento de tais obstáculos pode pegar alguém de surpresa e ser vivenciado como uma derrota preocupante e difícil de compreender. Talvez, pela primeira vez, tomemos consciência de uma autoridade, na psique, maior do que a da vontade consciente. A primeira experiência do *Self*, como vimos, traz "uma derrota para o ego". O ego pode ficar enfraquecido e ser ferido por esse encontro, incapaz de realizar suas tarefas diárias como antes, pois o *Self* impõe um trabalho de transformação que absorve todo o tempo e a energia da pessoa. Em termos míticos, essa primeira experiência desanimadora ou proibitiva do *Self* é sugerida pelo devido "guardião do limiar".

Depois de seguir o chamado à aventura, o primeiro desafio da jornada do herói, segundo Campbell, assume a forma de um encontro com um temível guardião do limiar – representado, talvez, por um obstáculo intransponível, como uma montanha ou uma rocha que pode ser muito íngreme para ser escalada, ou sugerido por sonhos como ser afastado do caminho escolhido por causa de condições adversas. O guardião do limiar também pode ser simbolizado por uma fera indestrutível – como um leão, uma cobra, um leopardo ou um cão selvagem que não pode ser vencido –, que tenta forçar uma pessoa a tomar outra rota. Nesse ponto, a besta simboliza o poder instintivo do inconsciente que a vontade consciente ainda não consegue dominar. Nessa fase, o aparecimento de tais figuras nos sonhos e nas fantasias sugere que os desejos ou os medos são fortes demais para serem contornados ou superados, mesmo por meio dos esforços mais extenuantes; o guardião do limiar não pode ser conquistado por um ato de vontade. Para superar a fera que barra o caminho ou o obstáculo intransponível, é necessária uma transformação psicológica. Você precisa aprender a domar a fera dentro de você, por assim dizer, humanizá-la e incorporá-la à totalidade emergente de sua psique. O animal selvagem, que pode ser um dragão ou um monstro ou mesmo uma figura sombria, representa o poder instintivo do inconsciente, que é experimentado através de seus desejos, suas paixões e seus apetites pelas coisas boas da vida – por comida e bebida, prazer, sexo, prestígio, sucesso, riqueza, excitação e assim por diante. Dominar suas paixões, domar a fera interior, é um desafio fundamental da jornada do herói.

Em *A Divina Comédia*, Dante aspira a subir ao céu, mas, ao iniciar sua jornada, ele se depara com um leopardo, um leão e uma loba, que o fazem recuar. Os animais não podem ser mortos, mas ele também não consegue passar por eles. Os animais bloqueiam o caminho, impedindo-o de seguir a trajetória escolhida:

> E, quase no início da descida,
> vi um leopardo,* extremamente leve e ativo,
> cuja pele estava manchada.
>
> E, de alguma forma, ele conseguiu ficar diante de mim
> de tal maneira que bloqueou totalmente meu caminho,
> então, muitas vezes, fui forçado a retornar pelo caminho por onde vim.
>
> [...] um leão apareceu, de súbito, diante de mim.
>
> Quando surgiu, ele veio em minha direção
> de cabeça erguida, e parecia ter uma fome voraz,
> de modo que até mesmo o ar tremeu com medo dele.

---

* No original em italiano, o animal é uma *lonza*, uma designação geral para felinos como onça, leopardo e pantera. Nas versões brasileiras do poema, encontram-se as três designações, de acordo com os diferentes tradutores. Aqui, conservamos "leopardo", seguindo a versão usada pelo autor do original em inglês da presente obra. (N. da T.)

E uma loba, que parecia, com sua magreza,
não sentir nada além de um apetite insaciável,
e ela já tornou a muitos infelizes.

Ela pesava tanto sobre mim
com aquele medo que emanava de sua imagem
que perdi a esperança de chegar ao topo da colina...

Então, fui transformado por aquela fera incansável
que veio contra mim e, aos poucos, me levou para baixo,
de volta à região onde o sol é silencioso.[6]

Dante é forçado a empreender uma descida ao Inferno e uma árdua viagem ao Monte do Purgatório, que simboliza o longo e doloroso processo de purificação psicoespiritual a que se está sujeito no caminho da realização mística e da individuação. A descida descreve a jornada do ego através do reino do inconsciente, onde se encontram todos os desejos e os medos ainda não abordados e dominados, todos os complexos e as resistências que precisam ser trabalhados. O despertar e a elevação espiritual inicial são seguidos por um árduo processo de transformação – um verdadeiro trabalho hercúleo, como diria Jung.

Assagioli descreve esse processo como uma viagem através do "inconsciente inferior" depois da euforia inicial do despertar espiritual causada por um influxo do "superconsciente" – a dimensão espiritual da psique. Quando a alegria inicial do despertar espiritual (o chamado místico para a aventura) diminui, esclarece ele,

> os impulsos inferiores são despertados com energia renovada; todas as pedras pontiagudas, os escombros e os resíduos que foram cobertos

[6] Dante, *The Divine Comedy*, pp. 47-8.

pela maré alta agora reaparecem. [...] Às vezes, certas tendências e alguns impulsos inferiores, que estavam adormecidos no inconsciente, são despertados e estimulados a travar uma oposição violenta contra as novas aspirações espirituais elevadas, constituindo, assim, um desafio e uma ameaça.[7]

Em *O Senhor dos Anéis*, para dar outro exemplo desse aspecto da jornada, Frodo e seus companheiros, tentando fazer uma passagem para a montanha que é alta e traiçoeira (ascensão), são forçados a recuar em meio a violentas nevascas evocadas pelo malvado Saruman. As duras condições climáticas e o poder selvagem da natureza apontam aqui para as emoções e os desejos violentos que devem ser controlados pelo consciente antes que algum progresso espiritual possa ser feito. Essas condições também sugerem as difíceis circunstâncias psicológicas em que o ego se encontra. Nessa cena, observamos o regresso do grupo desde o limiar do caminho da montanha, sem outra opção a não ser passar por baixo da montanha, através das Minas de Moria. Ou seja, eles são forçados a descer ao submundo, para lutar, ali, com os poderes da psique inconsciente. O guardião do limiar barra o caminho para aspirantes a heróis espirituais, forçando-os ao trabalho de transformação psicoespiritual e à descida ao submundo. Um limiar é atravessado, de fato, mas ele não leva aonde se acreditava que fosse levar.

O ponto sem volta

Campbell chama a quarta parte da fase de partida ou separação de travessia de o primeiro limiar. Esse tema é transmitido de forma memorável no filme de ficção científica *Matrix*, quando Neo é incitado a escolher entre

---

[7] Assagioli, *Transpersonal Development*, p. 123.

duas pílulas, uma azul e uma vermelha. A escolha da primeira (a azul) permitiria a Neo, que reluta em aceitar a nova realidade a que foi exposto, esquecer-se de tudo o que viveu e regressar à sua antiga vida e à sua antiga identidade; a segunda pílula (a vermelha) revelaria a verdade, da qual não havia como voltar atrás. Quando ele opta por engolir a pílula vermelha, testemunhamos sua passagem por uma espécie de processo perinatal de morte-renascimento, com Neo atravessando um limiar que o leva do conforto ilusório do mundo que ele conhece para uma realidade sombria e insuspeitada, sob a fachada (gerada por computador) na qual ele vivia. À medida que ele passa por uma substância viscosa e pegajosa, tudo lhe é arrancado, e ele emerge em uma sombria civilização subterrânea, o que mais uma vez reflete o fato de que a direção da jornada espiritual do herói leva às profundezas antes que alguma ascensão possa ocorrer. O buscador espiritual se encontra em uma descida que não foi prevista. Embora prometa muito, a aventura, em geral, leva o herói a uma situação mais difícil, a uma realidade mais dura, na qual todos os horrores de *samsara* são revelados. Ao que parece, é o mesmo mundo, mas tudo se mostra estranho, misterioso e diferente. No mito e no sonho, a primeira abordagem ao reino do inconsciente é, muitas vezes, sugerida no âmbito simbólico pela entrada do herói ou do sonhador numa terra estranha – talvez um deserto, uma floresta ou uma selva –, e então ele encontra poderes estranhos e provações árduas. O herói precisa se ajustar e se adaptar ao novo ambiente, para, assim, familiarizar-se com a paisagem do inconsciente.

A passagem do limiar marca um ponto sem volta. Muitas vezes, a travessia pode ser uma luta, envolvendo a dolorosa perda de uma vida inocente. Lembro-me aqui da letra de "Are You Experienced?",[8] de Jimi Hendrix: "Eu sei que você provavelmente vai gritar e chorar / que seu

[8] Hendrix, música que dá nome ao álbum *Are You Experienced?*, de 1967.

mundinho não vai te deixar ir".* É uma transição dolorosa do mundo pessoal comum do ego para a dimensão transpessoal da vida e um encontro com os poderes nefastos do inconsciente. Nesse novo mundo, você terá de lidar com energias potentes, imagens arquetípicas e instintos poderosos que precisam ser reconhecidos e controlados. Você enfrentará a tirania do próprio ego. Você se encontrará em um cenário psicológico difícil, onde deverá passar por todos os tipos de provações e perigos. Não é de admirar, portanto, que parte de nós queira evitar tudo isso e permanecer no mundo tranquilo e confortável da infância, com os seus horizontes conhecidos, mantendo padrões familiares e segurança. A nossa parte pessoal e comum não quer o nível extra de sofrimento e intensidade – esse é o "pequeno mundo" pessoal que não deixa você partir para dar início à sua jornada transpessoal. No Novo Testamento (Lucas 13:28), Jesus transmite a mesma ideia ao declarar que, no fim do mundo, haverá muito "choro e ranger de dentes". Jung expõe essa questão em termos inequívocos:

> Quando o ponto mais elevado da vida é alcançado, quando o botão se abre em flor e do menor emerge o maior, então, como afirma Nietzsche, "um torna-se dois", e a figura maior, que sempre foi, mas que permanecia invisível, surge para o que se foi até então com a força de uma revelação. Aquele que é verdadeira e irremediavelmente pequeno sempre arrastará a revelação maior até o nível de sua pequenez, e nunca compreenderá que o dia do julgamento da sua pequenez chegou. Mas o homem que é grande em seu interior saberá que o amigo há muito esperado de sua alma, o imortal, agora realmente chegou [...] (é) um momento de perigo mortal![9]

---

* A letra original citada é a seguinte: "I know you'll probably scream and cry / that your little world won't let you go". (N. da T.)

9 Jung, *Archetypes and the Collective Unconscious*, p. 121.

A ideia aqui transmitida, para simplificar, é que você tem de abrir mão do menor para receber o maior. Você deve abandonar o pequeno mundo do ego, no qual era mestre e governante, para entrar no mundo mais amplo da psique maior, na qual você é inexperiente, ainda não sabe nada, tropeça de um infortúnio para o outro, ou seja, de um estado psicológico difícil para outro. Essa é uma experiência humilhante. "Muitos primeiros serão últimos" (Mateus 19:30), para colocar essa inversão nas conhecidas palavras da Bíblia.

A passagem do controle pessoal para a aventura transpessoal equivale a morrer para a vida que você acha que deveria viver, para as velhas ideias e imagens fixas sobre o que você pensava que sua vida deveria ser, e abrir-se para o que o *Self* – o divino interior – reservou para você. Não é fácil fazer isso, pois estamos condicionados desde o início a assumir o controle de nossa vida, a ir atrás do que queremos, a ganhar dinheiro para comprar oportunidades para nós mesmos, a fazer algo de nós mesmos por meio de nossos esforços. É um choque doloroso divertir-se e aprender a se adaptar a uma nova forma de ser, na qual o ego não determina a direção da vida e, sim, está a serviço dela.

Considerando que nenhum de nós, imagino, alegaria estar de modo direto a par dos desígnios do divino, devemos fazer com frequência a escolha espiritual para determinar qual será o próximo passo. É preciso superar de maneira consistente e reiterada a atração pelo passado, que nos leva de volta a um modo de vida mais simples, mais natural, mas menos consciente.

Em *O Senhor dos Anéis*, em meio à turbulência incessante e aos perigos exaustivos que enfrentam, Frodo e seus companheiros *hobbits*, muitas vezes, desejam voltar ao Condado, onde a vida era mais simples e mais fácil do que nessa exigente aventura. É curioso que, antes de embarcarmos na jornada, o nosso ser interior anseia por ela, anseia pela intensidade da experiência, pela plenitude e pela emoção que essa jornada promete trazer. Entretanto, quando estamos inseridos na aventura e as coisas ficam difíceis, nos deparamos com as nossas resistências e, então, a nostalgia bem como o desejo pela vida simples e pacífica se instala. Cada experiência traz à tona o seu oposto.

Campbell sugere que a parte controladora do ego é simbolizada por um ogro tirano, que é a antítese do herói. "O herói de ontem", adverte ele, "torna-se o tirano de amanhã, a não ser que *se* crucifique a *si mesmo* hoje".[10] A vida está sempre em processo de colapso; assim que a forma de alguma coisa se cristaliza, ela se torna antivida. O herói, portanto, tem de passar por uma morte e um renascimento contínuos. Uma figura como Palpatine, em *Star Wars*, é um símbolo do ego tirânico dentro de cada um de nós: agarrando-se com desespero ao poder, manipulando, tentando controlar tudo o que vê. Conseguir observar até que ponto somos dominados de modo inconsciente por esse aspecto do ego só é possível durante o processo de transformação psicoespiritual que estamos considerando aqui. Em geral, não conseguimos perceber essa parte do ego em ação, então, permanecemos identificados com ele de modo inconsciente. Durante a individuação, porém, todos os complexos da psique são amplificados e intensificados, de tal forma que não é possível ignorá-los. Ao mesmo tempo, ocorre algum tipo de separação psicológica que permite à consciência ver as dimensões controladoras do ego como um sujeito em relação a um objeto. A parte tirânica do ego torna-se um complexo fragmentado e separado que, com vigilância psicológica e determinação resoluta, pode ser visto de maneira mais objetiva e, assim, confrontado e superado.

Outra característica da passagem do limiar discutida por Campbell, em *O Herói de Mil Faces*, é simbolizada pelo deus Pã, que, como o nome sugere, está relacionado com a experiência do pânico. Nos estágios iniciais do processo de individuação, após o colapso da *persona*, a consciência

---

[10] Campbell, *The Hero with a Thousand Faces*, p. 303. [*O Herói de Mil Faces*. São Paulo: Cultrix, 1989, p. 337.]

"cai" no inconsciente e se encontra em um mundo estranho, onde tudo está carregado de emoção intensa, um mundo em que o ego mal tem controle sobre as fantasias e os impulsos que ameaçam dominar a personalidade. Percebendo que é impossível controlar o que está acontecendo, a pessoa pode entrar em pânico ou até mesmo em um estado de trauma implacável, de modo que até mesmo o menor som ou movimento pode ser chocante e, ao mesmo tempo, abalar sua estrutura. A quebra de um galho, observa Campbell, ou o movimento das folhas causado pelo vento podem ser suficientes para causar pânico. Os sonhos com o som de alarme, muitas vezes, transmitem uma ideia semelhante, mas na forma moderna. O deus Pã é, portanto, a personificação do poder ameaçador da natureza, pressionando a personalidade do ego demasiado humano, desabituado a tais intrusões fatídicas.

No momento de "grave perigo", quando o "um se torna dois", a unidade original da psique é dilacerada de tal forma que o ego se torna radicalmente separado do resto da psique, sendo lançado à deriva no inconsciente, e então a pessoa pode se encontrar em uma crise existencial potencialmente aterrorizante e em uma condição psicológica perigosa. Isso equivale a uma passagem do limiar do estado natural da existência humana para uma condição de profunda alienação, quando a velha estrutura psicológica entra em colapso e se desintegra, como um prelúdio, em especial, para a formação de uma unidade nova e superior durante o trabalho de individuação. É desnecessário dizer que nossa preocupação aqui reside na transformação psicológica e espiritual que poucas pessoas experimentam de forma direta, e, menos ainda, que poucas navegam com sucesso.

A emoção primária que acompanha o início dessa experiência é a do pavor, que é explorada na obra de Kierkegaard. Talvez o pavor possa ser mais bem descrito como um medo que não tem um objeto específico; na sua forma mais extrema, manifesta-se como medo e pânico juntos, que se estendem pela eternidade. O pavor é a emoção que surge como resultado da alienação do ego da unidade original da psique. Como vimos, quando isso acontece, a pessoa sente, talvez pela primeira vez, que está completamente sozinha no Universo, olhando para um abismo. O pavor pode despertar sentimentos relacionados, como claustrofobia e agorafobia. É uma experiência de isolamento total, sem nenhum apoio metafísico ou psicológico aparente, quando não há onde procurar alívio. Nada na vida pode nos preparar para isso. O pavor é uma experiência religiosa numinosa, que também é sombria, poderosa e extremamente perturbadora. Como vimos, em termos espirituais, a compreensão de que somos um ponto independente de autoconsciência e que estamos totalmente sozinhos no mundo está relacionada com a profunda experiência do "Eu Sou". Essa experiência é, em certo sentido, o ponto alto da trajetória do caminho ocidental de desenvolvimento espiritual, uma realização suprema da individualidade pessoal, e está no cerne dos ensinamentos de Jesus, nos Evangelhos do Novo Testamento. É a compreensão consciente da imensidão de uma individualidade espiritual que transcende o espaço e o tempo – daí a enigmática declaração de Jesus: "Antes que Abraão existisse, eu sou" (João 8:58). A grandeza e o isolamento provocados pela experiência dessa consciência são, no início, difíceis de suportar.

À medida que você enfrentar a psique durante a individuação, a emoção do pavor diminuirá de modo gradual. Ao passo que a sombra se transforma, a escuridão avassaladora do inconsciente também o faz; quanto mais da sombra for trazido à consciência, mais a escuridão perderá sua qualidade aterrorizante, que se assemelha a um abismo. O pavor pode parecer inevitável no início, mas, se você conseguir enfrentá-lo aos poucos, poderá superá-lo. Entretanto, a experiência do pavor não pode ser revertida. Não é algo que você possa apenas cancelar. Talvez você consiga diminuir a experiência por meio do uso de medicamentos, mas isso não resolverá o problema. Essa alternativa pode até colocar você num estado de bloqueio, em maior ou menor grau. A única maneira construtiva de sair do pavor ou da náusea sentidos pela consciência alienada é destruir o velho ego como um prelúdio para o renascimento de uma identidade mais profunda. Esse processo é exatamente o que parecia estar ocorrendo com Nietzsche, que passou pela alienação existencial, pelo niilismo, até chegar à promessa de renovação espiritual com a realização do vindouro *Übermensch*. O fato de a vida do próprio Nietzsche ter terminado de forma tão trágica talvez ateste os grandes perigos envolvidos nesse processo.

Na mitologia grega, o tema do pavor é bem transmitido pela figura da górgona Medusa, que simboliza o poder instintivo sombrio (porque está reprimido) da natureza, personificado na forma feminina. Para aqueles que olham direto nos olhos da Medusa, a visão é tão assustadora que eles são transformados em pedra no mesmo instante. Ou seja, olhando para a escuridão do inconsciente, podemos ficar paralisados pelo medo. É uma experiência totalmente aterrorizante quando você precisa, a princípio, se voltar para enfrentar as trevas dentro de si. Lembre-se de que a sombra foi criada ao longo de séculos, ou até mesmo de milênios, de evolução psicológica. A consciência e a civilização são fenômenos relativamente novos que apenas mascaram tudo o que permanece primitivo, brutal, maligno, caótico e aterrorizante na psique humana. Em consequência, você terá de superar um grande medo e a resistência a fim de olhar direto para as trevas dentro de suas próprias profundezas. A escuridão pode facilmente tomar conta de você. Como observou Nietzsche: "Aquele que luta com monstros deve ter cuidado para não se tornar um deles; se você olhar para o abismo por muito tempo, o abismo olhará para você".[11]

---

[11] Nietzsche, "Beyond Good and Evil," aforismo 146, em: *Basic Writings of Nietzsche*, p. 279.

A vida de Nietzsche foi, em certo sentido, uma existência de travessias contínuas de limiares, forjada por experiências por meio das quais ele foi levado para o seu interior e por meio da dor da autossuperação, para além de seus limites psicológicos. Uma transição em particular significativa na sua vida intelectual, contudo, foi a separação entre suas ideias e a filosofia de vida de Schopenhauer. Outra ruptura ocorreu com seu antigo amigo Richard Wagner. Ambas as separações tiveram o efeito decisivo de empurrar Nietzsche cada vez mais para o fundo em sua verdade individual emergente, agravando o seu isolamento espiritual e intelectual.

Para Jung, o ponto sem volta foi sua ruptura definitiva com seu mentor, Sigmund Freud, ocorrida no final de 1912 e no início de 1913, depois da publicação da versão original de *Wandlungen und Symbole der Libido*,[*] de Jung, na qual ele expôs sua própria interpretação mitológica da teoria do incesto, um desvio ousado da posição freudiana estabelecida. Antes disso, Jung havia sido um seguidor e apoiador de Freud, assumindo o cargo de primeiro presidente da Associação Psicanalítica Internacional. Contrariando a autoridade patriarcal de Freud, no entanto, Jung optou por permanecer fiel às próprias percepções e experiências, o que o levou a um isolamento profissional e, até certo ponto, psicológico: "Quando me separei de Freud, sabia que estava mergulhando no desconhecido. Além de Freud [...] eu não sabia mais nada; porém, decidi dar um passo nas sombras".[12] Na verdade, foi esta passagem do limiar que levou Jung direto ao "confronto com o inconsciente" – uma descida ao submundo, a qual abordaremos mais adiante.

---

* Em 1911, foi publicada a primeira parte do estudo (até o capítulo V, inclusive), sob o título *Wandlungen und Symbole der Libido. Beiträge zur Entwicklungsgeschichte des Denkens*. Outras duas edições com acréscimos foram publicadas, até que, em 1952, a obra foi reestruturada, abrangendo outros trabalhos, sendo publicada sob o título *Symbole der Wandlung. Analyse des Vorspiels zu einer Schizophrenie*. No Brasil, a versão em língua portuguesa foi intitulada: *Símbolos da Transformação*. (N. da T.)

12 Jung, *Memories, Dreams, Reflections*, p. 224.

O ventre da baleia

Às vezes, quando o herói não consegue atravessar de modo voluntário o limiar da aventura, o inconsciente assume o controle e o herói é levado, contra a sua escolha consciente, a uma experiência nas profundezas. O ventre da baleia se refere a essa experiência de ser enterrado pelo inconsciente, de ser subitamente engolido e submerso na água, levado para um lugar sombrio inescapável, onde a luz da consciência está praticamente extinta. Há vários exemplos ilustrativos desse tipo de experiência na Bíblia; o mais conhecido é o de Jonas sendo engolido por uma baleia, mas também há muitos outros, como o de José, que é forçado a entrar em um poço, de Daniel na cova dos leões, e o sepultamento de Jesus por três dias em uma caverna depois de sua crucificação – a caverna simboliza as entranhas ou o ventre da Terra, por assim dizer. Esse motivo também foi incorporado na versão da Disney do conto de Pinóquio, de Carlo Collodi, em que o jovem boneco, em sua jornada de transformação (para se tornar um "menino de verdade"), é engolido por uma baleia. O ventre serve como recipiente incubador de transformação, iniciando o indivíduo em uma realidade mais profunda.

Assim como a água representa o inconsciente, a baleia, que emerge periodicamente das profundezas para o mundo diurno, é um símbolo do *Self*, dentro do inconsciente e do poder animal instintivo que agora emerge na percepção consciente. O herói, representando o ego consciente, é engolido pela baleia, precipitado ainda vivo e levado às profundezas. Isso significa que a consciência, que em geral está sintonizada com o mundo diurno das preocupações cotidianas, é puxada para o inconsciente. Todo o foco a partir desse ponto é interno, centrado no que está acontecendo na psique. O herói efetivamente desapareceu do mundo exterior, o que implica que a vontade não é mais ativa e eficaz no mundo, como costumava ser, pois foi dominada por fantasias, desejos e medos inconscientes. Para vencer nessas circunstâncias, é preciso controlar e superar os instintos e, assim, libertar-se do interior da baleia.

Um significado semelhante está implícito no motivo de ser devorado por um animal selvagem, o que sugere que a consciência foi possuída por um complexo inconsciente, dominado por uma poderosa corrente de desejos. Nesse cenário, o complexo efetivamente devora e consome você como um fogo, até que você seja capaz de reunir força psicológica e autoconsciência suficientes para domar a fera.

Mais uma vez, a experiência de ser engolido, puxado para baixo da água ou consumido retrata a verdadeira sensação do momento em que você encontra o poder do inconsciente. Ao passar por esse processo de transformação, o mundo comum parece muito diferente. Embora seja o mesmo mundo, é claro, tudo parece ter mudado de modo inexplicável. O ambiente é, ao mesmo tempo, familiar e, agora, estranho, inusitadamente diferente. Talvez você possa se sentir como um estranho em seu próprio país, ou até mesmo em sua própria casa, perto de amigos e familiares. Como o inconsciente foi ativado, ele muda a percepção do mundo por meio do ego; o ego cai ou é levado para o inconsciente e, do ponto de vista psicológico, você vê o mundo com o filtro das lentes distorcidas dos complexos inconscientes. Não é muito diferente da experiência de estar debaixo da água; você sente que submergiu de tal forma que não consegue ver as coisas à luz do dia. Sua vontade consciente e a sua capacidade de discernir com clareza o que está acontecendo ficam gravemente comprometidas. Sua sensação é de estar em uma prisão nas profundezas sombrias, incapaz de se libertar. Essa experiência pode durar algum tempo – talvez meses ou até anos. É necessário um esforço gigantesco durante um período prolongado para superar o inconsciente e se libertar de seu poder.

A memorável cena do compactador de lixo em *Star Wars* é uma representação moderna do ventre da baleia. Enquanto fogem dos Stormtroopers, Skywalker, Leia, Solo e Chewbacca inadvertidamente se encontram no compactador de lixo da espaçonave imperial. Atravessando em meio à água turva de esgoto e lixo até os joelhos, Skywalker é puxado de repente para baixo da água por um monstro das profundezas, e esse, ao que parece, seria seu fim; porém, de modo milagroso, ele emerge ileso. Assim que ele supera essa provação, as paredes do compactador de lixo começam a se fechar, ameaçando esmagar todos, até que a intervenção, no último segundo, do robô R2-D2 de Skywalker salva a situação.

Em termos psicológicos, vários motivos diferentes são sugeridos na cena. Primeiro, a criatura subaquática que puxa Skywalker para o esgoto representa o poder instintivo animal do inconsciente, que puxa o herói (consciência do ego) para a água suja (o inconsciente) – uma variação do ventre da baleia. Em segundo lugar, o lixo e o esgoto representam os aspectos rejeitados da psique, tudo o que foi excluído da consciência, e que, como Jung demonstrou, deve ser trazido à consciência, aceito e purificado durante a individuação, tarefa essa muito bem representada na mitologia grega por meio do quinto trabalho de Hércules: a limpeza dos estábulos de Augias.

Passando pelos opostos

O terceiro motivo na cena do compactador de lixo é o de ser esmagado entre os opostos. A travessia do limiar é uma passagem do antigo modo de estar dentro dos limites do ego para uma nova realidade centrada no *Self*. Essa passagem nos conduz entre pares de opostos: o bem e o mal, a luz e as trevas, a consciência e o inconsciente, o masculino e o feminino, a razão e o instinto. A cena do compactador transmite, em termos psicológicos, o que ocorre quando o ego é confrontado pelo inconsciente e sujeito a uma pressão titânica e esmagadora. Há muito submersos no inconsciente, os instintos entram em luta intensa pelo controle defensivo do ego. A repressão é intensificada à medida que o instinto ganha poder e o ego teme estar perdendo o controle; quanto mais o instinto é reprimido, mais forte ele fica. Em meio a esse impasse, a sensação de pressão psicológica e até física pode atingir níveis extremos. Ao ler Nietzsche e Jung, você poderá ter uma noção do significado desse extremo. Você deve se lembrar que toda a história religiosa e metafísica do mundo ocidental pesou fortemente sobre Nietzsche, que tentou rejeitá-la, descartando-a. Entretanto, ele teve uma vida de alienação. Nietzsche tornou-se profundamente alienado do inconsciente, do mundo, das pessoas, levado ao extremo por seu corpo doente. Nessa condição, ele experimentou pressões esmagadoras, dores de cabeça intensas e prolongadas, às vezes, uma quase cegueira, e se viu envolvido em uma luta incessante e dolorosa entre sua vontade e suas emoções e seus instintos. A experiência de intensa e esmagadora pressão é característica do processo de profunda transformação psicológica. Se você realizou alguma sessão de respiração ou renascimento, por exemplo, com o método de respiração holotrópica iniciado por Stanislav Grof, ou se você se encontrou em uma crise psicoespiritual, poderá ter uma noção de como é essa pressão psicológica. A antiga estrutura do ego é efetivamente destruída pela extrema pressão que os instintos reprimidos exercem sobre ela. A cena do compactador *Star Wars* é uma metáfora poderosa para essa experiência.

O motivo das mandíbulas da baleia é outro símbolo dos opostos – uma variação moderna dessa imagem pode ser a abertura e o fechamento de portas de elevador ou a braçadeira de um torno. Durante uma experiência de morte-renascimento, você tem de passar pelos opostos da psique. O ser interior, emergindo como um novo ponto focal de consciência, deve passar pela "porta" da antiga estrutura do ego, que está sendo aberta à força e é destruída aos poucos, à medida que o eu interior avança para uma existência mais plena, para um mundo mais amplo de experiências. Ao longo da profunda transformação psicoespiritual, essa passagem acontece várias vezes.

Essa passagem é sugerida no filme *Jasão e os Argonautas*, de 1963, que oferece uma excelente ilustração de temas míticos relevantes para o processo de individuação. Jasão embarca em uma viagem para o outro lado do mundo em busca do Velocino de Ouro, a pele mágica de um animal que tem o poder para curar todos os males e trazer prosperidade à Terra. Durante sua aventura, ele tem de conduzir o navio, chamado de Argo, ao longo de um estreito trecho de água (o estreito de Bósforo), passando entre os rochedos Simplégades, que podem colidir com a embarcação em ambos os lados. À medida que Argo se aproxima, a tripulação testemunha outro navio sendo totalmente destruído pela queda de rochas e pedregulhos. Seguir o mesmo caminho parece ser um convite ao desastre. No entanto, depositando sua confiança nos deuses, Jasão dá a ordem para prosseguir, e logo as rochas poderosas ressoam e se movem e, mais uma vez, começam a desabar no mar. Parece que Jasão e sua tripulação estão condenados. Em desespero, enquanto as pedras continuam a cair e as ondas quebram com violência contra o navio, Jasão, num apelo desesperado aos deuses, implora ajuda e lança o amuleto, presenteado por Phineas, na água, num impulso mais de raiva do que de expectativa. Porém, a mando de Hera, Tritão, o grande deus do mar, filho de Poseidon, emerge das profundezas do oceano, mantendo as rochas no lugar, impedindo que elas continuem caindo, protegendo o Argo e permitindo sua passagem segura até o outro lado do estreito.

Desvendando a psicologia desta cena, vemos que o navio representa o veículo da vida e da consciência, Jasão é o herói que representa a consciência do ego (ou a parte heroica do ego), e os tripulantes representam outras partes da psique que Jasão tenta controlar e dirigir. A passagem estreita conduz entre os opostos, as rochas representam as antigas estruturas psicológicas em ruínas, que se chocam na água, simbolizando o inconsciente. Ao mesmo tempo, o colapso das rochas faz a água se erguer, açoitando Argo, lançando-o de um lado a outro, gerando a turbulência da natureza inconsciente do desejo e dos instintos, quando a velha estrutura psicológica começa a entrar em colapso e os impulsos há muito reprimidos, os medos e paixões são liberados na consciência. Lançar o amuleto na água e fazer um apelo desesperado aos deuses é um pedido de ajuda sobrenatural. Às vezes, ocorre, no exato momento em que tudo parece perdido, e alguém se revela contra os deuses num ato de desânimo ou rendição, algum tipo de socorro, ajuda ou revelação que vem para amparar, quando já não há esperança. Nessa cena, Tritão representa a ajuda sobrenatural, a intercessão de um poder transcendente na esfera normal da experiência humana, talvez a orientação ou intervenção do *Self*, em termos psicológicos. Tritão atua aqui como uma parteira na passagem do nascimento do indivíduo por meio dos opostos – uma experiência que pode gerar de fato uma profunda transformação psicológica. Em meio às intensas pressões e agonias psicológicas e físicas do renascimento, a pessoa é acalentada por intermédio dos opostos, à medida que o ser interior passa para o primeiro plano da experiência consciente.

A validade psicológica dessa experiência foi confirmada por pesquisas recentes em psicologia transpessoal realizadas por Stanislav Grof. Seu trabalho demonstra que, em estados incomuns de consciência, a experiência de ser empurrado ou puxado através dos opostos é mediada pelo reviver da experiência biológica do nascimento. O indivíduo experimenta a intensa pressão das contrações no útero, numa luta de vida ou morte na jornada através do canal do parto, e a emergência aniquiladora e, logo, extática através da abertura vaginal – uma verdadeira passagem através dos opostos que leva a um mundo novo, brilhante e além. A resolução bem-sucedida dessa experiência, ao longo de muitas sessões de renascimento, pode provocar uma profunda transformação psicoespiritual. Essas experiências, segundo Grof, são acompanhadas em geral por imagens ressonantes extraídas tanto do depósito da mitologia mundial quanto de eventos reais em nosso passado individual e na história coletiva.[13]

---

[13] Ver Grof, *Psychology of the Future.*

O que estamos fazendo aqui, para reiterar, é tentar discernir, dentro de uma aventura heroica extrovertida, o significado interno do que está acontecendo. Ao interpretar os mitos dessa maneira, procuramos as implicações psicoespirituais dos atos físicos de heroísmo, nas provações e batalhas e nos episódios de grande aventura e perigo retratados no mito. Isso não é algo fácil de fazer, é claro. Séculos atrás, parecia improvável que muitas pessoas tivessem visto mitos nesses termos. No entanto, como os mitos são expressões da imaginação, moldadas pela dinâmica arquetípica da psique, os mitos, tal como os arquétipos, aplicam-se a muitos níveis diferentes da experiência humana, de modo que as aventuras físicas têm seus correlatos psicológicos internos.

A passagem pelos opostos marca o fim da fase de partida, de acordo com a definição de Campbell; contudo, deve-se ter em mente que essa experiência continua a ocorrer ao longo de toda a aventura do herói; na verdade, é intrínseca à transformação que ocorre durante o processo de individuação. A antiga estrutura psicológica é desfeita, instintos e impulsos são ativados e liberados na consciência e precisam ser controlados; então, para assimilar a energia liberada, é preciso transpor as paredes opostas da antiga estrutura do ego para alcançar um mundo novo e mais brilhante, bem como um modo de ser mais pleno e profundo. Por meio desse processo, a "lacuna existencial" entre a consciência do ego e a psique mais ampla é fechada aos poucos, e o ego é capaz de ceder de modo gradativo ao *Self*.

No Ocidente moderno, os sintomas e as experiências de transformação psicológica do tipo que exploramos aqui são, em geral, vistos como patológicos, exigindo medicação para controlar e subjugar. Quanto a isso, os indivíduos na era moderna estão muito mais sozinhos do que no passado, quando as culturas apoiavam esse tipo de experiência espiritual transformadora. O isolamento, o julgamento severo por parte dos pares e o diagnóstico (correto ou incorreto) dos profissionais da medicina criam um fardo adicional, um desafio ainda maior. Quando uma pessoa experimenta uma profunda transformação psicológica do tipo descrito por Jung, Stanislav Grof ou John Weir Perry, ela não sabe o que está acontecendo, e não há nada no ambiente imediato que possa ajudá-la. Talvez esse isolamento faça parte do fortalecimento evolutivo que precisa ocorrer. Na jornada heroica, você deve ser capaz de lidar com a incredulidade e o julgamento das pessoas próximas que não entendem o que está acontecendo ou o que você está vivenciando. Aprenda a controlar suas emoções e seus instintos, desenvolva confiança em seu julgamento, confie em sua percepção mais profunda do que está acontecendo. Em última análise, mesmo que se beneficie de um ambiente de apoio, ninguém poderá fazer isso por você.

A jornada do herói, como representação simbólica da individuação, pode ser vista como a expressão do mesmo poder dinâmico que impulsiona todo o processo de evolução cosmológica. A transformação psicológica humana é a ponta do processo evolutivo, e talvez seja por isso que envolva uma luta tão prolongada e tão difícil de navegar. A individuação implica a superação de séculos e até milénios de condicionamento – os hábitos arquetípicos da natureza e da cultura que nos obrigam a nos comportar de determinadas maneiras. Por intermédio do ser humano, a natureza ou o espírito na natureza está se esforçando para se superar, para se transformar. O ser humano individual é protagonista desse drama cósmico épico. Acredito que há muito mais em jogo do que apenas a própria transformação psicológica, pois o que acontece com cada um de nós pode ter um efeito decisivo na transformação evolutiva do todo. Se conseguirmos superar as nossas tendências habituais inconscientes, que puxam o espírito humano para trás, poderemos acrescentar consciência e liberdade ao mundo. Um único indivíduo pode, portanto, ser aquele, ou um dentre muitos, que é o catalisador para uma revitalização, uma renovação e uma transformação da cultura mais ampla, talvez até de toda a civilização.

CAPÍTULO 7

Ameaças duplas: o império do ego e a fera interior

"É possível para um homem atingir a totalidade, tornar-se completo, apenas com a cooperação do espírito das trevas, na verdade [...] este último é de fato uma *causa instrumentalis* de redenção e individuação."[1]
— C. G. JUNG

Entre dois modos de ser – um centrado no ego e na vontade consciente, e o outro em torno do *Self* e de uma vontade transpessoal mais profunda –, encontra-se a perigosa jornada da individuação, uma "jornada noturna no mar" até as profundezas da psique para renovação e renascimento. A decadência e a morte daquilo que Jung chamou de "dominante consciente", o antigo princípio de controle e vontade do ego, traz consigo o colapso temporário do mecanismo de repressão,

[1] Jung, "Phenomenology of the Spirit in Fairytales", em *Archetypes and the Collective Unconscious,* pp. 251-52.

por meio do qual a autonomia e o controle do ego são mantidos.[2] Esse colapso libera na consciência o poder há muito reprimido do inconsciente instintivo, que pode ser vivenciado tanto como um imenso *daemon* criativo quanto como uma força aterradora e destrutiva. Durante a individuação – no caminho da transformação psicoespiritual –, enfrentamos dois desafios principais, que ocorrem de modo simultâneo: primeiro, o de superar o antigo princípio dominante e governante na psique; e, segundo, domesticar e integrar o poder dionisíaco do inconsciente instintivo. No presente capítulo, consideraremos esses desafios em detalhes.

Iniciação e transformação: superando o ego

Durante a segunda fase da aventura do herói, a da iniciação e da transformação, é preciso superar o domínio e o controle do velho ego. O ego é aquela função psicológica, relacionada com o princípio da vontade pessoal, que nos permite manipular o ambiente, mudar as coisas ao nosso gosto, protegendo-nos de experiências e emoções indesejáveis. O ego é criado por uma resposta condicionada de "não", que nos separa do fluxo da vida e de aspectos da psique e da realidade de que não gostamos, os quais não queremos experimentar e com os quais não nos identificamos. Para a individuação, para avançar em direção à totalidade, devemos também vivenciar o lado negativo da vida, o lado sombrio da psique. Não podemos permanecer apenas no lado agradável e bom, vivendo uma imagem ideal de nós mesmos e da nossa vida. O equivalente psicodinâmico da resposta "não" é a resistência e a repressão. Essa resistência deve ser desfeita; a negatividade, o medo e a dor por trás da repressão devem ser vivenciados e incluídos na totalidade psicológica emergente – um processo que ocorre de modo contínuo.

---

[2] Jung, *Mysterium Coniunctionis*, p. 362.

Superar o ego, então, consiste em superar a resistência à experiência da vida como ela é. Em nossa cultura, há, em geral, uma qualidade controladora e fortificada do ego, o que torna a luta para superá-lo muito mais intensa e prolongada. Penso que estamos num momento da nossa evolução em que, no âmbito coletivo, o ego atingiu um ponto final no seu desenvolvimento ou está perto de alcançá-lo. O ego é o veículo da consciência autorreflexiva, mas é também, em certo sentido, um subproduto acidental do surgimento dessa consciência. Tornou-se um ego alienado que precisa aprender a reconhecer e a servir o ser maior do qual emergiu. O ego não é um fim em si mesmo, mas uma função da psique mais profunda.

Como vimos, no mito, o antigo princípio dominante do ego pode ser retratado como um império ou um imperador tirânico, como em *Star Wars*, com Palpatine e Darth Vader no comando dos Stormtroopers; ou em *O Senhor dos Anéis*, com o poder controlador sombrio de Sauron e Saruman e os ferozes exércitos à sua disposição. Na forma feminina, pode-se pensar na rainha do conto de fadas *Branca de Neve*, desesperada para se agarrar aos seus poderes e manter a posição de "a mais bela de todas". O imperador Ming, da história em quadrinhos de ficção científica *Flash Gordon* (e posteriormente em séries de televisão e filmes) é outro exemplo de governante tirânico. Ou a força aterrorizante do velho ego pode ser sugerida pela figura do ogro ou do gigante que deve ser morto, como em Davi vencendo Golias ou quando Odisseu cega e engana o Ciclope.[3] Como sugerem esses personagens, o elemento controlador defensivo do ego – a resposta "não" à vida – pode assumir proporções gigantescas. Durante a transformação psicológica profunda, as defesas e as operações inconscientes por trás do ego são ampliadas e intensificadas de tal forma que não podem ser ignoradas. O aspecto heroico da personalidade – a consciência intencional,

[3] Compare *logion* 98, em: Ross, *Gospel of Thomas*, p. 60.

com a sua inteligência, a autoconsciência e o poder de escolha – tem de matar o gigante ou o ogro, ou destruir o império dominante.

Um exemplo da destruição do império do ego pode ser visto em uma cena de *Star Wars* em que Luke Skywalker, liderando uma frota de caças da Aliança Rebelde, é perseguido por caças Imperiais, sendo um deles tripulado por seu adversário, Darth Vader. Skywalker tem uma chance de destruir a Estrela da Morte e salvar seu planeta natal da destruição. Enquanto Skywalker se prepara para localizar seu alvo usando um dispositivo de rastreamento de computador, ele ouve a voz de seu falecido mentor, Ben Kenobi, o sábio ancião, instruindo-o a "confiar na Força". Indo contra seu julgamento racional e seguindo o que parece ser um curso de ação imprudente, Skywalker desliga o sistema de orientação de computador e usa seu sentimento ou sua intuição para guiar suas mãos e seus olhos, com o objetivo de lançar o míssil com extrema precisão.

A ideia transmitida nessa cena é que, na jornada espiritual, ou durante o curso da individuação, você deve abandonar o controle racional e sintonizar-se com uma fonte transracional de orientação; deve colocar-se em harmonia com a sabedoria maior do Tao, do Logos, da Vontade de Deus ou com "a Força". Sua própria vontade, baseada na análise racional, em considerações subjetivas e no condicionamento cultural, tem de ser subserviente à autoridade transracional do *Self*, a qual percebemos que, às vezes, se revela por meio da "voz" autoritária em sonhos ou fantasias. Durante a individuação, há, então, uma frustração gradual, uma superação e um abandono da vontade egoica. A autodeterminação racional é transcendida. O caminho que somos chamados a seguir, muitas vezes, parece irracional, indo contra o bom senso. No entanto, evidenciando-se em retrospectiva, esse caminho que parece irracional reflete, na verdade, uma ordem superior que, a princípio, está fora do nosso alcance.

O filme *Jasão e os Argonautas* proporciona outro exemplo da batalha contra o velho ego, retratado na cena em que elementos da tripulação do

Argo despertam o gigante de bronze Talos. Ao chegar à Ilha de Bronze, o grupo é instruído pela deusa Hera a não levar nada além de provisões essenciais de comida e bebida – uma variação do tema "uma coisa proibida". De imediato, é claro, dois membros da tripulação de Jasão passam por uma caverna escondida que está repleta de tesouros. Atraídos para entrar, embora contra as instruções expressas da deusa, eles removem um dardo de ouro. O roubo dá vida ao guardião do tesouro, Talos, o homem gigante de bronze, gerando uma perseguição vingativa aos ladrões. No âmbito simbólico, o tesouro representa tanto a distração causada pelos prazeres da vida, que podem levar a consciência ao caminho da ruína, quanto, em outro nível, as "joias" que podem ser encontradas na psique, as riquezas espirituais que devem ser alcançadas com a promessa de uma nova vida centrada no *Self*, nos potenciais perdidos que devem ser recuperados do inconsciente. É uma forma de "roubo de benefícios" que provoca uma reação destrutiva e vingativa por parte do antigo e rígido ego (simbolizado por Talos), que busca manter as coisas como estão.

O gigante ou o tirano é um símbolo adequado do desafio a ser enfrentado. A velha personalidade do ego baseia-se numa falsa vontade pessoal que foi desenvolvida sobretudo para ajudar o indivíduo a adaptar-se à vida no mundo. É apoiada pela antiga *persona*. Em sintonia com as expectativas sociais, a *persona* do ego permite ao indivíduo comportar-se de acordo com os costumes condicionados no âmbito social, e, ao fazê-lo, também satisfaz aos seus desejos no mundo. Um censor interno monitora as respostas internas do indivíduo e apresenta ao mundo uma máscara e um conjunto de respostas aceitáveis na sociedade que talvez sejam até o oposto do que foi de fato vivenciado em seu interior. Dessa forma, a *persona* serve como uma tela protetora sobre a verdadeira personalidade, permitindo que o ego funcione mantendo os sentimentos ameaçadores e inaceitáveis fora da consciência e da vista do público.

Fundamentalmente, a estrutura do ego humano, que evoluiu através dos séculos, baseia-se no instinto de autopreservação; responde com medo às ameaças percebidas no ambiente; em sua forma mais exagerada de expressão, controla as emoções com mão de ferro, empurrando o eu interior. O próprio ego tirânico é fortalecido pelos instintos, permitindo-lhe assumir um caráter formidável, de modo que pode parecer impossível libertar-se da opressão do domínio do ego. Quando você observa o funcionamento do ego durante a individuação, parece que, de fato, está enfrentando um gigante monstruoso.

Outra maneira como esse desafio é retratado na mitologia grega ocorre por intermédio da figura da Hidra e suas cabeças, o terrível monstro confrontado por Hércules em seu segundo trabalho. De acordo com o mito, cada vez que uma das cabeças da Hidra é cortada, outras duas surgem no lugar, o que pode representar o modo como uma pessoa se sente quando a consciência está lutando para superar o ego e os instintos. Quanto mais controle você tentar exercer sobre o ego, com mais intensidade você conseguirá se superar, e mais forte ficará o ego, mais forte será o instinto. Usar a vontade pessoal para destruir o ego e negar à força a expressão dos instintos não são atitudes viáveis. A força de vontade é insuficiente e, na verdade, funciona contra as suas intenções; tende a promover a repressão, o que apenas aumenta a tensão psicológica que você talvez experimente. Na prática, porém, tal curso de ação é inevitável. Para superar a repressão, é preciso, primeiro, suportar a experiência de levar a repressão ao extremo. Para superar os instintos, é necessário, a princípio, enfrentá-los e contê-los, mesmo que isso implique uma considerável tensão psicológica e um tormento.

Por sua vez, na luta com o inconsciente, a parte controladora do ego torna-se cada vez mais poderosa. O superego moralizante ou o "homem

* No original em inglês, consta o termo "*topdog*", expressão criada por Fritz Perls, principal fundador da Gestalt-terapia. (N. da T.)

forte" ou o "chefe",* utilizando um termo da psicologia da Gestalt, intimida a personalidade, controlando-a com ferocidade, forçando-a a cumprir determinados padrões e julgando cada pensamento ou sentimento que surge. Essa é uma tirania absoluta do ego, sugerida pelo governo do imperador tirano, representado pela figura de Herodes, desesperado para permanecer no controle; para se agarrar ao poder, esmaga todas as ameaças possíveis à sua posição. O rei bíblico Herodes, recordemos, tenta, de um jeito desesperado, impedir a vinda de Cristo – o *Self*, em termos psicológicos – emitindo o decreto para que todos os meninos recém-nascidos em Belém sejam mortos.

Durante essa fase, quando toma consciência do funcionamento do ego e tenta se libertar dele, você pode ter a sensação de que precisa estar em vigília permanente, captando cada pensamento, cada sentimento, antes que ele assuma o controle da consciência. O superego, como censor, desempenha uma função positiva à medida que pode impedir que sejamos possuídos por um desejo ou um determinado sentimento. Levada ao extremo, porém, essa censura se torna um enorme problema, paralisando a personalidade e amarrando a psique com terríveis nós de repressão. Mais uma vez, a saída dessa condição ocorre por meio dela mesma, aprofundando-se nela. Os nós apertam-se em uma dimensão insuportável, mas depois se dissolvem; a censura e o autojulgamento parecem implacáveis e inevitáveis, mas são esgotados aos poucos. A autoaceitação e a liberdade existencial que isso traz só podem ocorrer quando a psique em sua totalidade consente com a vida como ela é. Embora certas partes da psique julguem e reprimam, controlem e censurem, tentando manter o ego sob controle, ou tentando obter prazer e evitar a dor, a pessoa não está completa de verdade. Como observou Jung, os seres humanos preferem seguir os próprios desejos em vez de descobrir a intenção de Deus para consigo, o que equivale, em termos junguianos, a descobrir a vontade do *Self*.

O duplo vínculo da consciência

Explorando a questão sobre como o ego pode se libertar e chegar a uma afirmação incondicional da vida e à realização da liberdade, Alan Watts sugere que a consciência do ego se encontra numa situação paradoxal de "duplo vínculo".[4] A realização espiritual requer uma aceitação incondicional da vida tal como ela é, mas essa aceitação não pode ser desejada ou arquitetada. O ego, em sua natureza, é a antítese desse estado de aceitação. Até mesmo a prática espiritual pode refletir uma resposta sutil à vida centrada no ego, pois tudo o que o ego faz, observa Watts, cada tentativa de se libertar, de encontrar a iluminação, inevitavelmente cria mais ego; o ego se fortalece quando se reforça a ideia de que existe uma pessoa separada que precisa de libertação. A pessoa sente que a vida precisa mudar de alguma maneira, ou que a personalidade precisa ser modificada, que precisa se tornar mais espiritual. As tentativas de encontrar a iluminação ou de alterar a si mesmo são uma forma sutil do impulso do ego para controlar a vida, em vez de aceitar a vida como ela é. As práticas de meditação e oração, por exemplo, por mais bem-intencionadas que sejam, muitas vezes, podem resultar de uma motivação egoica e auto-orientada.

Essa forma sutil de defesa do ego é o que Alan Watts quis definir como duplo vínculo da consciência. É no cerne do ensinamento *Zen koan*, que se resolve a contradição inerente do ego que tenta se libertar, mas, ao fazê-lo, cria mais ego. Todos os caminhos espirituais levam a este paradoxo. Na verdade, uma maneira pela qual a transformação espiritual pode ser efetuada é levar o ego à máxima contração, até que o nó, já desfiado e cada vez mais apertado pelo esforço autoconsciente associado ao ego, se desenrole e relaxe de modo espontâneo em uma aceitação da vida.

---

4 Watts explora o conceito de vínculo em *The Taboo against Knowing Who You Are*. Ele trabalha temas semelhantes em *The Meaning of Happiness*.

A meditação, a contemplação, a oração e qualquer disciplina espiritual são, é claro, o oposto do espírito lúdico infantil e da afirmação incondicional da vida, que é o objetivo desejado. Você consegue imaginar uma criança, totalmente absorta nas brincadeiras da vida, sentindo necessidade de meditar ou orar? Como lemos no Evangelho de Tomé, Jesus é questionado por seus discípulos: "Quereis que jejuemos? Como devemos orar? Devemos dar esmolas?"[5] Jesus adverte que dar esmola ou rezar seria cometer um pecado. Sua única instrução é: não façam aquilo que não gostam (ou que odeiam). Isso vai contra todas as supostas regras sobre como alguém deve viver no âmbito espiritual.

Um modo de contornar esse duplo vínculo é seguir a sua paixão – "seguir sua felicidade", para usar a expressão de Campbell.[6] Se seguir sua paixão, alinhando-se com o fluxo de poder vital que passa através de você, a transformação da estrutura do ego pode ocorrer de modo oblíquo. Vivendo dessa forma, você não terá tempo nem motivos para pensar sobre seu desenvolvimento espiritual, se está sentindo a iluminação ou a

---

5 Ross, *Gospel of Thomas*, *logion* 6, 13 e *logion* 14, 18.

6 O axioma pelo qual Campbell é mais conhecido é "siga sua felicidade" (*The Way of Myth*, p. 146). Trata-se de uma exortação para viver a vida perseguindo sua paixão mais profunda. A compreensão de Campbell do significado desse axioma parece vir de duas fontes principais. A primeira é o conceito metafísico hindu de "*Sat-Chit-Ananda*", isto é, "ser-consciência-bem-aventurança", como às vezes é traduzido. Campbell observa que, a qualquer momento, você pode não saber onde está o seu ser ou mesmo onde está a sua consciência, mas terá uma ideia de onde está a sua bem-aventurança, a sua felicidade mais profunda. Se você seguir sua bem-aventurança, por algum motivo, ela o levará à sua fonte, ao seu centro, e trará seu ser e sua consciência para o mesmo lugar. A segunda fonte é a ideia de *amor fati* de Nietzsche, o amor pelo próprio destino, por meio do qual Nietzsche tinha em mente o cultivo de uma abordagem afirmativa e positiva da vida, a afirmação alegre de todos os aspectos da experiência de vida de uma pessoa. A bem-aventurança, assim entendida, não é apenas felicidade, pois inclui também dor e sofrimento. É uma experiência que envolve agonia e êxtase. Só afirmando o sofrimento é que você poderá chegar à felicidade, descobrir seu propósito mais profundo e encontrar a realização.

individuação, e assim por diante; você se envolverá totalmente por meio da força vital que passa através de você, deixando-se absorver pelo que está fazendo. Se você permanecer num estado consciente de atenção, permitindo-se intencionalmente cavalgar nas costas de sua paixão, por assim dizer, isso será algo bem diferente de uma atividade extrovertida cega; é uma autotranscendência intencional, mas oblíqua, na alegria e no entusiasmo da vida. Ao focar em sua paixão, fazendo o que de fato ama, você pode desviar sua atenção da luta incessante e do sofrimento periódico da transformação psicológica e da autossuperação. Se você está buscando o que ama no mundo, o fascínio de sua paixão o levará adiante, ativando um fluxo inesgotável de vitalidade e energia vital, podendo transportar você para além de pontos de atrito psicológico, dando a motivação necessária para continuar a se esforçar e seguir em frente.

Ao seguir sua paixão pelo mundo, você poderá ativar reservatórios profundos de energia psicológica antes adormecidos no inconsciente. A energia liberada torna-se o agente da transformação psicológica. Os dois elementos andam de mãos dadas: a jornada interior de transformação e a vocação exterior ou o chamado de vida. Essa abordagem equilibra um foco introvertido no funcionamento da psique com uma vocação extrovertida no mundo. É fácil reter-se de tal maneira à sua transformação e ao crescimento espiritual, pois as preocupações internas se tornam obsessivas e absorventes, de maneira que você estará sempre pensando em si e em sua individuação, num modo de narcisismo espiritual. No entanto, se você tem um propósito no mundo, algo para absorver toda a sua energia e a sua atenção, esse pode ser o foco central da sua vida, e a sua transformação psicoespiritual será, então, apenas parte da sua vida como um todo, em vez de ser tudo e acabar com tudo.

No Evangelho de Tomé, encontramos uma parábola que se relaciona de forma direta com esta estratégia de vida:

O Reino do Pai é como uma mulher
que carregava um jarro cheio de farinha
enquanto caminhava por um longo caminho;
a alça do jarro quebrou
e a farinha escorreu atrás dela na estrada.
Como não sabia disso,
ela não estava preocupada com a perda.
Quando chegou em sua casa
e colocou o jarro no chão,
ela o encontrou vazio.[7]

A questão aqui é que o jarro de farinha representa o fardo do ego, o qual é descarregado de forma gradual ao longo da jornada pela vida. O foco está na tarefa de vida (carregar o jarro) e no destino (ir para casa). Nenhum pensamento ocorre durante a transformação, que se dá de maneira oblíqua.

Quando o chamado espiritual chega mais tarde, na vida, como acontece com muitas pessoas, as exigências do ego já foram, muitas vezes, superadas em partes. Nas inúmeras ações diárias da vida pessoal, familiar e profissional, quando se tem de deixar de lado as próprias necessidades, adiar a gratificação, trabalhar sem recompensa para os demais ou em prol de alguma causa ou um empreendimento maior, o ego é corroído e os instintos são subjugados, pouco a pouco. Assim, quando a jornada espiritual começar de verdade, o caminho poderá prosseguir de modo mais suave. Por outro lado, porém, com o aumento da idade, a velha casca da personalidade do ego pode endurecer; pode-se ficar fechado a novas possibilidades. Permanecer em segurança em seu próprio reino dificulta, para as energias do inconsciente, o início de uma mudança psicoespiritual positiva.

---

7 Ross, *Gospel of Thomas*, *logion* 97, p. 60.

Nos casos em que o antigo ego é dominante, em particular, talvez seja necessário enfrentar de modo mais direto o terrível controle do ego, pois será preciso matar o "gigante" para superar o "homem forte". O mito dá uma pista de como isso pode ser feito por meio do exemplo do calcanhar de Aquiles ou da fenda na armadura (uma variante da mesma ideia), que se referem à região do corpo em que o controle do ego é mais vulnerável, o ponto fraco, o aspecto da experiência que mais tememos ou detestamos e que, portanto, evitamos de modo consciente ou inconsciente. Em geral, essa é a área da vida em que o medo, a culpa, a vergonha e a dor são vivenciados de maneira mais aguda. Essas experiências proporcionam o caminho para a ruína do ego, porque é por meio delas que a parte controladora da personalidade pode exercer até mesmo a menor influência. O caminho para a transformação, como perceberam os antigos alquimistas, é traçado por meio dos aspectos desprezados e rejeitados de nós mesmos, simbolizados por resíduos descartados, fezes e lixo.

Em termos junguianos, a partida da tirania do ego ocorre através da sombra. A saída se dá por meio daquelas áreas nas quais o ego não exerce controle total. No filme *Um Sonho de Liberdade* (*The Shawshank Redemption*, 1994), de Frank Darabont, a representação da fuga de Andy Dufresne, que procura escapar da injusta condenação a muitos anos de prisão rastejando por um cano de esgoto, ilustra esse aspecto. A velha estrutura do ego é a prisão. A jornada para a liberdade passa por nosso esgoto psicológico, por assim dizer. A ruptura na estrutura do ego constitui uma abertura que leva às nossas profundezas psicológicas e à liberdade na realidade mais ampla e à psique transformada do outro lado. À medida que a estrutura do ego é aberta ou começa a entrar em colapso, pode-se então fazer a descida ao submundo. A imensa resistência que todos sentem ao fazer essa descida reflete tanto a dor aguda de ter de enfrentar a fraqueza da própria sombra quanto a perspectiva assustadora de ter de encarar o poder obscuro da natureza.

A relação entre o ego e o inconsciente

Antes de prosseguirmos com a nossa análise da jornada e olharmos em específico para a descida ao submundo, pode ser útil refletir de forma mais minuciosa sobre o modo como essa descida pode ser descrita nos termos da compreensão junguiana do processo de individuação.

Você deve se lembrar do modelo junguiano da psique analisado no Capítulo 4. Para Jung, a psique é dividida entre a consciência centrada no ego – que é o princípio do "Eu", relativo à identidade pessoal – e o inconsciente – que tem dimensões pessoais e coletivas. Em geral, o ego é sustentado por um fluxo de energia do inconsciente na forma de impulsos e desejos. A identidade do ego não é ameaçada pelo inconsciente, mas ocorre em uma espécie de harmonia dinâmica entre ambos. Assim, se você sentir um desejo, por exemplo, pode decidir: sim, agirei de acordo com o desejo, ou não, não agirei. Em outras palavras, você tem, ou parece ter, um nível bastante amplo de controle sobre seus desejos e estados psicológicos. Nesse estágio, o mecanismo inconsciente de repressão ou de censura elimina da consciência a maioria dos desejos, impulsos e medos indesejados ou inaceitáveis, o que lhe permite funcionar sem precisar se preocupar com a realidade mais ampla da psique. Nesse estágio, você não precisa enfrentar o desafio de lutar de modo direto com seus desejos, a não ser para atender às demandas comuns de autocontrole exigidas para viver em sociedade. Na verdade, nessa fase, as pessoas, em geral, têm pouco conhecimento da psique, exceto no que diz respeito à personalidade superficial.

No entanto, o ego pode se tornar alienado, fechado aos seus próprios desejos, demasiado estreito e unilateral em seu foco, para que o inconsciente ganhe poder. Se você permitir a expressão dos seus desejos, a energia que poderia ser descarregada ao longo das atividades cotidianas permanecerá represada, formando um reservatório de energia acumulada no inconsciente. Isso pode acontecer – e, de fato, acontece com frequência

– se você estiver vivendo em desacordo com seus verdadeiros sentimentos e impulsos, ou se estiver vivendo de maneira muito racional, ou fazendo o que acha que deveria fazer, em vez de fazer o que deseja de verdade. Todos nós nos comprometemos até certo ponto, mas, se a situação chegar ao extremo, como, às vezes, acontece, podemos com facilidade atingir uma condição de alienação psicológica.

A energia se acumula em grupos ou complexos – compreendendo sentimentos, desejos, impulsos, pensamentos e memórias –, cada um organizado em torno de um arquétipo específico. No modelo de Jung, os arquétipos são o aspecto coletivo, que se manifesta em todas as pessoas, e os complexos são o aspecto pessoal, único para cada um de nós. Quanto mais alienado o ego se torna, maior é o poder dos complexos inconscientes. Pouco a pouco, a tensão entre a consciência e o inconsciente aumenta, chegando, em alguns casos, ao clímax quando o ego não consegue mais manter o controle, e a divisão do inconsciente que permitiu que a consciência funcionasse de forma autônoma entra em colapso. O mecanismo de repressão falha e a separação entre o ego e o inconsciente se dissolve. Como vimos, Jung chama isso de "dissolução da *persona*" ou "colapso da atitude consciente". Quando isso acontece, a consciência do ego não mantém mais a posição de controle que tinha antes; ela "cai" no inconsciente, onde descobre, para sua grande angústia, que é apenas um complexo entre muitos. O significado disso para a experiência pessoal é que, embora antes você pudesse manter um certo grau de controle racional de sua personalidade, agora, você se sente violentamente empurrado por diferentes desejos e impulsos, à medida que, um após outro, eles passam a dominar você. É extremamente difícil, senão impossível, manter uma distância racional dos seus desejos nessa condição, porque eles "possuem" a sua consciência. A personalidade consciente é como um pequeno bote que oscila sobre as ondas do mar.

Quando a antiga estrutura da personalidade entra em colapso e a *persona* se dissolve, e a consciência cai no inconsciente, uma série de respostas diferentes se forma, e algumas dessas respostas são analisadas por Jung em *Dois Escritos sobre Psicologia Analítica* (*Two Essays on Analytical Psychology*). As possibilidades discutidas não são mutuamente exclusivas; na verdade, durante a reorientação da psique, é possível que se mova entre cada tipo de resposta até que a pessoa comece a reconhecer e compreender a dinâmica do processo.

A primeira resposta é evidente nos casos trágicos de dissolução esquizofrênica da personalidade. O indivíduo, sujeito ao súbito influxo de desejos e medos do inconsciente, fica totalmente aterrorizado por eles, entra em pânico e perde todo o controle. Nessa condição desesperadora – que é um verdadeiro inferno –, a personalidade individual é afogada nas águas turbulentas do inconsciente. Isso acontece com frequência. Não há necessidade de conduzir a pessoa nessa condição à intervenção médica, a menos que não se consiga manter o controle consciente e se obtenha alguma compreensão do que está acontecendo. Como salientaram Stanislav Grof e John Weir Perry, numa situação ideal, esse tipo de experiência transformadora, que não é diferente de uma condição xamânica, seria apoiado por uma comunidade criada em especial para ajudar os indivíduos a passar por esse processo. Infelizmente, hoje, não é fácil encontrar tais comunidades, que são raríssimas, se não inexistentes.

Uma segunda possibilidade de perigo pode ocorrer quando, numa condição dissociada, a pessoa é possuída pelo poder dos instintos e arquétipos, tomada no âmbito inconsciente pelas energias que surgem das profundezas da psique e pelos *insights* e sentimentos de fortalecimento que essas energias trazem. Jung usa o termo "*personalidade de mana*" para descrever a condição na qual a personalidade consciente é fortalecida pelas forças mais profundas da natureza, infundidas com energia vital, ou *maná*. A princípio, a individuação ativa e libera poderes que, caso sejam dominados, dão ao ego uma sensação de elevação e poder titânico. O ego acessa de modo involuntário energias que jazem insuspeitadas nas profundezas da natureza e, assim, transforma o ser em um ser de poder e percepção superior. Essa conquista acarreta de modo inevitável os graves perigos da inflação psicológica. Tomado pelo poder numinoso do inconsciente, sem discernimento crítico, é possível se tornar com facilidade um super-homem inflado, que reivindica os novos poderes como seus. Vemos exemplos de algo parecido com esse fenômeno na cultura popular, na situação de muitas pessoas jovens, estrelas *pop*, atores e atrizes, além de estrelas do esporte, que de repente são impulsionados ao *status* de celebridade, mas que, no entanto, são mal preparados no aspecto psicológico para lidar com todo o poder, a riqueza e a adulação espúria que isso traz.

Se uma pessoa perde o senso de equilíbrio e o discernimento crítico ao lidar com o inconsciente coletivo, identificando-se com as novas e inebriantes energias e experiências, a integridade do eu individual pode ser colocada em risco. Quando as imagens arquetípicas e os impulsos instintivos inundam a consciência, trazendo *insights* e um imenso fortalecimento energético, sem o discernimento crítico necessário, é fácil para o indivíduo acreditar que é um ser especial com acesso a grandes verdades e a uma mensagem poderosa da história mundial. Nessas circunstâncias, sob a influência do inconsciente ativado, uma pessoa pode até se tornar um profeta conhecido no mundo, um visionário enlouquecido, servindo como mero porta-voz do inconsciente, ou talvez, numa forma extrema, um louco com o ego inflado, um psicopata, como Hitler.

A possessão inconsciente, que ocorre quando alguém é literalmente engolido pelo inebriante poder vital do inconsciente, contrasta de um modo evidente com o estado de alienação existencial, quando tudo é vivenciado como estéril, seco e desvitalizado. Durante a crise que precede a individuação, é possível mover-se entre esses dois extremos. Na verdade, os dois estados podem ser reconhecidos como aspectos diferentes da mesma condição psicológica, na qual a consciência, num padrão alternado, é alienada e depois possuída pelo inconsciente. As permanências em um estado ou outro variam em duração. Podemos, por exemplo, passar longos períodos sentindo-nos totalmente desconectados de nossa energia vital, alienados de nós mesmos.

O estado de possessão caracteriza-se por episódios de excitação emocional elevada, talvez excessiva, e intoxicação de desejo. Pode-se dizer que a seca vivida durante uma crise existencial chega ao fim com a inundação. É importante manter a integridade do seu eu consciente neste momento. A "inundação" pode ser recebida de braços abertos, mas, se a consciência for perdida, a inundação do instinto pode começar a parecer vazia e sem sentido, produzindo uma sensação de esgotamento, alienação e vazio.

Numa condição de alienação, a possibilidade de recuperar a vitalidade e o entusiasmo da antiga vida, olhando para trás, para o que já se teve, ou mesmo para o encanto e as glórias de tempos anteriores da história humana, pode ser de fato atraente. Você pode refletir sobre ter se desviado com gravidade, sobre ter cometido algum erro terrível, e perceber que as coisas só precisam voltar a ser como antes, do modo como você viveu antes. Os impulsos e desejos que você costumava sentir – que talvez agora não sejam mais do que memórias – parecem conter todas as paixões inebriantes e energias vitais pulsantes que lhe faltam. Se você puder se reconectar e dar livre curso às paixões e aos desejos, diz o raciocínio, sentirá de novo a tão almejada onda revigorante de energia vital. Nessa fase mais crítica do desenvolvimento psicológico, é poderosa a tentação de retornar à natureza ou de olhar para trás, para uma vida mais simples, uma vida em harmonia com os instintos, em maior sintonia com seus sentimentos. O perigo, contudo, é sucumbir à mera reversão ao modo de vida natural e instintivo que foi superado com o desenvolvimento da consciência racional do ego. A tentação de se entregar aos seus antigos desejos ocorre, de modo invariável, à custa da sua individualidade, do seu eu e da sua consciência; portanto, você deve resistir.

Nos períodos desafiadores de transformação psicoespiritual, há também o perigo de sucumbir à saudade de um passado romantizado; sejam as glórias heroicas da Grécia Antiga, a grandeza de Roma, a magia e o encanto de uma nebulosa Grã-Bretanha celta, uma existência primordial no seio da natureza, ou simplesmente os "bons velhos tempos" – eventos muito vivos dentro de nós. Esses anseios expressam o impulso construtivo para se reconectar com os potenciais perdidos do passado, mas também a tendência regressiva de se afastar do desafio e dos potenciais únicos da própria vida no presente. A individuação exige avançar em direção ao próprio futuro, e não retornar às conquistas e aos modos de vida do passado. Por meio da individuação, você produz algo novo e único. Sua vida o leva a um território desconhecido, ao mesmo tempo que se desenrola de acordo com padrões arquetípicos universais.

Uma terceira possibilidade, depois do colapso psicológico que precede e instiga a individuação, é o que Jung chama de "restauração regressiva da *persona*", que basicamente significa reverter a um estágio anterior da sua personalidade. O início da transformação psicoespiritual pode se manifestar como um choque violento, que priva a personalidade de recursos psicológicos para lidar com a crise que se segue. Sentimentos de incapacidade e derrota podem somar-se à sensação de estar ferido. Nesse cenário, você pode começar a pensar que cometeu algum erro grave na maneira como tem vivido, talvez por ter ambições demais, por ter grandes aspirações. A tendência natural, portanto, é puxar as rédeas, reduzir suas atividades e limitar suas aspirações e, assim, adotar horizontes de vida mais estreitos e objetivos mais modestos. Essa estratégia, embora compreensível, visa, em última análise, ao menosprezo da personalidade, prejudicando gravemente o desenvolvimento psicológico, e, em geral, isso surge de uma avaliação incorreta do que aconteceu.

Durante o início da experiência de morte-renascimento que acompanha a individuação, todos os conselhos bem-intencionados para ir com calma, descansar e assim por diante são, em geral, o oposto do que é necessário. Essa crise marca a transição para um modo de existência mais elevado e mais exigente; não é um sinal para voltar atrás e reverter o que está acontecendo. Considerando que esse processo é tão difícil de suportar e que pode trazer consigo muitas experiências profundamente perturbadoras, é tentador pensar em suas emoções como inerentemente erradas, patológicas e, portanto, achar que precisam ser prevenidas, corrigidas ou revertidas. É imperativo, nessa fase, afirmar o que está acontecendo como algo absolutamente válido e, em última análise, construtivo. Você deve afirmar a alienação, os estados psicológicos desafiadores e a luta intensa que acompanha esse estágio de individuação como desafios positivos que são partes essenciais do seu desenvolvimento psicoespiritual.

O caminho ideal, portanto – o quarto tipo de resposta – é um envolvimento crítico com o inconsciente, de modo que a consciência mantenha sua integridade e sua posição mesmo contra o ataque violento de desejos e medos do inconsciente. O poder do inconsciente, simbolizado pelo monstro ou pelo dragão, deve ser controlado. Como explica Jung,

> Os heróis, justamente os mais fortes e melhores entre os homens, são aqueles que cedem ao seu desejo regressivo e se expõem de modo proposital ao perigo de ser devorado pelo monstro do abismo materno. No entanto, se um homem é um herói, ele é um herói porque, no final das contas, ele não deixou o monstro devorá-lo, e sim o subjugou, não uma, mas muitas vezes. Apenas a vitória sobre a psique coletiva produz o verdadeiro valor – a captura do tesouro, da arma invencível, do talismã mágico ou do que quer que o mito considere mais desejável. Quem se identifica com a psique coletiva – ou, em termos

mitológicos, se deixa devorar pelo monstro – e nela desaparece alcança o tesouro que o dragão guarda, mas o faz apesar de si mesmo e em seu maior prejuízo.[8]

Essa passagem, apesar de toda a sua linguagem heroica de gênero, identifica o principal desafio a ser enfrentado: de modo claro, o de matar o monstro, vencer a fera interior. A mesma onda de poder instintivo que a princípio estimula a pessoa a grandes ambições e apoia a tentativa de se livrar das exigências da sociedade na busca das próprias paixões mais profundas tem, mais tarde, de ser controlada. Analisando mais uma vez à parábola de Nietzsche "Sobre as Três Metamorfoses do Espírito", poderíamos dizer que o leão tem de se tornar muito poderoso para emancipar o indivíduo da falsa autoridade dos valores e dogmas herdados. É o poder do leão (o ego apoiado pelo inconsciente instintivo) que impulsiona o eu individual à vitória sobre o dragão "Tu Farás". No entanto, tendo conquistado a liberdade, como é que o próprio leão poderá ser domesticado? Livre das estruturas controladoras da sociedade, de qualquer sistema filosófico ou de qualquer dogma religioso, ou mesmo de qualquer contexto mitológico de apoio, o leão torna-se um monstro, uma lei em si mesmo. Livre de todas as restrições, o leão devora o ser humano pessoal e ruge contra tudo e todos.[9] Conquistou para si a liberdade da subserviência a falsos valores, mas, indomável, impede qualquer tipo de relacionamento com o grupo social, com a humanidade ou com uma autoridade espiritual superior. É o princípio do individualismo por excelência.

Na terceira metamorfose de Nietzsche (do leão à criança), ele descreve essa transformação como se fosse inevitável, ou simples, quando é,

---

8 Jung, *Two Essays on Analytical Psychology*, p. 169-170.

9 Para a discussão de Jung sobre esse tópico, consultar *Two Essays on Analytical Psychology*, pp. 30-5.

talvez, a transição mais perigosa e exigente de todas. A vontade heroica que pode libertar o indivíduo do consenso moral e dos valores coletivos é incapaz, apenas pela força da vontade, de lidar com os impulsos primitivos do inconsciente. A fera interior não pode ser domesticada pelo controle repressivo de um ego heroico. Como veremos, é somente por meio do cultivo do princípio feminino que se pode obter domínio sobre o poder emocional da esfera instintiva.

Romantismo e o Oriente

Há uma distinção importante a ser feita aqui sobre como se escolhe reagir à crise existencial que pode acompanhar o início da individuação. Muitas vezes, imagina-se que todos os caminhos espirituais levam ao mesmo objetivo ou servem ao mesmo propósito. Porém, não acredito que seja esse o caso. Entre muitos caminhos espirituais diferentes, ao menos duas abordagens gerais bem diversas podem ser identificadas: a primeira, na qual nos concentramos aqui, pode ser caracterizada de modo simplista como romântica, afirmando a vontade, os instintos e as paixões, ao mesmo tempo que procura transformá-los; a segunda abordagem baseia-se nas perspectivas orientais, sobretudo no budismo, e enfatiza o desenvolvimento de uma consciência meditativa que está fora das paixões.

Ao confrontar-se com a profunda angústia de uma crise existencial, você pode assumir o sofrimento como uma fase necessária da sua experiência de vida ou pode procurar desapegar-se dele, saindo da atividade da Vontade. Uma resposta à dor do ego alienado é voltar-se para o Oriente, por assim dizer, adotando uma filosofia de vida de abnegação de si e do mundo, eliminando a individualidade pessoal por meio da realização do nirvana, extinguindo todos os desejos e os medos associados a ser um ser humano distinto e individual. Pode-se obter benefícios consideráveis das práticas meditativas orientais, destinadas a efetuar a libertação espiritual, mas essas também podem ser perigosas e inadequadas se utilizadas de modo incorreto. Como vimos, é preciso ter cuidado para que o caminho espiritual não faça parte do programa de controle da vida do ego, um meio de fuga da vida. O que parece ser transcendência espiritual pode ser uma forma sutil de defesa e repressão do ego.[10] A libertação da vida e do mundo não é o objetivo da individuação.

Pela perspectiva romântica e junguiana, você deve se envolver com seus horizontes e seus impulsos mais profundos, seguir sua paixão, comprometendo-se de todo o seu coração com o mundo. A vida espiritual, como disse Campbell, é o "buquê da natureza".[11] O espírito surge da vida natural; não é um substituto para isso. O objetivo da abordagem romântica da vida afirma as paixões e os desejos; não procura extingui-los. O objetivo da vida (parafraseando Campbell) é aprender a subir nas costas do leopardo dionisíaco sem ser despedaçado.[12]

Dionísio, como vimos, é o deus da intoxicação apaixonada ou do frenesi, simbolizando a qualidade aniquiladora e feliz da experiência plena do poder da própria natureza do desejo. Campbell defende, portanto, uma abordagem da vida na qual você segue o que de fato deseja fazer – seu desejo mais profundo (que é, em certo sentido, semelhante ao seu potencial mais elevado) – e o segue de todo o coração, com convicção, até o fim. Você deve manter sua mente sob controle, tanto quanto possível, para evitar ser queimado, destruído e desmembrado pela força de sua paixão. A paixão

---

10 Segundo Jung, "Não poderia haver erro maior do que um ocidental adotar a prática do yoga chinês, pois isso apenas fortaleceria sua vontade e sua consciência contra o inconsciente e produziria o mesmo efeito a ser evitado. A neurose seria então simplesmente intensificada" ("Commentary on 'The Secret of the Golden Flower'", em: *Alchemical Studies*, 14). Para uma análise da relação de Jung com a filosofia e a religião orientais, consultar *Jung and Eastern Thought,* de John Clarke.

11 Comentário feito por Campbell em *The Power of Myth,* entrevista dada a Bill Moyers.

12 Baseado num comentário de Campbell em *The Power of Myth*, entrevista dada a Bill Moyers.

consome tudo, mas é preciso aprender a domá-la, e essa é uma arte que só pode ser dominada por meio da experiência e não pode ser ensinada.

Na visão romântica, o objetivo da transformação psicoespiritual é forjar uma consciência que possa lidar com todo o poder do inconsciente, com todo o poder dos deuses, por assim dizer. Os desejos devem ser admitidos, compartilhados e engajados. A perspectiva budista, defendida por vários teóricos transpessoais de destaque, promove um desligamento dos desejos em favor do desenvolvimento da consciência na direção da iluminação espiritual. O foco, pode-se dizer, tende a estar na ascensão da consciência, e não na descida ao submundo do inconsciente. Contudo, sem a descida, quaisquer que sejam os estados de iluminação que possam ser alcançados, as paixões permanecerão imutáveis e a totalidade estará fora do alcance. "Um homem que não passou pelo inferno de suas paixões", observa Jung, "nunca as superou".[13]

A descida ao submundo

Em termos míticos, a irrupção do inconsciente na consciência é sugerida pelo motivo da "descida ao submundo". O submundo significa o "inferno das paixões" que se esconde abaixo do limiar comum da consciência. A descida retrata o encontro do ego com a dimensão sombria da experiência. A divisão entre a luz da consciência e a sombra é, em si, uma manifestação da divisão entre os opostos da luz e das trevas, do bem e do mal, do espírito e da natureza, da consciência e do inconsciente, que precisam ser reconciliados e resolvidos. Essa reconciliação deve ocorrer durante o processo de individuação.

---

[13] Jung, *Memories, Dreams, Reflections*, p. 306. Não pretendo aqui criticar a abordagem budista, mas apenas salientar que esse tipo de caminho espiritual pode levar a uma direção diferente da individuação.

Em termos de experiência pessoal, a descida ao submundo transporta você a um lugar sombrio no âmbito psicológico; sua energia vital e consciência são arrastadas para as profundezas; você se afasta do mundo diurno à medida que a energia e a atenção se voltam para seu interior. A descida ao submundo, a passagem pelo Inferno, a viagem noturna marítima até o fundo do oceano, a travessia do rio Estige, todos esses motes são símbolos desse processo. Na jornada por Minas de Moria em *O Senhor dos Anéis*, Frodo, Gandalf, Aragorn (ou Passolargo) e o grupo, viajando na escuridão quase total, são cercados por desafios e atacam um após o outro. Esse episódio transmite a experiência poderosa em que a luz da consciência – muitas vezes, simbolizada por uma tocha resplandecente – desce às profundezas escuras do inconsciente. Tudo nesse lugar é opressivo, tenso e perigoso. A frágil luz da consciência, acesa nas trevas do ser, deve ser resguardada a todo custo. Ao enfrentar um ataque do inconsciente, que ameaça sufocar completamente a sua individualidade e extinguir a centelha da consciência, em meio às pressões sufocantes do mundo externo e da cultura de massa, você ainda precisa defender com todas as suas forças a preciosa luz da individualidade consciente. Durante a descida, tudo se amplifica: desejos, resistências e medos assumem proporções gigantescas. A estabilidade e a integridade do sentido do "eu" são severamente desafiadas. A obra *O Senhor dos Anéis* transmite bem a qualidade incessante de um confronto com o inconsciente; um confronto retratado na forma de um ataque de feras selvagens, inimigos hostis e enormes demônios que surgem das profundezas (como o temível Balrog em Minas de Moria), e cada um tem de ser enfrentado. Tais episódios são uma representação simbólica e mítica da luta para controlar e transformar os instintos.

Quando o ego cai no inconsciente, você pode se encontrar em uma situação não muito diferente daquela do Aprendiz de Feiticeiro, na animação *Fantasia* (1940), tentando desesperadamente manter sob controle tudo o que está fervilhando dentro de você, lutando para controlar os diferentes impulsos à medida que eles vão surgindo. Diversos desejos irrompem, puxando você a uma direção e depois a outra. Assim que consegue controlar uma parte de si, outra começa a borbulhar e transbordar. Como vimos, partes de sua psique que antes estavam adormecidas tornam-se poderosamente carregadas, ampliadas, e, assim, começam a inundar a consciência. Se, por exemplo, você nutria o desejo de se libertar da situação atual e se livrar de tudo, esse desejo pode tomar conta de você totalmente por um período, de modo que seu poder de determinação racional e seu bom senso sejam perdidos por um tempo. Por outro lado, se você ansiava por poder ou experimentava a necessidade desesperada de exercer influência no mundo e de alcançar fama, esses impulsos também podem se tornar muito poderosos, cativando totalmente sua consciência. Essa experiência, na qual a consciência é incontrolavelmente dominada, primeiro, por um desejo e, depois, por outro, pode conduzi-lo à beira da esquizofrenia ou da psicose. Isso marca um momento perigoso. A principal diferença em relação a essas condições patológicas é que o herói, representando o ego, em geral, faz a descida com, pelo menos, um mínimo de percepção consciente do que está acontecendo ou, mais adiante, percebe o que está acontecendo e exerce algum grau de controle consciente, ao passo que, em uma ruptura esquizofrênica, a consciência é totalmente dominada e engolida, e o pânico da perda de controle pode assumir o comando.

Essa é uma das razões pelas quais Jung defende a realização intencional da descida ao submundo da psique, para evitar o cair cego de cabeça num poço de trevas.[14] A estratégia de Jung foi encorajar os indivíduos, para os quais esse caminho era provavelmente inevitável, a assumir de modo consciente a própria individuação, a fim de mitigar a experiência caótica e perigosa de ter uma transformação psicológica imposta sobre eles de um jeito inesperado. É melhor, como acreditava Jung, dar atenção

[14] Consultar Jung, *Aion*, p. 70.

consciente ao próprio processo de individuação enquanto você é capaz de permanecer em relativo controle.

A descrição do próprio Jung de seu "confronto com o inconsciente" é um exemplo notável de um encontro no submundo. Analise a passagem a seguir, relativa a uma experiência de 1913:

> Um fluxo incessante de fantasias foi liberado, e eu fiz o possível para não perder a cabeça e encontrar uma maneira de entender essas coisas estranhas. Eu vivia em um estado constante de tensão; muitas vezes, sentia como se blocos gigantescos de pedra estivessem caindo sobre mim. Uma tempestade se seguia à outra. Minha resistência a essas tempestades era uma questão de força bruta. Outros já foram destroçados por elas: Nietzsche, Hölderlin e muitos outros. Mas havia uma força demoníaca em mim, e, desde o início, não tive dúvida de que eu deveria encontrar o significado do que estava vivenciando nessas fantasias. Quando sofri esses ataques do inconsciente, tive a convicção inabalável de que estava obedecendo a uma vontade superior, e esse sentimento continuou a me sustentar até que eu tivesse dominado a tarefa.[15]

Como vimos, o "fluxo incessante de fantasias", desejos, impulsos e assim por diante é representado com frequência nos sonhos como água: um "dilúvio vingativo", como descreveu Jung a experiência da consciência sendo arrastada pelo fluxo de libido que flui fora do inconsciente. E Jung complementa: "Fiquei indefeso diante de um mundo estranho; tudo nele parecia difícil e incompreensível".[16] Isso revela a experiência do ego consciente quando este cai pela primeira vez no inconsciente. Vivemos no mesmo mundo, é claro, mas agora somos confrontados de modo direto

---

[15] Jung, *Memories, Dreams, Reflections*, pp. 200-01.

[16] *Ibidem*, p. 201.

com a realidade interior da psique, sobre a qual, nos tempos atuais, não sabemos praticamente nada; não temos formação para nos preparar para essa experiência.

O "constante estado de tensão" sentido "como se gigantescos blocos de pedra estivessem caindo sobre ele" é outro exemplo do motivo de as rochas aparecerem se quebrando, o que descreve a experiência da velha estrutura do ego desmoronando por causa da imensa pressão exercida sobre ela pelo poder instintivo do inconsciente, há muito reprimido. Também podemos ver na passagem anterior uma série de outros temas que abordamos: a ajuda e o apoio sobrenaturais transcendentes (obedecer a uma vontade superior, ser sustentado por ela), o chamado ("não havia dúvida em minha mente de que eu deveria encontrar o significado do que eu estava vivenciando"), e o fortalecimento instintivo dando a Jung a força demoníaca para observar a experiência até sua resolução.

Esses tipos de experiências – dramáticas, intensas, perigosas, numinosas e implacáveis – são bem personificados pelos mitos dos heróis. Durante uma profunda transformação psicológica, parece que você é o herói mítico lutando contra forças esmagadoras; e de fato você está lutando, só que a ação ocorre na psique, e não no campo de batalha.

O ano de 1913 também trouxe um avanço decisivo para Jung:

> Eu estava sentado à minha mesa de trabalho, pensando, mais uma vez, sobre meus medos. Então, me deixei levar. De repente, foi como se o chão literalmente cedesse sob meus pés e eu mergulhasse nas profundezas sombrias. Não consegui evitar uma sensação de pânico. [...] Diante de mim estava a entrada de uma caverna soturna, onde havia um anão com pele de couro, como se estivesse mumificado. Passei por ele através da entrada estreita e caminhei, em meio à água gelada pelos joelhos, até o outro lado da caverna, onde [...] eu vi um cristal vermelho brilhante. Agarrei a pedra, levantei-a e descobri que havia um

> buraco embaixo dela. A princípio, não consegui distinguir nada, mas depois vi que havia água corrente. Ali flutuava um cadáver, um jovem de cabelos loiros com um ferimento na cabeça. Ele foi seguido por um gigantesco escaravelho preto e, depois, por um sol vermelho que havia nascido recentemente, surgindo das profundezas da água.[17]

A lembrança de Jung de se deixar levar, de cair em suas profundezas psicológicas, é um exemplo vívido, na experiência pessoal, da descida ao submundo. Nessa visão, depois da descida repentina, Jung passa pelo guardião do limiar (o anão), por uma passagem estreita (passando pelos opostos, cruzando o limiar) para descobrir, escondidas sob a rocha, as fontes de água corrente, que simbolizam as fontes espirituais da vida. O anão pode representar a pequenez que há em nós, a pequenez do ego, mas também pode simbolizar uma parte de nós que se atrofiou ou não se desenvolveu e permaneceu trancada nas profundezas do inconsciente, mantendo-se primitiva. O velho sábio, ressalta Jung, também pode aparecer como um anão (pense em Yoda, por exemplo); na mitologia hindu, o anão é um símbolo da ignorância espiritual, esmagado pelos pés de Shiva.

Quanto aos outros motivos dessa passagem, o escaravelho é um símbolo egípcio do renascimento, e a cor vermelha do cristal e do sol sugere o sangue que anima a vida no corpo. Jung relaciona à relevância dessa visão o que aconteceria na esfera coletiva durante a Primeira Guerra Mundial – uma conexão do jovem loiro ferido com o herói alemão Siegfried e o destino sangrento que se abateria sobre a Europa nos anos seguintes. Essa visão diz respeito tanto à situação coletiva quanto à experiência pessoal de renascimento de Jung, que estavam entrelaçadas.

No âmbito coletivo, o ego ocidental parece então confrontado com a perspectiva de algum tipo de descida iniciática como prelúdio da sua

[17] Jung, *Memories, Dreams, Reflections*, p. 203.

transformação. O arauto é anunciado por Zaratustra, o profeta visionário de Nietzsche, no discurso ao Sol, a "Grande Estrela", que mergulha todos os dias no oceano escuro:

> Devo descer às profundezas: como você faz ao entardecer, quando vai para além do mar, trazendo luz também ao submundo, ó estrela superabundante!
>
> Como você, devo descer – como dizem os homens aos quais quero ir.[18]

O Sol, uma expressão da luz da consciência, cuja ascensão à posição do meio-dia no céu simboliza a viagem do ego ocidental ao seu auge, enfrenta agora uma descida iminente às profundezas inconscientes para transformação e renovação. Tão certo como a noite segue o dia, o surgimento da luz da razão e da consciência, como princípios e poderes dominantes da civilização ocidental, deve voltar-se para o inconsciente instintivo, a base materna, a origem de onde emergiram. Na verdade, Goethe chamou o submundo do inconsciente de "reino das Mães", lugar para o qual Fausto desce durante sua aventura transformadora.[19] O princípio transcendente, racional e espiritual – Deus, o Pai, do cristianismo – deve ser colocado em relação com o que Jung chamou de "abismo materno" e espírito sombrio da natureza.[20]

Alquimia e o nigredo

Um sistema simbólico que explora os processos de transformação psicoespiritual com detalhes extraordinários é a alquimia. Nas últimas três

---

18 Nietzsche, *Thus Spoke Zarathustra*, p. 39.

19 Goethe, *Faust*, Parte II.

20 Para a discussão de Jung sobre o espírito sombrio na natureza, que ele descreve como o "espírito das profundezas", ver Jung, *Red Book*.

décadas de sua vida, Jung dedicou tempo e energia consideráveis à interpretação do significado psicológico de inúmeros textos alquímicos misteriosos, encontrando nos obscuros textos dos alquimistas descrições, valendo-se de outra linguagem, do processo de individuação. Embora descrevam, com frequência, tentativas de transformar metais comuns em ouro, os textos alquímicos também descrevem de um modo simbólico processos psicológicos com fins espirituais, como Jung demonstrou. O alquimista, procurando com ardor efetuar a transformação do metal por meio de vários procedimentos químicos, experimentou de modo inconsciente uma transformação interior, psicoespiritual, que foi refletida no trabalho alquímico de um modo simbólico. Ou seja, a escolha das operações alquímicas parece ter refletido no inconsciente o processo psicológico pelo qual o alquimista estava passando na época. Assim, quando o alquimista decidiu aplicar calor ao metal, por exemplo, isso parece ter refletido o que estava acontecendo em sua psique – sugerindo, talvez, que o material básico de sua personalidade natural estava sendo transformado pelo fogo do instinto e do desejo. O que estava acontecendo no âmbito psicológico foi projetado na matéria do recipiente alquímico.

Vários textos alquímicos descrevem a morte e a ressurreição do rei ou do Sol, que, como o herói, representa o ego e a luz da consciência. A descida ao submundo no mito coincide com o que é conhecido na alquimia como *nigredo*, fase do processo de transformação que leva à *mortificatio* (morte) do rei. O nigredo é um período de trevas, de "trevas mais trevosas que as trevas", durante o qual o rei passa por imenso sofrimento, por um desmembramento e uma morte mística ou por uma crucificação comparável ao que São João da Cruz descreveu como a "noite sombria da alma".[21] O nigredo, segundo Jung, é instigado pela "concupiscência e pelo egoísmo sem limites" do rei, que, em estado de alienação, tem "sede" de

---

[21] Jung, *Mysterium Coniunctionis*, p. 521.

contato renovador de vida com o inconsciente, simbolizado pela água.[22] O ego, tendo-se tornado alienado dos instintos, é inconscientemente possuído pelo desejo. Esse desejo se origina no lado sombrio inconsciente do rei – sua natureza sentimental primitiva e indiferenciada. Ao beber e, portanto, satisfazer seu desejo, o rei é dominado à medida que conteúdos inconscientes inundam a consciência, um processo retratado de maneira metafórica, explica Jung, como se o rei se afogasse ou fosse engolido por um monstro marinho – o veículo de sua renovação.[23]

A renovação é necessária porque o mundo diurno da consciência, habitado pelo rei, sem uma ligação vivificante com o mundo inconsciente dos sentimentos, tornou-se uma terra devastada. A existência do ego tornou-se árida, estéril, inautêntica e desvitalizada. A submersão e o afogamento do rei nas águas do inconsciente simbolizam o retorno do ego consciente ao estado oceânico de unidade indiferenciada.

Na alquimia, a dissolução em água permite a descoberta ou o retorno à *prima materia*, a partir da qual o ouro alquímico pode ser produzido.[24] O retorno à *prima materia* simboliza um estado de fragmentação e dissolução psicológica, que é descrito pelos alquimistas como o retorno do rei ao "estado inicial sombrio", o "caos", uma condição na qual – explica Jung – "todas as conexões estão dissolvidas".[25] Para ser transformada, a velha identidade consciente tem de ser sacrificada e regressar à fonte de onde veio: "a dissolução", observa Jung, "é o pré-requisito para a redenção".[26]

---

22 Jung, *Mysterium Coniunctionis*, p. 272.

23 *Ibidem*.

24 A matéria-prima, também conhecida como substância arcana, é literalmente a "matéria primeira", simbolizando a natureza essencial à qual se deve retornar para ser transformado. Jung descreve a matéria-prima como a mãe do lápis-lazúli – a Pedra Filosofal. Ver Jung, *Mysterium Coniunctionis*, pp. 18-9.

25 Jung, *Mysterium Coniunctionis*, p. 283.

26 *Ibidem*.

Em termos psicológicos, tal estado caótico surge quando o antigo sentido de ordem, baseado na regra dominante do velho ego, é destruído. Na tradição alquímica, o que a princípio é matéria sólida deve ser transformado em um líquido fluido e indiferenciado pelo processo de *solutio*. Essa é uma metáfora para a dissolução da forma cristalizada da estrutura do ego, que, com o tempo, tornou-se isolada e separada do fluxo de energia vital que emerge do inconsciente.

Como vimos, durante o início da dissolução da *persona* e do colapso da estrutura da consciência do ego, diferentes partes da psique são desmembradas e funcionam de modo autônomo, sem nenhuma relação coerente com as outras partes. É um estado dissociado em que tudo parece caótico, como se uma batalha violenta estivesse ocorrendo entre as diferentes partes da psique. É função da individuação harmonizar de forma dinâmica as partes antagônicas, no intuito de produzir uma nova totalidade. Nos ensinamentos de Jesus, essa condição dissociada e fragmentada é sugerida pela ideia de que um "reino dividido contra si mesmo não poderá subsistir" (Marcos 3:24). Essa divisão interna também pode ser sugerida nas imagens oníricas modernas, como a de uma guerra mundial, por exemplo, com diferentes países e variadas regiões (representando as partes da psique) em conflito turbulento.

As águas dissolventes que realizam a *solutio* e também realizam o batismo simbólico do rei são conhecidas como *aqua permanens*, as "maravilhosas águas da transformação", que são descritas como a forma líquida da própria Pedra Filosofal – o produto final da obra alquímica.[27] A água na alquimia é o agente de transformação pela *solutio* e, ao mesmo tempo, o precioso líquido a ser extraído da matéria. A submersão do rei na água é uma versão mitológica da viagem noturna pelo mar; é uma

---

27 Jung, *Mysterium Coniunctionis*, p. 277. Jung define a *aqua permanens* como "uma essência ubíqua e onipresente, uma *anima mundi* e o 'maior tesouro', o *numinosum* mais íntimo e secreto do homem" (*Mysterium Coniunctionis*, p. 278).

descida às trevas através das águas para encontrar o "tesouro difícil de alcançar" e, assim, ser regenerado.[28] O tesouro é o equivalente simbólico do ouro alquímico, que, segundo Jung, era o "objetivo físico da alquimia", representando "a panaceia, o elixir da vida".[29]

Quando alguém experimenta pela primeira vez o *nigredo*, sente que o poder instintivo do inconsciente é primitivo, sombrio, incivilizado. Segundo Jung, a imaginação, primeiro, concebe esse poder instintivo como um réptil ou um dragão de sangue frio. Durante o curso da individuação, há uma evolução progressiva nessa imagem animal: dos répteis às aves e, depois, aos mamíferos de sangue quente. À medida que o poder instintivo do inconsciente emerge na consciência e é controlado e transformado, torna-se cada vez mais civilizado e domesticado, aproximando-se do estado humano. Em *O Senhor dos Anéis*, para dar um exemplo desse simbolismo teriomórfico no cinema, o encontro de Gandalf com o Balrog nas Minas de Moria apresenta a criatura mais primitiva, sombria e poderosa que se poderia imaginar e, portanto, simboliza uma forma primitiva de manifestação do inconsciente ao confrontar o ego consciente.

Transformação e purificação na alquimia

Os alquimistas recorrem alternadamente às imagens da água e do fogo para representar a ação destrutiva, purificadora e transformadora do inconsciente sobre o ego consciente. A morte psicológica (*mortificatio*) e o subsequente renascimento podem ser descritos pelas metáforas do afogamento numa sepultura aquosa, do batismo e de um segundo nascimento fora das águas, mas também podem ser descritos como consumação e purificação nas chamas de um inferno subterrâneo. O fogo está associado

---

28 Jung, *Psychology and Alchemy*, p. 340.

29 Jung, *Mysterium Coniunctionis*, p. 90.

ao processo alquímico de *calcinatio*, que leva, com o tempo, a uma experiência de morte psicológica e, depois, a uma ressurreição semelhante à da Fênix das cinzas em uma ascensão espiritual (*sublimatio*). O aquecimento da *prima materia* no recipiente alquímico queima as impurezas e libera o "espírito" preso na estrutura que contém a matéria.

Em termos psicológicos, segundo Jung, o processo de *calcinatio* simboliza uma "combustão pelo desejo", as chamas torturantes dos instintos e dos desejos frustrados e reprimidos nos quais o ego é consumido.[30] O calor do desejo, quando contido, volta-se para o eu e se torna o agente da transformação. Depois do colapso da velha estrutura do ego e, com isso, do sentido de controle pessoal da psique, o fluxo de desejos e impulsos não pode ser interrompido como antes. Essa situação pode ser comparada a um vazamento de gás que não pode ser estancado, a uma corrente elétrica que não pode ser interrompida ou a um fluxo de água que não pode ser bloqueado. Essa nova realidade parece implacável e exaustiva. É preciso chegar a um acordo com uma totalidade psicológica que inclua todo o poder do inconsciente. Quando uma pessoa está se adaptando a essa condição, pode parecer que, de fato, está sujeita às chamas torturantes do Inferno. É natural que essa experiência traga consigo a grave possibilidade de queimar-se de modo permanente, gerando cicatrizes, o que vemos no destino de Anakin Skywalker, em *Star Wars, Episódio III: A Vingança dos Sith* (*Star Wars Episode III: Revenge of the Sith*, 2005). Ele é chamuscado e mutilado pela força de seus sentimentos e dos desejos de vingança, experiências sugeridas pelas cenas de conflagração e destruição em seu duelo com Ben Kenobi. Incapaz de dominar sua natureza, ele sucumbe de modo

30 De acordo com Edward Edinger, "O fogo do processo vem da frustração desses próprios desejos instintivos. Tal provação de desejo frustrado é uma característica do processo de desenvolvimento" (*Anatomy of the Psyche*, p. 22). [*Anatomia da Psique*. São Paulo: Cultrix, 1990.]

trágico às próprias emoções negativas e à força sombria de seu desejo de poder. No final das contas, qualquer traço de humanidade é eliminado dele quando ele assume o personagem de Darth Vader.

É claro, confrontar desejos e medos profundamente enraizados é um processo que pode purificar as motivações e efetuar uma transformação na estrutura psicológica do ser. O elemento de purificação é enfatizado, em especial, na forma mística da jornada do herói. Depois do despertar espiritual inicial (o chamado à aventura), a segunda fase da jornada do herói místico – iniciação ou transformação – equivale à purificação do eu pelo místico. No imaginário cristão, o processo de purificação é descrito como uma descida ao Inferno e uma passagem pelo Purgatório, uma viagem que recebe sua melhor articulação literária em *A Divina Comédia*, de Dante. Na situação de purgatório, os impulsos, desejos e instintos que antes estavam submersos, ocultos da consciência, tornam-se conscientes e purificados. Nas imagens oníricas modernas, a necessidade de purificação pode ser sugerida por cenas de lixo e sujeira que precisam ser limpas, não muito diferente da tarefa de limpeza do estábulo enfrentada por Hércules.

O teste de poder

A jornada do herói constitui uma "estrada de provações", descrita decerto como um "caminho afiado" – é perigosa e incerta, está sempre à beira do precipício, sempre em desequilíbrio. Em *O Senhor dos Anéis*, depois que o grupo atravessa a ponte sobre as profundezas semelhantes a abismos em Minas de Moria, a ponte desaba, mas, por pouco, eles conseguem sobreviver. Esse episódio é um reflexo exato de como é a jornada da individuação: o passado fica para trás; não devemos olhar para trás.

Um dos principais desafios a serem superados é o teste de poder. O ego está sujeito à atração pelo poder, mas não deve sucumbir a ele.

Nietzsche, como vimos, identificou-se com Dionísio, o deus do frenesi apaixonado, que representa o ataque do poder instintivo do inconsciente. A energia dionisíaca parece ter se apossado dele, inspirando sua visão eufórica do Super-Homem (que sugere uma condição de transbordamento de poder divino), mas inflando seu senso de individualismo egoico e, na época em que escreveu *Ecce Homo*, em última análise, consumindo sua personalidade individual. "Dionísio", como observa Jung, "é o abismo da dissolução apaixonada, em que todas as distinções humanas se fundem na divindade animal da psique primordial – uma experiência feliz e terrível".[31] A experiência dionisíaca é positiva porque a pessoa é libertada por um tempo das pressões da individualidade consciente, perdendo-se numa libertação extática no ataque aniquilador do poder da natureza; mas é terrível porque a centelha da consciência do ego é perdida por meio do abandono total à embriaguez do desejo. Você pode ter uma noção de como é essa experiência quando ouve uma música emocionante e é transportado por ela, quando suas emoções mais profundas são ativadas e você se liberta de seu estado normal de ser por um curto período de tempo. No entanto, a experiência da dissolução e do abandono eufórico não é o objetivo da jornada e da individuação do herói. O objetivo, por sua vez, é preservar a centelha preciosa da individualidade consciente, ao mesmo tempo que se ativa e se transforma o poder dionisíaco preso no inconsciente.

O estado de possessão instintiva é transmitido de um modo soberbo em *O Senhor dos Anéis* pelo poder do Anel de controlar e corromper até mesmo os personagens mais nobres quando estes entram em contato próximo com ele. Assim que alguém coloca o Anel ou entra em sua esfera de influência, fica exposto a um fluxo titânico de poder que pode assumir o controle da personalidade – uma verdadeira possessão, na qual o poder de autocontrole e consciência do indivíduo é severamente comprometido.

---

[31] Jung, *Psychology and Alchemy*, p. 90.

Sucumbindo à sua influência, o portador do Anel invariavelmente trai seus ideais mais elevados e torna-se vítima de seu poder inebriante. Ninguém está imune. Até mesmo o honrado e virtuoso Boromir torna-se suscetível ao seu poder. Em *O Senhor dos Anéis – A Sociedade do Anel* (*Lord of The Rings – The Fellowship of the Ring*, 2001), Boromir, encontrando-se sozinho com Frodo, emprega todos os tipos de argumentos, planos e protestos para convencer seu companheiro *hobbit* a renunciar ao Anel:

> Eu preciso do seu anel: agora você já sabe; mas dou-lhe minha palavra de que não quero ficar com ele. Você não vai pelo menos me deixar testar meu plano? Empreste-me o Anel![32]

Frodo tem plena consciência, porém, de que nem tudo está bem e de que Boromir não é mais ele mesmo, pois ele parece de alguma forma alterado; seus "olhos [estão] brilhando" com um "brilho estranho" e sua mão está "tremendo de excitação contida".[33] À medida que Frodo se mantém firme, Boromir torna-se mais enérgico e insistente:

> Não é seu, exceto por um infeliz acaso. Poderia ter sido meu. Deveria ser meu. Dê-me o Anel![34]

Atacando Frodo com desespero, Boromir exibe as marcas da posse: "Seu rosto belo e agradável mudou de um jeito horrível; um fogo violento ardia em seus olhos".[35] Assim que a cena de possessão termina e sua consciência normal é restaurada, Boromir se enche de remorso.

---

[32] Tolkien, *The Lord of the Rings*, p. 419.

[33] *Ibidem*, pp. 418-19.

[34] *Ibidem*, p. 419.

[35] *Ibidem*.

> – O que eu disse? – pergunta, chorando. – O que eu fiz? Frodo, Frodo! – chamou ele. – Volte! Uma loucura me tomou, mas já passou. Volte![36]

Uma loucura, de fato, pois apenas o infantil Frodo pode carregar o Anel sem ser dominado por completo, embora até ele seja afetado de um modo adverso. O Anel do Poder representa o ímpeto do desejo, a qualidade possessiva do poder instintivo do inconsciente que irrompe várias vezes na consciência durante a individuação.

Jung compara esse encontro com o inconsciente com algo que toca um cabo de alta voltagem: a personalidade fica "carregada" de energia e gera perigo. Ao lidar com o inconsciente, portanto, é imperativo, primeiro, manter uma autoconsciência crítica, de modo que você perceba o que está acontecendo e, assim, evite ser possuído no nível inconsciente; e, segundo, manter uma postura ética e um compromisso com seus relacionamentos. O universo das preocupações humanas – com seus inúmeros deveres, relações, padrões morais estabelecidos, leis e normas, aprendizagem cultural, sabedoria religiosa e assim por diante – deve se sobrepor à natureza incivilizada do inconsciente, que pode, a princípio, manifestar-se como desejo febril ou pânico ou ainda por meio de mudanças violentas de humor, apresentando impulsos e convicções irracionais.

A nossa parte inocente e infantil, representada por Frodo, é a parte que é incorruptível pelo poder. A criança sugere a "voz mansa e delicada" que permanece constante e firme mesmo em meio ao terremoto, ao vento e à tempestade das emoções poderosas liberadas do inconsciente. O personagem Gollum, por outro lado, representa a condição de ser totalmente possuído pelo poder, a ponto de ser torturado por ele, consumido por ele.

---

[36] Tolkien, *The Lord of the Rings*, p. 420.

Devemos considerar e integrar o poder dos instintos para que eles não nos possuam. Como lemos no Evangelho de Tomé:

> Feliz é o leão que o homem comerá, e o leão se tornará homem. Maldito seja o homem que o leão comerá, e o leão se tornará homem.[37]

O poder surgirá por intermédio de nós de uma forma ou de outra (o leão se tornará homem); por isso, devemos chegar a um acordo com ele e expressá-lo de modo tão consciente quanto pudermos (comer o leão). Se não permitirmos expressar o poder criativo dentro de nós, ele nos possuirá de forma negativa como instinto (seremos comidos pelo leão). Onde o instinto reina, a moralidade se perde, a discriminação consciente se perde. Desejos e paixões ganham vantagem. No entanto, se o instinto puder ser contido, poderá ser transformado em espírito. O poder da natureza poderia, então, ser direcionado para objetivos culturais e espirituais elevados, visando tanto à melhoria do indivíduo quanto à melhoria da sociedade.

Tema semelhante ao sugerido pelo personagem Gollum é retratado em uma cena de *Jasão e os Argonautas* em que o vidente cego, Phineas, é atormentado todos os dias pelas Harpias, criaturas gigantes parecidas com morcegos que descem do céu para roubar-lhe o dinheiro, a comida e estragar seu banquete, fazendo com que ele se alimente de restos. Em termos psicológicos, esse tormento reflete bem uma condição em que as energias psicológicas cindidas arruínam todas as tentativas de encontrar prazer e diversão na vida. Até que as energias cindidas sejam trazidas de volta ao relacionamento com a consciência, controladas e superadas, nada funciona como você gostaria. Você pode se sentir atormentado, sabotado, dominado por essas energias; você será levado a agarrar o que deseja e,

---

[37] Ross, *Gospel of Thomas*, *logion* 7, 13.

assim, estragar o prazer que procura. Nessa condição, você pode se sentir levado à distração.

Antes de poder continuar com sua vida, portanto, você terá de lidar com essas energias psicológicas divididas. Essa é uma tarefa dolorosa e meticulosa, que exige vigilância constante das mudanças na consciência e uma resistência disciplinada à atração do desejo. Assim como um reino dividido contra si mesmo não subsistirá, você deve primeiro tornar-se integral – "busquem primeiro o Reino de Deus" (Mateus 6:33), "Se seus olhos forem bons" (Mateus 6:22) – pois então, e somente então, "todas estas coisas serão acrescentadas" (Mateus 6:33). Esse não é um decreto divino arbitrário, mas a consequência legal do estado da psique de uma pessoa. É uma visão psicológica.

No Novo Testamento, em resposta às tentações demoníacas, por três vezes Jesus dá a réplica "Está escrito", seguida de referência a aspectos específicos das escrituras, como "Não ponha à prova o Senhor seu Deus" (Mateus 4:7). Essa resposta se relaciona com a função arquetípica na psique simbolizada pelo velho sábio, que assimilou a sabedoria espiritual de sua tradição e é, portanto, capaz de usar a autoridade moral dessa sabedoria ("está escrito") contra o poder sombrio do inconsciente (o Diabo). Toda a trajetória da história religiosa ocidental diferenciou o bem do mal de uma forma que, agora, quando nós, indivíduos modernos, somos confrontados pelas energias incivilizadas do inconsciente, podemos recorrer ao nosso conhecimento do bem e do mal, tornando-nos, assim, menos suscetíveis de sermos vítimas de desejos ou impulsos de poder.

Jung defende uma posição semelhante em *Mysterium Coniunctionis*, sua última grande obra, na qual explora o significado psicológico da alquimia e a sua relação com o cristianismo. Como vimos, o inconsciente é amoral em sua essência, por isso requer uma consciência diferenciada, em sintonia com os padrões do certo e do errado, do bem e do mal, para dar uma vazão construtiva ao inconsciente. A consciência, com a sua capacidade de discernimento moral, é necessária para transformar a expressão do *Self* de uma totalidade arcaica e indiferenciada em uma totalidade superior, realizada de modo consciente.

O encontro com o poder natural do inconsciente também pode ter efeitos positivos, proporcionando, além da sensação de ser capaz de enfrentar um caminho de vida difícil ou de ter as aptidões necessárias para cumprir algum destino importante na vida, também a sensação de dotar o indivíduo de habilidades psíquicas, presciência e conhecimento, de ser capaz de influenciar a realidade a partir de um nível psicológico mais profundo. Os poderes de controle mental dos Jedi, em *Star Wars,* os poderes mágicos de Gandalf em *O Senhor dos Anéis* ou a sabedoria da deusa Hera em *Jasão e os Argonautas* são exemplos representativos desse fenômeno. Em cada caso, o encontro com o inconsciente dá acesso aos poderes submersos da natureza, que elevam o indivíduo acima do nível normal de habilidades e conhecimentos. Você pode pensar aqui nas figuras populares de super-heróis como o Hulk, o Homem-Aranha e Batman, nas quais o ser humano comum está imbuído do poder ampliado do mundo animal ou natural, a fonte das habilidades sobre-humanas.

Em vez de ser vítima do poder demoníaco do inconsciente, se você puder assimilá-lo de modo consciente e dominá-lo no âmbito psicológico, mais poder você conseguirá exercer de modo consciente no mundo. Ao controlar seus desejos, em vez de ser dominado por eles, você será capaz de conquistar cada vez mais liberdade dos instintos. Isso permite que você atenda ao seu chamado mais elevado, em vez de ficar preso aos impulsos inferiores dentro de você. "O demônio que você conseguir engolir transferirá a você o poder que ele tem", como disse Campbell.[38]

Uma conquista desse tipo é sugerida pelo encontro do herói grego Perseu com a górgona Medusa, retratada no filme *Fúria de Titãs* (*Clash of*

---

[38] Campbell e Moyers, *The Power of Myth*, p. 202.

the Titans, 1981), em que Perseu, usando seu escudo para refletir a imagem da Medusa, consegue decapitá-la sem olhar direto para seu rosto. Nesse conhecido episódio, podemos identificar alguns temas já familiares: o escudo mágico representa a ajuda sobrenatural ou transcendente; Medusa configura o princípio feminino sombrio e, portanto, incorpora muitos dos elementos que foram reprimidos pela cultura patriarcal ocidental – seu cabelo de serpente a conecta ao ouroboros e à vida natural e instintiva do inconsciente, bem como à serpente do Éden –, e o olhar que transforma em pedra, como observado, relaciona-se ao efeito paralisante de encarar o poder demoníaco do inconsciente. Considerando sua capacidade reflexiva, o escudo sugere no âmbito simbólico o papel da consciência autorreflexiva humana, revelando o poder sombrio do inconsciente, refletindo-o à luz da consciência autoconsciente.[39]

Com o poder da Medusa sob seu controle, o herói carrega a cabeça da górgona e a usa contra um inimigo ainda mais poderoso: o monstruoso Kraken, libertado, das profundezas escuras do oceano, pelos deuses. Segurando a cabeça decepada no alto, o olhar paralisante da górgona transforma o Kraken em pedra, e Perseu consegue libertar a princesa Andrômeda, que fora acorrentada às rochas como sacrifício. De uma perspectiva psicológica, este resgate sugere no âmbito simbólico a libertação da alma (ou *anima*, em termos junguianos), do desejo das paixões animais e do domínio tirânico do ego (motivos sugeridos pelo Kraken). Durante a individuação, à medida que emoções, medos e desejos poderosos são subjugados, você pode, então, acessar sua verdadeira natureza sentimental e sintonizar-se com a parte infantil inocente dentro de você,

[39] Ver Neumann, *Origins and History of Consciousness*. Como vimos, o tema da Medusa também é transmitido na figura do deus Pã e sua ligação ao pânico, terror ou pavor cego que pode ser desencadeado quando a consciência encara, pela primeira vez, o abismo do inconsciente. [*História das Origens da Consciência*. São Paulo: Cultrix, 2ª ed., 2022]

discernindo a voz de sua alma, que pode servir para guiá-lo melhor ao longo do caminho de sua espiritualidade. Conhecer a alma, a experiência mais profunda do eu, é ter tudo; sem isso, todo o sucesso e o prazer na vida, todas as conquistas, valem pouco. "Aquele que conhece Tudo, mas falta a si mesmo, priva-se de Tudo", nas palavras de Jesus.[40] Ou ainda: "O que aproveitará o homem se ganhar o mundo inteiro, mas perder a sua alma?" (Marcos 8:36).

Na mitologia grega, o cavalo alado Pégaso, nascido do sangue da cabeça decapitada da Medusa, representa o poder da natureza em seu aspecto positivo. Representa a natureza e o instinto que apoiam a consciência. Assim, por intermédio de Pégaso, o mundo animal não é mais retratado como sombrio e ameaçador, mas como iluminado e útil. Os cavalos selvagens, por outro lado, sugerem instintos e impulsos que precisam ser controlados de modo consciente. Os cavalos, mais do que qualquer outro animal, têm sido usados para servir aos fins humanos. Como podem ser contidos e domesticados, nos sonhos, os cavalos, muitas vezes, representam instintos que podem ser dominados e aproveitados para atender a fins espirituais mais elevados. Cada vitória sobre os instintos traz uma sensação de domínio triunfante, uma experiência bem sugerida pelo voo alto e pela ascensão do majestoso Pégaso.

A criança interior

Para a pessoa que está no meio de uma luta entre morte e renascimento, há um grande sofrimento causado pelo conflito entre o ego deslocado – desesperado para restabelecer o seu controle – e o poder instintivo do inconsciente. O eu interior é mantido prisioneiro dentro dos limites claustrofóbicos do ego e sofre à medida que é libertado aos poucos pela ação da Vontade, considerada por Nietzsche a "libertadora e portadora de

[40] Ross, *Gospel of Thomas, logion* 67, 49.

alegria".[41] Como já vimos, para Nietzsche, essa luta se torna significativa e suportável em virtude de sua noção da emergência iminente do Super-Homem. Ele reconhece que algo novo estava tomando forma e nascendo dentro dele bem como por intermédio dele e, assim, escolhe descrever de modo apropriado sua experiência usando a metáfora perinatal:[42]

> Para que o próprio criador seja a criança recém-nascida ele também deve estar disposto a ser a mãe e a suportar a dor da mãe. Na verdade, passei por cem almas e cem berços e dores de parto.[43]

De modo simultâneo, à medida que a velha casca externa da personalidade é rompida, a criança interior emerge, chegando à vanguarda da consciência. A criança foi protegida pelo ego durante o curso do desenvolvimento, mas, com recursos psicológicos direcionados sobretudo ao ego, permaneceu, portanto, subdesenvolvida, adormecida nas profundezas do inconsciente. Durante a individuação, a criança é trazida de volta ao relacionamento com o ego consciente para assumir um lugar no centro da nova personalidade.

É um grande choque, para dizer o mínimo, ter alcançado a idade adulta, ter forjado um lugar no mundo, estabelecido relacionamentos, uma carreira e assim por diante e, então, descobrir que em algum nível você ainda é uma criança, indefesa e exposta, que sente falta de uma autoridade forte e direcionada. Tendo sido submersa no inconsciente, a criança representa a parte de nós que permaneceu subdesenvolvida e que carece do poder de autodeterminação e de consciência mundana. O surgimento da criança traz consigo determinados perigos. A menos que permaneçamos

---

[41] Nietzsche, *Thus Spoke Zarathustra*, p. 111.

[42] Para uma explicação do domínio perinatal da psique, consultar Grof, *Psychology of the Future*, pp. 29-56.

[43] Nietzsche, *Thus Spoke Zarathustra*, p. 111.

vigilantes, sob a influência do arquétipo da criança, a consciência da pessoa pode ser, de modo involuntário, atraída para um mundo infantil de consciência indiferenciada, desprovida de responsabilidade. As decisões tomadas e as ações realizadas nesse estado de espírito, é claro, não refletirão seus melhores interesses ou suas maiores potencialidades.

Durante a individuação, a criança está se estabelecendo como uma nova função diferenciada dentro da psique, e é função do ego, no início, proteger a criança a todo custo; protegê-la de pressões externas, das opiniões de outras pessoas e da força avassaladora de desejos e medos que surgem dentro de você. O herói deve proteger a criança até que ela se acostume com a natureza, muitas vezes, cruel e insensível do mundo externo, com seus ruídos estrondosos e seu incessante zumbido de atividade. No entanto, de um modo paradoxal, a própria criança arquetípica, como sublinha Jung, é agraciada com um poder e uma força que desmentem o seu caráter inocente e o seu pequeno tamanho. Nos sonhos, por exemplo, pode-se testemunhar a criança dominando uma fera, de tanto valor que a psique atribui à preservação de sua prole.

No seu aspecto positivo, a criança representa criatividade contínua, liberdade espiritual e ludicidade, como na metamorfose final da parábola de Nietzsche em que a criança simboliza "inocência e esquecimento, um novo começo, um esporte, uma roda propulsora, um primeiro movimento, um Sim sagrado".[44] Na verdade, ao passo que a individuação avança, intercalada com períodos de luta e sofrimento, sua experiência de vida pode recuperar sua qualidade única e o frescor da infância. Essa transformação representa o cumprimento do ensinamento de Jesus de voltar a ser como criança. Marca a descoberta, na consciência, de um estado superior de naturalidade transformada no âmbito espiritual. O prêmio final da jornada do herói, em termos psicoespirituais, é o *Self* e a plena realização

[44] Nietzsche, *Thus Spoke Zarathustra*, p. 55.

de sua individualidade única no mundo. Com a individuação, você se torna um tipo para si mesmo. A potencialidade única da criança é realizada na personalidade empírica.

A individuação requer o sacrifício do estado instintivo natural de ser, a morte de nossa natureza animal, o sacrifício até mesmo de nossa humanidade comum, para que possamos realizar um estado de semelhança divina superior à humana e realizar nossa divindade inerente. Para que isso aconteça, a consciência tem de se desligar tanto dos instintos como da antiga estrutura da personalidade. Quando esse distanciamento acontece, você consegue se relacionar com seus instintos como se fossem um objeto, fora de você, em vez de se identificar com eles de modo inconsciente, como antes. Você não experimentará mais um desejo e se identificará com ele de pronto ("eu quero fazer isso ou aquilo"), mas experimentará o desejo como algo diferente, algo fora de sua vontade consciente, com o qual você deve estar engajado e relacionado a um diálogo crítico. Da mesma forma, a consciência se separa da velha estrutura do ego e do antigo princípio dominante da força de vontade egoica, que são destruídos aos poucos. Em termos cristãos, o velho Adão morre para que a vinda de Cristo possa acontecer. Isso equivale a uma profunda morte e ao renascimento psicoespiritual, transmitidos nas aventuras épicas do herói de um modo vívido. O ser humano está percebendo uma identidade maior, tornando-se outro, evoluindo, transformando-se. Os mitos dos heróis podem servir de guia nesse processo. As cenas retratadas e contadas por meio dos mitos são experiências reais que podem ser vividas durante a individuação. Se pensar em sua experiência em termos desses mitos, poderá ter uma noção melhor do que está acontecendo com você. A imaginação pode guiá-lo mesmo quando a compreensão racional falhar.

CAPÍTULO 8

O encontro com a deusa e o casamento sagrado

"Uma vez que a consciência masculina atinge seu apogeu, ela se encontra cara a cara com sua contraparte feminina, a *anima*."[1]

— C. G. Jung

A primeira aparição do inconsciente ocorre na forma de sombra, e é por isso que tudo parece sombrio, difícil, ameaçador e incerto. Contudo, eventualmente, uma luz se acende nas trevas e, da sombra, emergem outros arquétipos: a *anima* e o *animus*, a personalidade *mana*, o velho sábio, o trapaceiro, a grande mãe, a criança e o *Self*.

A transição da sombra para o *Self*, em termos junguianos, ocorre através da *anima* e do *animus*. No mito, a *anima* é frequentemente simbolizada pela deusa. Embora a deusa seja obviamente feminina e, na opinião de Jung,

[1] Jung, "Phenomenology of the Spirit in Fairytales", em *Archetypes of the Collective Unconscious*, p. 239.

a *anima* se relacione com o princípio feminino interno da psique masculina, esse arquétipo é relevante para todos. Observei aqui, antes, que, não obstante os mitos reflitam os preconceitos de gênero inerentes à cultura de onde se originaram, é um erro, creio eu, pensar nos mitos exclusivamente em termos de gênero biológico. O ego, em sua postura de extrovertida autoafirmação, é de qualidade "masculina", portanto, o encontro com o feminino arquetípico no mito se relaciona com a necessidade de cada um de nós – independentemente de nosso sexo ou gênero biológico – de entrar em contato com o princípio feminino interior e, assim, iniciar um relacionamento mais consciente com os poderes mais profundos da psique.

Pode-se afirmar também que o arquétipo do *animus*, o princípio masculino interior, está dentro de todos nós. Segundo Jung, quando o *animus* permanece inconsciente, ele é, a princípio, a fonte de opiniões irracionais que carregam uma enorme convicção, da qual devemos aprender a nos desligar e a qual devemos, pois, submeter a um escrutínio racional. A susceptibilidade a opiniões irracionais desse tipo aplica-se tanto a homens como a mulheres, e tanto homens como mulheres estão sujeitos aos estados de espírito irracionais associados à *anima*. Antes de ser abordado durante a individuação, um *animus* que funciona no inconsciente pode, muitas vezes, manifestar-se como uma falta de discernimento crítico, com a tendência a aceitar e defender todos os tipos de opiniões e afirmações preconcebidas e não edificantes que não foram submetidas à reflexão crítica, mas que, no entanto, se mascaram como sabedoria. Nessa condição, uma pessoa pode servir de porta-voz das atitudes prevalecentes na época, as quais, refletindo as crenças da multidão, são invariavelmente opostas ao modo de individuação. Essas ideias formam algo como uma psicologia popular irreflexiva, transmitida de modo inconsciente de pessoa para pessoa, de geração em geração.

É predominante também a tendência de se sentir dominado e possuído pelo *animus*. Nesse caso, estamos sujeitos a uma tendência habitual profundamente arraigada de fazer e aceitar julgamentos condenatórios sobre nós mesmos e o mundo, de modo que somos paralisados por dúvidas implacáveis, uma autocrítica dilacerante e um pântano de ideias confusas e contraditórias. Em especial nos sonhos das mulheres, essas vozes críticas e as opiniões dominantes são, muitas vezes, retratadas no âmbito simbólico como masculinas, talvez aglomerando-se em torno da sonhadora ou perseguindo-a de um modo incansável. Ao aceitar de forma acrítica essas vozes como válidas e identificar-nos com elas como sendo os nossos próprios pensamentos, tornamo-nos vítimas de um *animus* não integrado e inconsciente. Ambas as tendências – falta de discernimento crítico e autocrítica excessiva – podem estar simultaneamente presentes.

O desenvolvimento do *animus* implica também o cultivo da capacidade de autoafirmação e a independência criativa. Nos casos de uma função subdesenvolvida do *animus*, há uma tendência a projetar o poder e o controle da própria vida em figuras externas, muitas vezes, servindo como substituto do pai. Poderíamos pensar aqui na pessoa que deseja ser arrebatada e resgatada por alguma figura do herói todo-poderoso, concebida por tradição como uma donzela em perigo à espera de seu cavaleiro de armadura brilhante. Ou podemos pensar na fé coletiva em Jesus como o salvador espiritual, por quem o crente aguarda com esperança e expectativa de salvação. Assim, antes de seu desenvolvimento durante a individuação, a função *animus* relaciona-se com a tendência, em cada um de nós, de projetar a nossa capacidade de autoafirmação, nossa autoridade individual, nossa independência de pensamento e a ação decisiva em figuras externas poderosas que incorporam essas qualidades que uma pessoa pode reconhecer e cultivar em si mesma.

A individuação requer o desenvolvimento tanto da *anima* quanto do *animus*. Na verdade, no modelo junguiano da psique, há quatro tipos ou quatro funções psicológicas: sensação (relacionada aos fatos da circunstância de sua vida), pensamento (relacionado à análise e ao raciocínio), sentimento (uma avaliação emocional de como você se sente sobre algo) e intuição (apreender o significado oculto e desdobrar possibilidades ou significados da experiência). O ego tende a utilizar duas das funções em sua abordagem da vida – uma função dominante e uma função auxiliar. À medida que o ego desenvolve suas funções psicológicas dominantes, as funções inferiores permanecem na sombra, primitivas e subdesenvolvidas. Durante a descida ao submundo do inconsciente, se quiser vencer, você deverá enfrentar o seu lado mais fraco. Na verdade, cultivar essas funções inferiores é imperativo para superar o elemento tirânico do ego controlador. Essas funções não desenvolvidas situam-se fora da esfera de domínio do velho ego e, portanto, proporcionam formas de escapar ao seu controle.

Para avançar em direção a uma maior totalidade psicológica, você sente a obrigação de cultivar suas funções mais fracas ou inferiores. Poderíamos citar aqui o intelectual que tem uma privação de sentimentos ou o sonhador intuitivo idealista, o personagem *puer aeternus* ou a característica *puella aeterna*, incapazes de enfrentar os fatos práticos de sua situação de vida, sempre fugindo para um mundo de fantasia de possibilidades irrealizáveis. Ou, ainda, poderíamos imaginar o materialista obstinado, com uma função de sensação dominante, aceitando como real apenas aquilo que pode ser visto e tocado – característica esta que define a compreensão da natureza da realidade prevalecente no Ocidente moderno. Para se tornar menos unilateral, cada pessoa precisa cultivar seu caráter oposto complementar.

No que diz respeito à função-pensamento, no caminho espiritual, é essencial que você examine de modo minucioso as ideias e as suposições que moldam sua abordagem à vida. Você deve submeter o fluxo de "sabedoria" irrefletida ou os julgamentos críticos que fluem do *animus*, que são invariavelmente baseados em ideias falsas sobre a realidade, a uma avaliação crítica cuidadosa. Você deve formular sua visão de mundo com base em sua experiência e seu conhecimento, desafiando, ao fazê-lo, aquelas crenças herdadas ou irracionais que formam seus padrões emocionais e os modos de estar no mundo.

Contudo, por si só, uma transformação da visão de mundo não é suficiente; é apenas um prelúdio para o desafio incomparavelmente mais exigente da transformação psicoespiritual. A consciência tem de chegar a um acordo com o mundo interior dos desejos e sentimentos, e com os arquétipos e instintos. É aqui que a *anima* ocupa o centro do palco. A *anima* é a fonte de sabedoria emocional e orientação intuitiva que deve ser combinada com a faculdade de avaliação racional-crítica para guiar o herói em sua jornada pelo inconsciente. Assim, em *A Divina Comédia*, Dante tem de contar tanto com o guia masculino Virgílio, a personificação da sabedoria racional-espiritual, quanto com Beatriz, que personifica a orientação espiritual derivada da intuição e do sentimento.

Jung retrata o confronto com a sombra como sendo a "obra do aprendiz" da individuação e o confronto com a *anima*, a "obra-prima".[2] No estágio mais avançado da *anima*, o desafio moral de enfrentar o próprio ponto de fraqueza e a luta titânica com as forças sombrias do inconsciente diminuem, até certo ponto, e são acompanhados por um novo desafio – o encontro com a deusa –, que é a próxima manifestação da questão dos opostos, que são agora personificados como masculino e feminino, luz e trevas e bem e mal.

A deusa como a Grande Mãe

A figura da deusa como a Grande Deusa-Mãe simultaneamente nutre e destrói, nutre e aniquila. A consciência do ego individual nasce do ventre da Grande Mãe e é sustentada por ela, mas o seu aspecto negativo é o da deusa das trevas, a Mãe Terrível, que ameaça a integridade da personalidade

[2] Jung, *Archetypes of the Collective Unconscious*, p. 29.

consciente e a independência bem como o desenvolvimento contínuo do ego. Ambos os aspectos são bem representados pela deusa hindu Kali. Em termos míticos, a atração da Grande Mãe representa o perigo de um retorno ao esquecimento da inconsciência primitiva, o grave risco de que a consciência do ego sofra uma dissolução, fundindo-se de novo no anonimato impessoal e sem rosto dos processos inconscientes da natureza. O ego deve, portanto, lutar contra o poder da Grande Mãe se quiser manter a sua existência independente e autônoma.

A dinâmica em ação aqui foi evidente sobretudo nas fases iniciais do desenvolvimento coletivo do ego, quando, há milênios, a consciência humana lutou pela primeira vez para se distanciar da natureza. Nesse ponto inicial do desenvolvimento, a consciência humana precisava ser reforçada contra o regresso à natureza. No Ocidente, como percebemos, a separação entre a consciência e a natureza foi efetuada e fortalecida pelos Dez Mandamentos do patriarcal Yahweh e por punições severas em razão da transgressão de sua vontade. A rigorosa autoridade moral e os mandamentos de Yahweh significavam que o povo judeu deveria seguir um conjunto de imperativos impostos de fora, em vez de viver de modo natural. A obediência a essas leis significava ir contra os instintos naturais, reforçando, assim, a autonomia da consciência do ego, separando-a ainda mais do estado de totalidade natural inconsciente.

Com a difusão do cristianismo, a mesma luta deveria ser travada dentro da psique de cada indivíduo, tendo de refrear os instintos e os desejos naturais e exercer a autoconsciência e o autocontrole, a fim de atender às exigências sociais, religiosas e de um código moral. Como observamos, a moralidade cristã impele as pessoas a se tornar mais conscientes dos impulsos que surgem dentro delas, apenas para evitar cair no pecado, ou para reconhecer o pecado para que possam ser absolvidas dele durante a confissão. Quando a velha estrutura do ego começa a desmoronar durante o início da individuação, a pessoa deve enfrentar um desafio semelhante, mas num nível mais profundo. Agora, os instintos, os desejos e os medos já não podem ser controlados e reprimidos em nome de um compromisso com um código moral, como antes; essas condutas e esses impulsos devem ser vivenciados, limitados e transformados em sua plenitude.

Como vimos, na jornada para a totalidade psicológica, há um perigoso período de transição, quando a antiga força de vontade pessoal se torna impotente e a estrutura do ego entra em colapso. Com a casca do ego rompida, a consciência fica exposta de novo ao abismo materno. Nesse estágio de transformação psicológica, quando o antigo modo de ser desapareceu de modo irrevogável e o velho eu parece estar morrendo, a vida pode se mostrar um tanto difícil e opressora. A pressão implacável de ser um indivíduo com uma consciência do ego separada pode parecer forte demais, e a tentação de retornar à condição feliz da pré-consciência pode ser de fato poderosa. Existe a tentação de simplesmente ceder, render-se e abandonar o fardo da existência individual. Ao retornar em rendição à Grande Mãe, a luta associada à consciência do ego chega ao fim; no entanto, isso tem um preço bem alto – a perda trágica da individualidade. Durante a individuação, o herói precisa voltar a ter contato com a Grande Mãe como fonte, mas não deve se perder no processo.

Os teóricos transpessoais elaboraram uma distinção útil entre o que é *pré-pessoal* (o estado anterior ao desenvolvimento de um ego separado) e *transpessoal* (uma realização espiritual superior além do ego). Esses estados podem ser confundidos com facilidade. Para que ocorra um desenvolvimento transpessoal genuíno, é necessário manter a integridade da consciência individual e não permitir que ela se dissolva de novo em uma unidade pré-pessoal, desprovida de toda a autoconsciência. Embora a individuação envolva a morte da antiga estrutura do ego, um novo ego nasce e, com ele, uma nova estrutura de personalidade mais fortalecida e uma vontade mais poderosa. A individuação não leva à dissolução absoluta do ego, mas à sua transformação. Essa transformação leva a um modo de ser mais elevado e muito mais exigente do que a vida normal; não se trata de ceder às pressões da individualidade do eu ou esquecê-las, mas, sim, de impor um aumento significativo à pressão e à responsabilidade de uma consciência autoconsciente.

Nesse estágio, é preciso resistir e superar a tentação para retornar aos braços da deusa Grande Mãe. O herói deve lutar contra a imensa atração dos instintos de volta ao estado natural. Em termos de experiência pessoal, você não deve apenas se entregar ao desejo ou "deixar fluir"; é um erro escolher, nesse momento, o caminho de oferecer a menor resistência. Em vez disso, você precisa desenvolver uma vontade e uma autodisciplina mais profundas para superar os instintos e preservar sua autoconsciência. A autoridade patriarcal do princípio paterno – responsabilidade, controle, disciplina, necessidade material, punição, regras, compromissos mundanos – deve ser confrontada com a influência do princípio materno, a fim de evitar a regressão catastrófica. "O pai", como observa Jung, "é o representante do espírito, cuja função é opor-se à pura instintualidade."[3] Ou seja, o princípio do pai espiritual se opõe à atração de um retorno regressivo à instintualidade pré-pessoal do inconsciente materno.

Em seu aspecto positivo, a Grande Mãe também representa o potencial para uma aceitação incondicional da vida como ela é, exemplificada pelo amor da mãe por seu filho. Não importa o que a criança faça, seja bom ou ruim, o amor da mãe permanece; tudo é aceito mesmo que não seja apreciado ou tolerado. Com efeito, no abraço da Grande Mãe, todos os opostos são reconciliados e reconhecidos como aspectos de uma unidade maior. A realização dessa unidade abrangente pode surgir por meio do encontro com a deusa. Decerto, a jornada do herói nos transporta a uma união progressiva com a Grande Mãe, na qual se pode chegar a uma afirmação total e a uma aceitação incondicional da vida como ela é, mas

---

[3] Jung, *Symbols of Transformation*, pp. 260-61.

não à custa da individualidade pessoal realizada. É por isso que Campbell, muitas vezes, tenta manter uma tensão entre uma individualidade realizada e um relacionamento com a base materna do ser – uma tensão que é ainda mais central na visão de Jung. O objetivo final da individuação é o *hieros gamos*: a união superior de um ego consciente, totalmente desenvolvido, com a base materna. Vale lembrar que essa união é muito diferente de um colapso regressivo nos braços da Grande Mãe.

O aspecto elevado da deusa como a Grande Mãe oferece grande sabedoria, a sabedoria das profundezas. "Ser um com ela", observa Jung, "significa receber uma visão de coisas mais profundas, das imagens primordiais e das forças primitivas que fundamentam toda a vida e são sua matriz nutritiva, sustentadora e criativa".[4] Clarissa Pinkola Estés elabora uma afirmação semelhante, sobretudo no que diz respeito ao modo de transformação das mulheres, envolvendo a recuperação de uma relação com a "natureza instintiva", a "psique natural" ou o que ela chama de arquétipo da "Mulher Selvagem":

> Quando as mulheres reafirmam sua relação com a natureza selvagem, elas recebem o dom de dispor de uma observadora permanente e interna, uma conhecedora, uma visionária, um oráculo, uma inspiradora, uma intuitiva, uma criadora, uma inventora e uma ouvinte que orienta, sugere e incentiva uma vida vibrante nos mundos interior e exterior.[5]

Jung teria descrito essa ideia como a distinção e a integração do *animus* fora do inconsciente materno, nas profundezas interiores da natureza. Por sua vez, Marie-Louise von Franz sugere que uma mulher pode concretizar seu poder criativo e sua sabedoria por meio do reconhecimento e do

---

4 Jung, *Symbols of Transformation*, p. 413

5 Estés, *Women Who Run with the Wolves*, p. 6.

envolvimento crítico com o *animus*, assim como o homem pode se relacionar com o poder feminino da natureza por meio do envolvimento com a *anima*.[6]

A evolução do feminino arquetípico

A deusa, em seu arquétipo da Grande Mãe é uma entre as várias formas do feminino arquetípico. Ela personifica o princípio feminino como a fonte – a Mãe Terra, a Mãe Natureza, o ventre do ser, o inconsciente como a matriz da experiência consciente. Outras formas do princípio feminino manifestam-se em vários estágios do ciclo de vida e em diferentes pontos do processo de individuação.

Durante o desenvolvimento do ego, a base do ser é reprimida e a absorção pré-consciente na base é perdida. É claro que não percebemos o determinado instante em que isso acontece, porém, se fizermos uma retrospectiva, ficará evidente que a totalidade da experiência que caracteriza a infância e a primeira infância chegou ao fim. Segundo Freud, o filósofo transpessoal Michael Washburn chama esse processo de repressão primordial.[7] Embora a totalidade seja perdida, uma consciência mais concentrada e centralizada no ego começa a se desenvolver. Ao mesmo tempo, à medida que o ego se desenvolve e o indivíduo se torna cada vez mais consciente de que é um ser separado, um impulso compensatório é impresso na consciência: o impulso para o relacionamento, sobretudo para as relações sexuais.

Ao longo da puberdade, segundo Washburn, a energia vital da área reprimida expressa-se, a princípio, como impulso sexual. A união pré-consciente inicial com a mãe dá lugar ao desejo do ego separado de união sexual e de gratificação instintiva, compensando, por assim dizer, a perda de

---

6 Von Franz, "Process of Individuation", em *Man and His Symbols*, pp. 193-95.

7 Ver Washburn, *Ego and Dynamic Ground*, pp. 17-26.

proximidade com a fonte, a perda da totalidade. A experiência temporária de liberação orgástica destrói, por um breve momento, o sentido do eu separado, superando, na autoaniquilação dionisíaca, a alienação da consciência individual. Assim, o orgasmo promete, e cumpre no inconsciente, a almejada totalidade que foi perdida durante o surgimento do ego separado.

Em outro nível, a libertação do ego separado também pode ser mediada pelo êxtase estético. O desejo e a resposta estética unem-se na experiência de apaixonar-se, com a projeção da *anima* ou do *animus* sobre outra pessoa, encontrando no outro a metade "perdida". Os princípios masculino e feminino são em geral reunidos numa base mais duradoura, em uma parceria de longo prazo, como o casamento, que é o principal veículo, de acordo com os psicólogos junguianos, para trabalhar seus relacionamentos com os próprios pais e com as imagens parentais da mãe e do pai arquetípicos. Para o desenvolvimento psicoespiritual, a forma mais elevada de união do masculino e do feminino é o casamento sagrado de uma consciência do ego totalmente desenvolvida com a base materna do ser – objetivo final da individuação.

Marie-Louise von Franz, colega de Jung e importante teórica da psicologia profunda, explorou o modo como essas transformações são retratadas nas personificações mutáveis da *anima* na arte e na cultura.[8] Formas menos desenvolvidas da *anima* incluem imagens eróticas ou "mulheres primitivas", como as das pinturas de Gauguin ou a figura de Eva no Jardim do Éden. As formas cultivadas, românticas e estéticas da *anima* são sugeridas por figuras de projeção romântica, como Helena de Troia ou Helena do *Fausto*, assim como uma *anima* sintonizada no âmbito espiritual é simbolizada pela Virgem Maria e por outras personagens de devoção espiritual. Enfim, em seu estágio mais avançado de desenvolvimento, a *anima* também pode ser representada, segundo von Franz, por Atena, a

---

8 Von Franz, "Process of Individuation", em *Man and His Symbols*, pp. 184-86.

deusa grega da sabedoria, ou pela enigmática *Mona Lisa*, de Leonardo da Vinci. As figuras desse último grupo representam personagens mais complexas do que Maria e sua pureza espiritual unilateral, que é desprovida de quaisquer traços ctônicos* mais sombrios.

O filme *A Doce Vida* (*La Dolce Vita*, 1960), de Federico Fellini, apresenta outro belo exemplo de *anima* por intermédio da personagem Sylvia, vivida por Anita Ekberg, a voluptuosa estrela do cinema sueco que chama a atenção do personagem principal do filme, interpretado por Marcello Mastroianni, que vive um *paparazzo* italiano (cujo personagem se chama Marcello Rubini). Em uma cena memorável, ambientada na Fontana di Trevi, vemos Sylvia chegar ao local andando e brincando com um gatinho branco na cabeça, deixá-lo com Marcello, entrar na fonte divertindo-se na água e o chamar para entrar também, para logo após sua recusa, chamá-lo para dançar com ela. Essa imagem reúne uma série de aspectos cruciais da *anima* – o seu papel como mulher tentadora e sensual, a sua ligação com as "águas da vida", representadas pela fonte, e a sua importância arquetípica ou espiritual, expressa pelas figuras míticas que adornam a fonte, com o gatinho representando a inocência, a pureza e a ludicidade da criança interior a ser diferenciada do dinamismo sensual e instintivo, a princípio, associado à *anima*.

Na experiência pessoal, se permanecermos ignorantes em relação aos nossos sentimentos ou não lhes dermos a atenção necessária, a *anima* tenderá a uma forma de expressão mais grosseira. Quanto mais distantes estamos dos nossos sentimentos, mais forte se torna o desejo, e os sentimentos, então, se manifestam em um nível mais instintivo – de forma dionisíaca, pode-se dizer. Podemos ver um exemplo de algo desse tipo nos padrões típicos da vida profissional comum. Como subjugamos os sentimentos durante a monotonia da semana de trabalho, todos os dias, das

---

* Em mitologia, e particularmente na mitologia grega, o termo "ctônico" designa ou refere-se aos deuses ou aos espíritos do mundo subterrâneo, por oposição às divindades do Olimpo. Às vezes, são também denominados "telúricos". (N. da P.)

nove às cinco, no fim de semana, quando as restrições vêm à tona, por assim dizer, a *anima* desprezada e negligenciada exige expressão, e os sentimentos e desejos que deixaram de ser expressos durante a semana são, muitas vezes, descarregados de forma grosseira, às vezes, por meio de excessos de folia e hedonismo. É desnecessário dizer que esse padrão não conduz ao amadurecimento psicológico ou ao crescimento espiritual. Tende a repetir-se de modo compulsivo.

Uma *anima* indiferenciada está associada ao distanciamento dos próprios sentimentos e à incapacidade, portanto, de decidir por si o que de fato deseja. Na verdade, uma pessoa sem contato com a *anima* pode se sentir incapaz de tomar uma decisão, tendo abdicado do domínio da avaliação de sentimentos em favor do parceiro – situação esta retratada de maneira caricatural em muitas comédias de televisão. Do mesmo modo, também poderíamos pensar aqui na pessoa excessivamente intelectual e racional que, desconectada do mundo dos sentimentos, está madura para algum tipo de projeção romântica. Jung comparou essa "projeção da *anima*" a uma espécie de convulsão, quando a vontade consciente é dominada e puxada pelas emoções em uma direção aparentemente irracional e talvez destrutiva.

Quando seu relacionamento com o mundo interior da psique não se desenvolve dessa maneira, é possível que você projete seus sentimentos em outra pessoa, aquela que parece ser a fonte de toda alegria, significado e energia em sua vida, aquela que promete realizações. Tal projeção serve a um propósito inestimável no curso comum do desenvolvimento humano, pois, sem a projeção da *anima* ou do *animus*, o jovem adulto pode ser incapaz de se libertar do apego à mãe e ao pai, de abandonar o útero acolhedor e familiar da infância em favor da participação no mundo mais amplo. A projeção romântica da *anima* ou do *animus* sobre outra pessoa fora da família possibilita o desenvolvimento psicológico contínuo do indivíduo na esfera das relações pessoais.

Depois de rompidos os apegos parentais iniciais e transferido o objeto da libido para relacionamentos fora da família, a projeção inconsciente da *anima* e do *animus* cumpriu sua função. Assim, a *anima* e o *animus* podem ser reconhecidos como imagens do outro idealizado dentro de nós – as imagens inconscientes de feminino e masculino que carregamos conosco. Em geral, há um desejo de viver de acordo com a imagem interior idealizada de uma pessoa do mesmo sexo; serve como uma espécie de ideal do ego. Ao mesmo tempo, procuramos de modo inconsciente qualidades do outro gênero em nosso cônjuge – embora esse modelo junguiano clássico seja inadequado para as relações que estão fora do modelo heterossexual ortodoxo.

Se não tivermos consciência do *animus* ou da *anima*, poderemos nos transformar em vítimas de novos casos de projeção e apreensão romântica. A razão subjacente a esses casos de apreensão ou possessão inconsciente parece dirigir a atenção do indivíduo para o inconsciente, usurpar o aparente controle do ego, obrigando o indivíduo a seguir o caminho da individuação, ainda que de modo inconsciente.

Em seu nível mais profundo, a *anima*, como todos os arquétipos, reflete os propósitos do *Self*, guiando o indivíduo, muitas vezes desavisado, ao cumprimento de um chamado ou de um caminho de vida específico. "[A *anima*] é algo estranhamente significativo", observa Jung, "um conhecimento secreto ou uma sabedoria oculta" que pode servir como guia durante a individuação, oferecendo assistência que pode promover a realização de seu caminho de vida único.[9] A *anima* está intimamente ligada ao que é em geral entendido por meio da expressão *coração*: o núcleo emocional vivo e pulsante dentro de nós. A sabedoria popular sustenta que se deve seguir o coração no amor e na vida. No entanto, os verdadeiros desejos do coração, muitas vezes, ficam enterrados sob um pântano de

---

9 Jung, *Archetypes and the Collective Unconscious*, p. 30.

emoções poderosas e conflitantes. O desejo do coração não é sinônimo da emoção mais forte. Seguir o coração requer discernimento, o que só é possível por meio do desenvolvimento da função *anima*. Na verdade, uma *anima* desenvolvida expressa-se como algo mais do que mera emoção e afetividade; está relacionada aos verdadeiros sentimentos de alguém, que muitas vezes estão por trás de emoções e desejos mais superficiais – a *anima* pertence à escolha tranquila, gentil, mas inflexível, que surge da inocência e da autenticidade da alma, que não foi contaminada nem pelo mundo, nem por uma vida inteira de respostas condicionadas. Nessa função, a *anima* representa outra voz e o centro na psique, ao lado do ego pensante racional.

A voz da *anima* pode ser abafada pela força descontrolada dos instintos. Pode-se ver algo dessa experiência retratado em uma cena posterior do filme *A Doce Vida*. À medida que o filme se desenrola, vemos Marcello em estado de choque após o trágico suicídio de seu amigo mais próximo, Steiner; Marcello, aparentemente, abandona-se aos seus instintos inferiores, passando seu tempo em festas hedonistas e orgíacas, nas quais o seu comportamento se torna quase bestial. No final do filme, ele caminha cansado com um grupo de amigos, saindo de uma festa e indo para a praia. Nesse momento, ao longe, ele avista a jovem garçonete Paola, a quem ele conheceu em uma cena anterior do filme. Embora Paola tente falar com Marcello, em meio ao barulho das ondas, sua voz não pode ser ouvida. Os gestos dela para ele são quase incompreensíveis. Ele reage com um relutante encolher de ombros, como se estivesse resignado com seu destino. Embora atraído por Paola, Marcello opta por permanecer com o grupo, o rebanho, em vez de ouvir a voz de sua *anima*. No âmbito simbólico, isto é, com as ondas estrondosas do instinto ativas em sua própria vida, Marcello não consegue responder aos apelos de sua *anima* – e também da alma e da criança interior – que poderiam levá-lo para além de sua vida de indiferença hedonista.

Para realizar o espírito feminino dentro da natureza, você precisa se envolver com sua natureza de desejo, pois é por meio dos desejos e dos sentimentos que a *anima* surge pela primeira vez para o ego adulto. É necessário envolver-se com o desejo para que as energias vitais mais profundas fluam através de você. "A *anima* deseja vida", como observa Jung, e esse arquétipo faz com que fiquemos enredados no mundo em busca de nossos desejos e anseios.[10] Em termos míticos, esse conceito pode ser representado pela tentação no Jardim do Éden, quando Eva, persuadida pela serpente, conduz os seres humanos à consciência autoconsciente e ao conhecimento dos opostos no momento em que prova do fruto proibido. Apenas seguindo o caminho da serpente – engajando seus desejos e suas paixões – é que você poderá chegar ao autoconhecimento e discernir, no fluxo das paixões, a voz da *anima*, a qual, em última análise, poderá levá-lo a descobrir sua bem-aventurança.

Anima como tentadora

Outra manifestação da deusa é transmitida pelo que Campbell chama de tema da "mulher como tentação". A individuação, como ficará evidente, não é sinônimo de felicidade. Por esse motivo, Jung era cauteloso ao orientar as pessoas nesse caminho, a menos que fosse absolutamente essencial. Muitas pessoas poderiam ser mais felizes sem a individuação. Para outras, porém, a individuação é inevitável. O objetivo em tais casos é afirmar o processo de modo a envolver a sua vontade no que está acontecendo. "Livre-arbítrio", declarou Jung, "é fazer com alegria e liberdade aquilo que se deve fazer".[11] É a capacidade de afirmar a vida que o *Self* almeja.

---

[10] Jung, *Archetypes and the Collective Unconscious*, p. 28.

[11] Jung citado em Jensen, *C. G. Jung, Emma Jung, Toni Wolff: A Collection of Remembrances*, p. 119.

Considerando o sofrimento envolvido na individuação, é inevitável que em muitas ocasiões você sinta a tentação de seguir outro caminho, um caminho que possa levar a uma realização mais fácil ou mais rápida, que permita a gratificação dos instintos e dos desejos. A tentação para seguir por outros caminhos é um perigo presente no tema das sereias, cujas melodias encantadoras podem atrair o herói involuntário ao naufrágio e ao desastre. Inebriado pelas belas melodias, o herói pode facilmente se desviar do curso, rumo à destruição e à ruína. De acordo com Campbell, as sereias são elementos "simbólicos do fascínio da bem-aventurança do paraíso".[12] Constituem o paraíso da realização do desejo. As sereias sugerem, portanto, a tentação do desejo, do prazer e da realização da bem-aventurança. Tal anseio serve a um propósito inestimável, pois pode oferecer uma força motivadora que sustenta a fé durante a individuação. Vive-se em meio ao sofrimento da transformação com a promessa de realização celestial no futuro. O desafio, portanto, é manter-se fiel à promessa de realização feliz por intermédio da espiritualização da própria vida, recusando-se, ao mesmo tempo, a consentir com os aparentes atalhos para alcançar esse objetivo e com as alternativas que se apresentam. "Guarde-me de todas as vitórias mesquinhas!", pediu Nietzsche, pois essas perderiam importância ao lado da grande vitória que traria o nascimento espiritual do Super-Homem.[13] "Guarde-me e poupe-me para um grande destino!"[14]

Ao enfrentar esse desafio, o encontro do herói Odisseu com as sereias é instrutivo. Ao empregar uma estratégia deliberada sugerida pela deusa Circe, ele é capaz de experimentar a beleza das melodias das sereias sem encontrar um fim trágico. Instruindo, primeiro, seus homens a colocar cera de abelha nos ouvidos enquanto o amarram ao mastro do navio,

---

[12] Campbell, *Occidental Mythology*, p. 172.

[13] Nietzsche, *Thus Spoke Zarathustra*, p. 231.

[14] *Ibidem*.

Odisseu ordena que em hipótese alguma eles o soltem, ainda que mais tarde ele lhes ordene isto: "Se eu implorar ou pedir que me soltem, vocês devem, então, redobrar minhas amarras no lugar com ainda mais laços!".[15] Os homens são protegidos da tentação da música das sereias pela cera, e Odisseu, por ser amarrado. Em termos psicoespirituais, creio que essa estratégia implica que você deva se atar ao mastro de sua vocação superior. Dessa maneira, você poderá experimentar toda a onda do êxtase dionisíaco do desejo (ouvindo as sereias) sem que isso o destrua. É preciso manter a atenção à sua missão, ao seu propósito, e não permitir que nenhum desejo faça com que você se desvie muito do caminho.[16]

O encontro com o feminino é um aspecto fundamental do processo de individuação, que é explorado no âmbito simbólico por intermédio do encontro de Odisseu com as sereias e também com as deusas Calipso e Circe. "O destino o abandonou" – como lemos sobre Odisseu no Livro 5 – "para que definhasse dolorosamente na ilha de Lady Calipso, e fosse mantido lá sob suas ordens, um prisioneiro em sua casa".[17] A deusa, embora tenha salvado Odisseu do naufrágio, e "o amasse e cuidasse, prometendo [...] que ele não morreria nem envelheceria todos os seus dias", condenou-o à mais profunda tristeza, a um exílio de sete anos de sua verdadeira vida, em sua terra natal, a vida que ele desejou e pela qual sua alma ansiava.[18] Temendo nunca mais rever sua casa ou sua amada esposa, Penélope, Odisseu foi encontrado "sentado à beira da água: seus olhos, como sempre, imbuídos de lágrimas nesse declínio de sua preciosa vida em vãs lamentações

---

[15] Homero, *Odyssey*, p. 173.

[16] O mastro também pode ser entendido como um símbolo do crucifixo, representando a crucificação da natureza desejada. Veja, por exemplo, Neumann, *Great Mother* (ilustrações), p. 120. [*A Grande Mãe*. São Paulo: Cultrix, 2ª ed., 2021, p. 488.]

[17] Homer, *Odyssey*, p. 69.

[18] *Ibidem*, pp. 72-3.

após a libertação".[19] Forçado à noite a dormir com a deusa ninfa, durante o dia "ele assombrava as rochas e as praias de seixos da costa da ilha, maculando o coração com choro, suspiros e miséria, com o olhar fixo na desolação principal através de um borbotão de lágrimas".[20] A deusa ofereceu a Odisseu amor, paixão e imortalidade, isto é, os frutos da absorção no prazer atemporal de sua própria fantasia inconsciente e de seu mundo emocional, mas isso não valia o preço de sua existência real e autêntica.

Sugerindo a estreita associação entre a *anima* e o mundo animal do poder instintivo do inconsciente, a deusa Circe, em outro encontro, transforma os companheiros involuntários de Odisseu em porcos, enganando-os para que comessem comida misturada com uma poção mágica. No entanto, Odisseu é protegido por uma erva mágica dada por Hermes, ficando, pois, imune à poção da deusa. Demonstrando seu domínio sobre o poder de Circe, Odisseu torna-se, então, seu "companheiro de cama", persuadindo-a, conforme instruído por Hermes, a libertar sua tripulação de sua forma bestial. Esse episódio implica, por meio do ato sexual, uma união entre o ego heroico e o poder numinoso hipnótico do inconsciente feminino, união que será alcançada por intermédio do desenvolvimento da função *anima*.

Antes de a *anima* e o *animus* serem integrados durante a individuação, uma cota significativa de energia psicológica e de emoção, muitas vezes, permanece ligada a uma imagem internalizada de um parceiro ideal, ou a uma situação de vida idealizada ou ainda a uma imagem romantizada de como acreditamos que a vida deveria ser. O apego a essas imagens impede que nos entreguemos totalmente ao presente; somos, na verdade, mantidos prisioneiros de nossos sentimentos, ficamos incapazes de participar do mundo de modo pleno. Como a realidade inevitavelmente entra

---

19 Homer, *Odyssey*, p. 73.

20 *Ibidem*.

em conflito com a imagem ideal, nunca correspondendo às expectativas de como as coisas deveriam ser, uma pessoa à mercê da *anima* pode acabar agindo sempre como se estivesse sob coação, lutando de modo heroico contra as próprias emoções, sentindo-se insatisfeita o tempo todo.

Essa exata situação é representada no aspecto simbólico pelo tema do cativeiro da deusa. Para a individuação, é preciso superar a inclinação de satisfazer a *anima*, reconhecendo que os impulsos provenientes da *anima* não refletem necessariamente uma escolha autêntica, uma intenção consciente. É preciso ouvir as exigências da *anima*, pois ela contém a chave do desejo do coração, mas não é recomendável se identificar no inconsciente com os impulsos que surgem da *anima*. Embora não seja possível superar o apego a tais imagens por um ato de vontade, deve-se lutar com firmeza para libertar a energia psicológica da *anima*, comprometendo-se, de todo o coração, com a realidade do momento presente. Como lemos no *Evangelho de Tomé*, devemos "transformar uma imagem em imagem", de modo que possamos ver a realidade do momento como ela é, sem ser ofuscada por necessidades, projeções emocionais e por apegos profundamente enraizados a imagens idealizadas de como as coisas "deveriam" ser.[21]

No livro *Odisseia*, de Homero, episódios de cativeiro físico e isolamento em ilhas remotas indicam que, no âmbito simbólico, o herói (isto é, o ego intencional) permanece sujeito aos caprichos de sua natureza emocional. Esses episódios implicam a dominação pelo desejo e a vitimização por um apego inconsciente à imagem idealizada com a qual gostaríamos de formar a realidade. A vontade consciente mantém-se cativa pela *anima* e, portanto, é vítima dos sentimentos e desejos. Com frequência, esses sentimentos estão enraizados em tendências infantis residuais que podem colorir e distorcer a nossa percepção do mundo, tornando-nos hipersensíveis

[21] Ross, *Gospel of Thomas, logion* 22, 24.

ao desprezo. Isso é o que Jung vê como o lado negativo da *anima*: mau humor, hipersensibilidade, afetação.

Foi bem registrado que o próprio Jung parece ter experimentado uma série de projeções de *anima*, envolvendo-se em relacionamentos íntimos com diversas de suas pacientes e confidentes. Decerto, esse arquétipo ocupou um lugar deveras importante em sua psicologia e em sua vida, tanto como função psicológica interna quanto atuado por meio de seus relacionamentos. Qualquer que seja o julgamento da moralidade do estilo de vida de Jung, essas relações parecem ter exercido uma influência crucial no desenvolvimento de sua teoria psicológica e, sobretudo no caso da relação com Toni Wolff, propiciou apoio e visão inestimáveis durante o seu confronto com o inconsciente.

Campbell, dedicado com lealdade à sua esposa, a dançarina Jean Erdman, encontrou o princípio feminino em sua forma exterior tanto por meio de seu casamento quanto em sua vida pública, como professor universitário. Por muitos anos, ele lecionou literatura e mitologia na Sarah Lawrence, uma faculdade só para moças no estado de Nova York. Campbell disse que destinar suas palestras ao público feminino influenciou a maneira como ele ensinava. As alunas de suas aulas sempre quiseram saber o valor e a relevância de qualquer mito ou ideia para suas próprias vidas; assim, o material precisava ser pessoal, aplicável às experiências cotidianas. Elas se envolveram com o tópico tanto no âmbito sentimental quanto no nível intelectual, e queriam saber como isso poderia ajudá-las ao lidar com as realidades práticas da vida. Em resposta às necessidades de suas alunas, Campbell parece ter desenvolvido a capacidade de combinar conhecimento teórico profundo com um estilo de comunicação pessoal e direto que tornou ideias complexas bem acessíveis a pessoas de diversas esferas da vida. Sua abordagem mais pessoal do assunto contrastava de um modo marcante com a tendência acadêmica geral de se envolver com o tema apenas por meio do intelecto racional.

Em contrapartida, para Nietzsche, as relações com as mulheres (e também com os homens) eram praticamente inexistentes. Mesmo tendo em conta o fato de que Nietzsche se expressou, muitas vezes, com ironia, ele nos fornece muitos exemplos do que só pode ser descrito como atitudes bastante extremas em relação aos papéis de gênero e às suas opiniões, por vezes, ofensivas sobre as mulheres. Em *Assim Falou Zaratustra*, por exemplo, Nietzsche declara: "O homem deve ser treinado para a guerra, e a mulher, para o descanso do guerreiro: tudo o mais é loucura".[22] Também em termos de sua experiência interior, o heroísmo trágico e a presunção patológica de Nietzsche parecem ter impedido qualquer relação construtiva com o feminino interior, o que se reflete em sua abordagem à transformação psicológica. Se recordarmos de novo a parábola das três metamorfoses de Nietzsche, veremos que, embora o princípio feminino arquetípico deva desempenhar um papel crucial para ajudar a efetuar a transformação do leão em criança, esse princípio não aparece na parábola, e, ao que sabemos, não tem lugar na compreensão de Nietzsche do processo de transformação.

Como vimos, o leão, representando o poder instintivo do inconsciente, deve ser humanizado, espiritualizado e domesticado; contudo, isso só pode ser feito por meio do sentimento. É preciso transmutar o impulso instintivo em sentimento, a fim de sondar as motivações básicas dos impulsos por trás dos desejos. Nos sonhos, a função-sentimento é, muitas vezes, personificada na forma de figuras femininas. O "homem forte" controlador apenas reprime o instinto; no âmbito simbólico, é por meio do princípio feminino que se é capaz de vivenciar plenamente o instinto como sentimento, o que permite à consciência racional penetrar nas emoções mais profundas subjacentes aos instintos. A transformação ocorre no

---

22 Nietzsche, *Thus Spoke Zarathustra*, p. 91. Para mais exemplos, consultar: "Of Old and Young Women", *Thus Spoke Zarathustra*, pp. 91-3.

nível do coração. É por intermédio do coração que o princípio da "cabeça" (consciência do ego racional) e o princípio da "barriga" (o poder instintivo do inconsciente arquetípico) podem ser colocados em relação, e o conflito entre a razão e o instinto pode ser curado.

Paraíso encontrado?

Outra forma de distração e tentação que surge durante a individuação é sugerida pela ideia de que o herói e o grupo que participa da jornada passam por um paraíso espúrio – tema esse também trabalhado na *Odisseia*. Odisseu e sua tripulação visitam a Terra dos Comedores de Lótus e recebem instruções expressas para não comerem nada por lá. Como era esperado, alguns membros da tripulação desconsideram o aviso. Depois de comer uma estranha flor, eles caem em um devaneio tão feliz que não desejam mais voltar para casa; então, têm de ser arrastados à força de volta para o barco, soluçando e chorando. Eles são tomados por um êxtase paradisíaco que representa um grave perigo para a individuação e para o desenvolvimento contínuo da consciência. Essa condição equivale a um esquecimento espiritual, um aviso dos perigos do prazer ilusório para o processo de individuação. Esses estados que parecem ser paradisíacos ocorrem de tempos em tempos durante a individuação. Eles representam o desejo de se entregar totalmente a algum sentimento, a alguma parte da sua psique que não é sua verdadeira natureza e seu eixo. Em meio ao sofrimento da individuação, a tentação da promessa de felicidade imediata pode ser forte demais para se resistir.

Nesse episódio, a desobediência da tripulação sugere que o ego heroico (Odisseu) ainda não integrou todos os elementos da psique à sua disposição (a tripulação) e que certos aspectos de seu ser trabalham contra as suas intenções. A individuação e a transformação espiritual, como vimos, exigem que o "olhar seja unificado", de modo que todas as partes da psique sejam subservientes às ordens do *Self*. Por si só, cada impulso e cada desejo que experimentamos tendem a nos afastar de nosso eixo. À medida que a individuação prossegue, porém, todos os desejos, exceto aqueles que servem ao *Self*, acabam por se revelar insatisfatórios, promovendo, muitas vezes, um sentimento agudo tanto da perda do eu como de irrealidade. Todos os impulsos para a realização pessoal devem ser sacrificados no altar da transformação espiritual.

Outro exemplo dessa experiência quase paradisíaca pode ser visto em *O Mágico de Oz*,* quando, na tentativa de afastar Dorothy de sua missão, a Bruxa Má cria um lindo e idílico campo de papoulas – a própria imagem da tranquilidade feliz em um dia quente de verão. Com a Cidade das Esmeraldas a distância, Dorothy é dominada pela vontade de se deitar e descansar no campo; é então que, caindo num sono profundo, ela se esquece de sua missão. O campo de papoulas representa aqui a calmaria suave de uma existência desprovida de tensão e luta.

Uma experiência semelhante é explorada em um divertido episódio de *Star Trek* (de 1967) intitulado "*Este Lado do Paraíso*" ("*This Side of Paradise*"). Neste episódio, o Capitão Kirk e os tripulantes da Enterprise visitam um planeta para explorar uma antiga colônia da Federação. Então, eles encontram um grupo de pessoas que vivem em uma condição paradisíaca, aparentemente muito felizes. Uma por uma, sob a influência de esporos pulverizados por flores misteriosas, cada pessoa do grupo que desembarca entra em seu próprio paraíso e perde todo o desejo de deixar o planeta, esquecendo-se da vida anterior e de todo o senso de responsabilidade para com a Enterprise ou com a missão. Nem mesmo o arquirracionalista e lógico Senhor Spock está imune à influência dos esporos; ele

* O romance *O Mágico de Oz* (1900), escrito por L. Frank Baum, teve uma adaptação clássica para o cinema, lançada em 1939, com Judy Garland no papel de Dorothy. (N. da T.)

se apaixona profundamente e não consegue compreender a resistência de Kirk às suas ofertas de se juntar a ele na colônia ou o desejo de seu capitão de retornar à nave. Kirk, ao que parece, é o único, graças à sua força de caráter, que tem algum poder para resistir à influência dos esporos.

A reação de Kirk, nesse episódio, fornece uma pista sobre como lidar com essas experiências quando elas surgem. Kirk se lembra de sua missão original e da importância de seu compromisso com a Enterprise. Nessas circunstâncias, é essencial trazer à mente alguma tarefa ou uma missão importante (atar-se ao mastro) que estabeleça uma conexão com outra parte de você, fora da falsa tentação do paraíso. No final das contas, Kirk percebe que o antídoto para os esporos é a experiência da raiva. Assim, ele provoca uma raiva violenta em Spock e, ao fazê-lo, tira-o da influência hipnótica dos esporos. A raiva é uma emoção genuína e libertadora; elimina muitos resíduos psicológicos e revigora.

Os estados delirantes de felicidade são exemplos de um tipo de condição amplamente desprovida de consciência autoconsciente. Outras condições desse tipo são mais traumáticas em sua qualidade. Michael Washburn descreve certas experiências que ocorrem durante a individuação como "buracos negros" psíquicos, nos quais, de forma alarmante, a consciência autoconsciente parece ter praticamente desaparecido.[23] Esta é uma condição de "paralisia mental e sombras [...] densidade, imobilidade e vazio da mente".[24] Durante a transição da antiga estrutura do ego para uma nova estrutura psicológica, você pode experimentar um vazio temporário na consciência, quando parece não ter vontade ou não ter autoconsciência; você vivencia um vazio total. Esses estados podem ser a causa da ansiedade aguda, pois parece que o seu eu, a sua personalidade e a sua vontade deixaram completamente de existir. A desconexão entre a consciência e o

---

[23] Washburn, *Ego and Dynamic Ground*, pp. 188-96.

[24] *Ibidem*, p. 196.

instinto gera a sensação de que você está vivendo em uma bolha de inexistência. Na realidade, porém, como é possível observar revendo experiência anteriores, esses estados são condições temporárias provenientes de reações de medo profundamente enraizadas às mudanças que você está experimentando, ocorrem quando a consciência se desliga dos instintos e se reconecta a eles durante o processo de transformação.

Pessoal e transpessoal

Uma variação final sobre o tema da tentação é bem retratada no filme *Superman II* (1980), estrelado por Christopher Reeve. À medida que o filme se desenrola, o relacionamento de Clark Kent com Lois Lane se aprofunda. Seu amor por ela é tão forte que ele anseia se tornar um ser humano normal, sem carregar a imensa responsabilidade de ser o Superman (seu caráter transpessoal). Há algo instrutivo nesse dilema. Conforme avança em sua jornada de vida, você pode descobrir que há um conflito entre sua vocação transpessoal e seus relacionamentos pessoais, que, em geral, exigem que você viva uma vida relativamente regular, sujeita às fragilidades humanas normais, às respostas emocionais e às preocupações. Por exemplo, em sua solidão e em sua vida sofrida, Nietzsche ansiava por um relacionamento romântico com uma conhecida, Lou Salomé, apresentada a ele por seu amigo Paul Ree. Nietzsche ansiava experimentar como era ser uma pessoa normal de novo, descer das alturas filosóficas astrais da inspiração e da luta titânica e da solidão do caminho em que estava e viver mais uma vez entre as pessoas, sentir a companhia humana e a cordialidade. Infelizmente, para Nietzsche, suas propostas românticas foram rejeitadas e seu desejo não foi concretizado. O resultado disso foi a explosão criativa que produziu *Assim Falou Zaratustra*. Talvez não fosse seu destino encontrar conforto, mas, sim, existir perpetuamente no ponto de ebulição do sofrimento criativo.

Parece haver uma luta inerente na vida para conciliar a felicidade pessoal e a realização nas relações humanas com uma vocação transpessoal. É crucial, contudo, manter ambos os lados da vida e não sacrificar um em favor do outro. Se você viver apenas para a dimensão pessoal da experiência, com certeza, permanecerá muito insatisfeito, sentindo sempre que algo muito importante está faltando em sua vida. Essa situação é explorada no filme *Corpo Fechado* (*Unbreakable*, 2001), estrelado por Bruce Willis, como David Dunn, um segurança que, depois de se envolver em um terrível acidente de trem do qual foi o único sobrevivente, percebe que nunca sofreu nenhuma doença nem um ferimento de qualquer tipo. Explicando isso como nada além do que boa sorte e se recusando, a princípio, a investigar e enfrentar sua condição extraordinária, Dunn está o tempo todo insatisfeito com a vida, até que, quase no final do filme, ele percebe e aceita sua invencibilidade e, assim, se reconcilia com seu destino como super-herói e protetor das pessoas.

Se reprimido e ignorado, o seu destino transpessoal pode se elevar contra você, frustrando todos os seus movimentos, perseguindo-o incansavelmente a cada passo, colocando uma imensa pressão em seus relacionamentos pessoais, fazendo com que tudo pareça errado, podendo, inclusive, colocar em risco sua própria vida. Contudo, se você viver apenas para o transpessoal, sacrificando muito do seu eu pessoal, poderá perder o equilíbrio proporcionado pelos sentimentos e pela sensibilidade humana. "Um sacrifício muito longo pode transformar o coração em pedra", como observou Yeats.[25] Se isso ocorrer, você poderá alienar-se, tornando-se incapaz de se relacionar com alguém, ou mesmo destruído e vazio, um mero recipiente para poderes que estão além de sua vontade e que não representam nenhuma existência pessoal digna de menção. Quando você está lidando com os poderes transpessoais da psique, é

[25] Yeats, "Easter, 1916", em *Collected Poems of W. B. Yeats*, p. 153.

importante manter o lado pessoal da sua vida – o amor e o calor do relacionamento humano. Sem esse equilíbrio, as forças poderosas que você encontrar durante a individuação podem facilmente transformá-lo em um monstro, desprovido de emoção e sensibilidade humana. Você pode ser possuído. Poderíamos lembrar mais uma vez aqui do efeito do Anel, em *O Senhor dos Anéis*, em todos os que entram em contato com ele: nem mesmo o ingênuo e infantil Frodo está totalmente imune. Lembre-se também do que acontece com Anakin Skywalker quando ele abandona seu sentimento humano, seu amor, e dá vazão à raiva que, enfim, o consome e o leva à sua metamorfose em Darth Vader.

Parte do processo de encontrar seu eixo – o *Self* – implica não se identificar com nenhum aspecto específico de sua psique ou com qualquer impulso específico. Você não é apenas uma pessoa espiritual, um profeta ou um grande indivíduo, nem apenas um herói, embora possa ouvir uma voz interior iludida dizendo que você é, mesmo que esses papéis constituam um aspecto de sua vida. Existe uma base arquetípica poderosa para esse tipo de identificação falsa. Você deve sempre ter o cuidado de equilibrar qualquer suposta espiritualidade com a realidade mais básica e mundana da vida profissional e pessoal, e com as partes mais fundamentadas de seu caráter. Podemos ver isso em Jung, quando, em meio ao seu confronto com o inconsciente, ele precisou se lembrar diversas vezes de quem ele era, de sua identidade como médico, com responsabilidades para com seus pacientes, e como marido e pai, com uma esposa e familiares, que moravam em determinado endereço, e assim por diante. Ele teve de fortalecer o lado pessoal de sua existência contra o domínio transpessoal, que naquele momento ameaçava dominá-lo.

Se você permanecer fiel à sua paixão, perseguindo o que deseja fazer na vida, isso também o ajudará a poupar-se da ilusão de que você é totalmente espiritual ou algum tipo de mestre espiritual. Você apenas precisa se lembrar de que está fazendo o que quer e nada mais. Desse modo, a questão que envolve saber se você é ou não "um ser espiritual" nunca mais o afligirá. Pensar em si como uma pessoa escolhida no âmbito espiritual, como uma espécie de profeta, é uma experiência arquetípica poderosa. No entanto, se você se identificar com isso, sacrificará sua integridade e sua totalidade, incluindo essa parte espiritual e muito mais. Você sempre será superior a qualquer imagem ou ideia específica do que você é, ou a qualquer complexo ou arquétipo específico. O *Self* é a psique total e é também o ponto central a partir do qual todos os arquétipos podem encontrar expressão em um equilíbrio dinâmico.

A tendência é que cada complexo da psique – cada deus, se preferir – queira apropriar-se de você, tomando posse. Para contrariar isso, tem de haver um processo mediado pelo qual todos os complexos são postos em relação com o *Self*, como centro. Você deve aprender a ver as coisas como elas são, à vista de todos, e não ficar fascinado pelas imagens arquetípicas que podem distorcer sua experiência do mundo.[26] Se você está tendo *insights* espirituais ou passando por experiências profundas além do que a maioria das pessoas conhece, é de fato muito tentador pensar em si como uma espécie de guru espiritual. Essa é uma experiência arquetípica; a da personalidade *mana*, a personalidade impregnada de poder numinoso. Identificar-se com esse poder é perder sua individualidade única. Você pode ter a capacidade de fornecer orientação espiritual às pessoas, entretanto, você não é apenas um guru espiritual, também é uma pessoa comum, com falhas, defeitos, desejos, medos, complexos, relacionamentos, outros talentos únicos e assim por diante. O resultado da individuação, segundo Jung, é chegar a uma visão mais ou menos realista do mundo, na qual você se livrou de todas as imagens falsas. Você removeu a trave do seu próprio olho, para retomar os termos bíblicos, e talvez esteja em posição de ajudar outros a fazer o mesmo.

---

[26] Ross, *Gospel of Thomas, logion* 22, 24.

Vale a pena refletir, nesse ponto, o quão difícil e rara é a individuação. Poucas pessoas embarcam de modo consciente nesse processo; é possível afirmar ainda que menos pessoas se tornaram individualizadas de verdade. No entanto, como salientou Jung, esse é um caminho em que todos estamos, em certo sentido, à medida que somos sempre movidos nessa direção, mesmo que possamos não saber disso.

Sintonia com o pai

Assim como no encontro com a deusa-mãe, o arquétipo do pai no mito pode apresentar-se tanto em formas positivas como em formas negativas. Aqui, a princípio, está o que Campbell tem a dizer sobre o papel do pai:

> O pai é o sacerdote iniciador, por meio do qual o jovem faz sua passagem para o mundo mais amplo. E, da mesma maneira como, anteriormente, a mãe representou o "bem" e o "mal", assim também o pai assume o papel, mas com uma complicação: há um novo elemento de rivalidade no quadro; o filho fica contra o pai, no tocante ao domínio do mundo, e a filha, contra a mãe, no que se refere *ao papel de* mundo dominado.[27]

A ideia de que o filho compete com o pai reflete o complexo de Édipo, a descoberta de Freud de um padrão psicológico inconsciente evidente desde a infância, no qual o impulso edipiano impele o filho a "matar" o pai e a conseguir a união com a mãe. Essa motivação infantil, contudo, reflete um padrão arquetípico multidimensional que se aplica às fases superiores do desenvolvimento psicoespiritual tanto quanto à dinâmica da psicologia infantil. Em termos de individuação, o princípio do pai reflete aqui a velha

[27] Campbell, *The Hero with a Thousand Faces*, p. 115. [*O Herói de Mil Faces*. São Paulo: Cultrix, 1989, p. 133.]

ordem, a autoridade estabelecida, a verdade experimentada e testada, que o filho, representando o ego individualizador, deve superar se quiser realizar a própria individualidade e – para interpretar a fantasia do incesto de Édipo no âmbito espiritual – alcançar a união psicoespiritual com a Grande Mãe.

Na passagem a seguir, Campbell baseia-se nas ideias de Freud sobre o superego (a consciência moral internalizada) e o id (o inconsciente instintivo) para explicar a psicodinâmica do complexo paterno:

> Pois o aspecto ogro do pai é um reflexo do próprio ego da vítima. [...] A sintonia consiste, em essência, em levar a efeito o abandono do problemático monstro autogerado – o dragão que se considera Deus (o superego) e o dragão que se considera o Pecado (o id reprimido). Mas essa ação requer o abandono do apego ao próprio ego, e aí reside a dificuldade. Devemos acreditar que o pai é misericordioso; assim, devemos confiar nessa misericórdia.[28]

Esses temas são explorados na dramática cena final da série original *Star Wars*, em *O Retorno de Jedi* (1983), em que Luke Skywalker é forçado a lutar contra o pai, Darth Vader ("filho contra pai pelo domínio do Universo"), e então se vê sujeito a toda a força do poder sombrio do Imperador, Palpatine. Incapaz de resistir ao ataque de Palpatine por mais tempo, Skywalker está à beira da morte e, sem ter para onde ir, apela em desespero e angústia a seu pai por ajuda – o apelo pela misericórdia do pai. Nos eventos dramáticos dessa cena, testemunhamos a redenção do pai, enquanto a humanidade submersa em Darth Vader reage de modo comovente ao apelo desesperado do filho, salvando Luke ao lançar Palpatine para a morte no núcleo do reator da Estrela da Morte.

---

[28] Campbell, *The Hero with a Thousand Faces*, pp. 107-10. [*O Herói de Mil Faces*. São Paulo: Cultrix, 1989, p. 128.]

Em termos psicológicos, essa cena está relacionada de modo simbólico ao desafio de se livrar dos ditames do superego controlador, do código moral internalizado, que é o aspecto negativo do arquétipo do pai – o *senex** patriarcal. Você deve se sintonizar com a autoridade do *Self*, o aspecto positivo do princípio paterno, em vez de se permitir ser comandado pela voz de um impulso internalizado e condicionado no aspecto cultural. O *Self* não reflete o código moral da sociedade, mas a autoridade profunda de alguém, ou talvez até mesmo o código moral e a ordem do Universo, com os quais podemos tentar nos sintonizar. Quando Luke Skywalker empunha o sabre de luz na batalha, está empregando o poder da discriminação consciente para superar o princípio do pai controlador, que mantém o indivíduo cativo dentro das exigências da vida convencional.

Esse episódio aponta para a experiência de ir além do pai pessoal e da mãe pessoal, e para a rejeição de todas as formas substitutas de autoridade, como um dogma religioso ou um conjunto de regras – qualquer determinação de "você fará". Todos esses ditames e imperativos morais são abandonados em favor da descoberta da própria autoridade interior, em sintonia com as diretrizes e objetivos do *Self*. Esse motivo é transmitido de forma mais poderosa na crucificação, em que a morte do ser humano pessoal, Jesus, simboliza a morte da vontade pessoal, que é crucificada, sacrificada à vontade transpessoal. A jornada do herói envolve o processo de permitir de modo consciente que a vontade pessoal e a personalidade do ego construída sejam "crucificadas" para que você possa servir aos impulsos e às diretrizes do *Self*. Esse, acredito, é o significado

* O velho sábio (também chamado de *senex*, sábio ou sophos) é um arquétipo, como descrito por Carl Jung, bem como uma figura clássica literária, e pode ser visto como um personagem-modelo. O velho sábio pode ser um profundo filósofo distinto pela sua sabedoria e seu julgamento. (N. da P.)

psicológico da afirmação de Jesus de que "não seja feita a minha vontade, mas a sua" (Lucas 22: 42).

O ego, a sede da vontade pessoal, é entendido apenas como uma função do *Self* ampliado. O ego é o veículo para a realização do *Self*. À medida que a individuação prossegue, evidencia-se cada vez mais a sensação de que você não é o agente da sua vida – vem daí o entendimento de Jung de que "não sou eu quem me cria; na verdade, as coisas acontecem comigo". Vale também recordar as palavras de Jesus, no Evangelho de João (14:10) – "As palavras que eu digo não são só minhas. Pelo contrário, o Pai, que habita em mim, está fazendo a sua obra" –, e "Eu e o Pai somos um" (João 10:30). A individuação traz uma mudança radical da vontade egoica, condicionada por um princípio moral internalizado que reflete a ordem social (o antigo princípio do pai pessoal), para uma sintonização com a vontade do *Self*, refletindo a ordem espiritual que forma a realidade como um todo (o novo princípio paterno transpessoal). A velha autoridade (muitas vezes, simbolizada pelo velho rei que deve morrer ou ser vencido, ou pelo homem forte que impõe o controle com uma vontade de ferro) deve dar lugar à autoridade do *Self*, de modo que se aprenda a confiar o próprio julgamento interior, mesmo contra as pressões conformistas da sociedade ou, se necessário, do mundo inteiro. Dessa maneira, a vontade pessoal é alinhada com a vontade cósmica. O *Self*, lembremo-nos, representa tanto o centro quanto a totalidade da psique, e é potencialmente uma expressão da totalidade do cosmos. A realização do seu centro profundo é ao mesmo tempo a realização de um centro por meio do qual o cosmos, ou o espírito dentro do cosmos, pode se expressar.

Se o herói puder resistir ao desafio de superar a regra dominante do aspecto culturalmente condicionado do princípio paterno e sintonizar-se com o pai espiritual, ele ou ela, observa Campbell, poderá alcançar uma realização espiritual suprema.

> Para o filho que cresceu o suficiente para conhecer o pai, as agonias da provação são prontamente suportadas; o mundo já não é um vale de lágrimas, mas uma manifestação, perpétua e geradora de bênçãos, da Presença.[29]

Essa experiência é o culminar desse aspecto da jornada do herói. A obstinação é superada e o esplendor, no interior e por trás de todas as formas, é realizado.

Apoteose, Sophia e os *Hieros Gamos*

O termo "apoteose" significa "tornar-se divino"; refere-se à transformação do humano em divino. Um símbolo da apoteose é o hermafrodita, que representa a união espiritual do homem e da mulher.

Durante a transformação psicoespiritual, a mulher se desloca em direção ao homem, por assim dizer, e o homem se move em direção à mulher. Como Jesus diz no *Evangelho de Tomé*: "Quando vocês fizerem de dois Um, e você fizer o interior como o exterior, e o exterior como o interior, e o que está em cima como o que está embaixo, de modo que quando vocês fizerem do masculino e do feminino uma única coisa [...] então vocês entrarão no Reino".[30] Esse ensinamento descreve a reconciliação dos opostos, simbolizada pelo casamento místico do *Sol* e da *Luna* (Lua); na alquimia, o rei e a rainha. Jung chama isso de *unio mystica* ou *mysterium coniunctionis* – a união mística do espírito e da natureza, do masculino e do feminino, do eu e do mundo. Os opostos que foram separados a fim de criar as condições para a evolução da consciência são aqui unidos de novo.

---

[29] Campbell, *The Hero with a Thousand Faces*, p. 126. [*O Herói de Mil Faces*. São Paulo: Cultrix, 1989, p. 144.]

[30] Ross, *Gospel of Thomas, logion* 22, 24.

A divisão é curada pela troca dialética entre o ego e o inconsciente durante a individuação.

Nos mitos gnósticos, a metade feminina do divino, Sophia, é descrita como o "espírito adormecido na natureza", que jaz aprisionado nas "correntes da *Physis*". É tarefa da consciência – o chamado heroico do ego individual – libertar Sophia do cativeiro tanto na natureza quanto no mundo material. O espírito imanente na natureza, que "caiu" no mundo da matéria, deve ser despertado e libertado da esfera instintiva. Claro, para fazer isso, você, primeiro, precisa se envolver com esse reino, se envolver com suas paixões, seus desejos – se envolver com o poder da natureza conforme ela se manifesta dentro e através de você. Para a individuação, não se pode apenas cultivar uma consciência meditativa observadora, desligada de suas emoções e de seus impulsos mais profundos. Como vimos, o envolvimento com as paixões é a essência das abordagens romântica e junguiana da vida que estamos considerando.

O princípio feminino será transformado, da forma demoníaca, primitiva e ameaçadora da Medusa (a *anima* inferior, por assim dizer), na espiritualidade imanente de Sophia (a *anima* superior). O assassinato da Medusa não se refere, portanto, à destruição do princípio feminino *per se*; em vez disso, simboliza a superação do poder demoníaco da górgona. O conflito retratado no encontro de Perseu com a Medusa é entre o ego consciente (simbolizado pelo herói) e o poder instintivo da natureza (personificado como a górgona). O que é destruído é o domínio do ego pelo instinto e a sua identidade inconsciente com o instinto. Essa destruição é necessária para entrar em relação com o princípio feminino superior representado por Sophia.

A libertação de Sophia das "correntes da *Physis*" é possibilitada pela separação da consciência da natureza. Isso, por sua vez, torna possível o *hieros gamos*, a união do divino transcendente "masculino" com o divino "feminino" imanente. Em termos alquímicos, o Rei *Sol* (consciência) é colocado em um relacionamento harmonioso com a Rainha *Luna* (o inconsciente). Como vimos, graças ao domínio unilateral da consciência do ego no mundo ocidental moderno, o princípio *Luna* – o reino dos sentimentos, do corpo, da natureza e da terra – permaneceu indiferenciado e, muitas vezes, aparece como o sombrio, como um reino inconsciente dos instintos e desejos. No entanto, *Luna* é também o ventre materno do ser, o "ventre e o útero da natureza" e o "receptáculo universal" do qual o *Sol* – a luz da consciência – emergiu.[31] Para levar a consciência a um relacionamento harmonioso com a base materna do ser, o ego deve descer às suas profundezas para confrontar e diferenciar o reino emocional não desenvolvido. Dessa maneira, os dois princípios, *Sol* e *Luna*, podem ser reunidos.

Totalidade, centralização e os opostos

À medida que avança em sua jornada de individuação, você pode encontrar cada vez mais sonhos que apresentam a justaposição de pares de opostos, como preto e branco, velho e jovem, homem e mulher, alto e baixo. Esses motivos podem sugerir que, embora o processo de transformação esteja longe de terminar, a dolorosa divisão interior entre sua consciência racional e seus instintos e desejos foi, ao menos em parte, curada. Um casamento, a união de opostos masculinos e femininos, é um motivo muito adequado para essa reconciliação.

Ao mesmo tempo, o *Self* emerge como um centro recém-descoberto e um princípio organizador dentro da psique, contrabalançando a turbulência dos instintos. O *Self* é imutável, indestrutível, antigo e sólido; como uma montanha, o *Self* permanece indiferente às ondas violentas de desejos, medos e emoções. A emergência do *Self* no primeiro plano da experiência consciente traz, desse modo, uma sensação de segurança e solidez

[31] Jung, *Mysterium Coniunctionis*, p. 129.

que, apesar de quaisquer dificuldades que surjam pela frente, nunca abandonará você. Esse novo centro ancora você de modo mais profundo em seu ser. O *Self* é a pessoa eterna e universal dentro de você – o *anthropos* cósmico, o "mais antigo", o "Grande Homem" universal. Esse centro não está dentro de sua consciência ou de sua personalidade, pois, embora esteja dentro de você, também é outro. É um centro além da personalidade, além da vontade pessoal. Você se relaciona com isso como um sujeito se relaciona com um objeto, como um "eu" com outro.

A totalidade emergente da personalidade é um tema sugerido na cena final da obra-prima *Oito e Meio* (8½, 1963), de Federico Fellini, estrelada por Marcello Mastroianni no papel do diretor de cinema italiano Guido Anselmi. O filme começa com Anselmi, que parece estar à beira de um colapso mental, passando por uma espécie de crise existencial claustrofóbica enquanto está preso num congestionamento, dentro de seu carro. À medida que o carro se enche de fumaça e Anselmi, em pânico, tenta escapar, os espectadores passam a olhar para ele com desinteresse ou parecem ficar perdidos em meio aos prazeres banais da vida, o que aumenta, sem dúvida, o sentimento de alienação e angústia e gera um desconforto para o espectador.

Em seguida, testemunhamos Anselmi flutuando no céu, o que simboliza uma forma de distanciamento da consciência dos limites da prisão em que se encontra sua vida atual. Flutuando alto no ar, ele é então puxado por uma longa corda, transportado de volta para o chão por um cavaleiro negro numa praia. Enquanto a cena muda, Anselmi acorda em um *spa*, que se torna o cenário do restante do filme, no momento em que seu mundo interior de memórias e fantasias é ativado, permeando sua realidade desperta. No *spa*, enquanto trabalha em ideias para o seu próximo filme, em meio ao caos e à confusão geral de sua vida, ele faz malabarismos com os diferentes elementos da sua experiência, passada e presente, que muitas vezes o puxam em direções conflitantes. Nenhum desenvolvimento ou progresso é aparente à medida que o filme se desenrola, cena a cena. No final, porém, vemos os personagens da vida de Anselmi dando as mãos, dançando em um grande círculo, o que demonstra que algum tipo de processo dinâmico de unificação e centralização ocorreu de modo imperceptível, um processo que abrange a totalidade de sua vida e de sua personalidade.

A totalidade implícita aqui abrange até mesmo os aspectos supostamente negativos, banais, irritantes, indulgentes, imorais e caóticos da vida. Esses aspectos também devem ser valorizados e afirmados como elementos essenciais de sua existência. Embora possa impedir que você caia em um caminho de vida autodestrutivo, a individuação não leva à santidade ou à perfeição moral. O *Self* é uma totalidade amoral, além do bem e do mal, mas abrange o bem e o mal. Em termos cristãos, a realização do *Self* é semelhante a aprender a valorizar e amar todos os aspectos de seu ser, a servir a Deus com toda a sua personalidade, com os seus vícios e também com as suas virtudes. O *Self* pode ser imaginado como uma espécie de altar, ao qual todos os aspectos de sua vida e de seu caráter, até mesmo seus traços negativos, podem ser entregues a serviço do divino. Você pode aprender a servir o centro de modo que todas as partes de sua vida e de sua personalidade sejam afirmadas e vistas sob uma luz sagrada.

A totalidade, segundo Jung, é realizada por meio de um processo cíclico de integração psicológica. Com o passar do tempo, os diferentes aspectos de sua personalidade vêm à tona e encontram expressão em sua vida, mas, depois, passam a um segundo plano, em um padrão alternado. Aos poucos, e muitas vezes de modo indireto, esses aspectos tornam-se mais relacionados com o *Self* como o centro desconhecido da personalidade. "Não existe evolução linear", refletiu Jung, relembrando sua vida; "há apenas uma circunvolução do eu".[32] Durante esse processo circular,

---

[32] Jung, *Memories, Dreams, Reflections*, p. 222.

cada complexo, cada arquétipo e cada impulso encontrarão seu lugar adequado em relação ao *Self*, o arquétipo organizador central da psique. É por meio desse processo que "seu olho se torna único" – usando a terminologia cristã –, à medida que a multiplicidade da psique é sintetizada em uma unidade complexa, organizada em torno do *Self*.

Tanto a união interna dos opostos quanto a realização desse novo centro dentro da psique são sugeridas pelo simbolismo dos desenhos sagrados feitos de modo geométrico conhecidos como "mandalas". Esses desenhos simbólicos, como sugere Jung, são imagens do estado do *Self* que representam a natureza quádrupla da psique organizada em torno de um ponto central.

Conforme o período traumático da transformação psicoespiritual de Jung chegava ao fim, por volta de 1920, ele passou a desenhar muitas mandalas, retratando o movimento direcionado à realização da totalidade do *Self*. Seu processo de individuação atingiu o ponto culminante em um sonho, em 1927, na cidade inglesa de Liverpool, a "piscina da vida", como Jung entendia seu significado, que apareceu como um arranjo semelhante a uma mandala:

> Quando chegamos ao planalto, encontramos uma praça ampla e mal iluminada pela iluminação pública, para a qual convergiam muitas ruas. Os vários bairros da cidade estavam dispostos de modo radial, em torno da praça. No centro, havia uma piscina redonda e, no meio dela, uma pequena ilha. [...] Brilhava com a luz do sol. Nela havia uma única árvore, uma magnólia, rodeada por uma chuva de flores avermelhadas.[33]

O sonho confirmou para Jung a sua compreensão do processo de centralização psicológica que ocorre durante a individuação e também forneceu a base para o seu mito individual:

---

[33] Jung, *Memories, Dreams, Reflections*, pp. 223–24.

> Esse sonho trouxe consigo um sentido de finalização. Vi que nele o objetivo havia sido revelado. Não se podia ir além do centro. O centro é a meta, e tudo é direcionado para esse centro. Por meio desse sonho, compreendi que o eu é o princípio e o arquétipo de orientação e significado. [...] Disso surgiu o primeiro indício do meu mito pessoal.[34]

Em termos míticos, o centro, retratado de modo simbólico, é o tesouro que o herói descobre nas profundezas. A descoberta do *Self* é o "benefício final", simbolizado de várias maneiras, como a obtenção da vida eterna, a descoberta da fonte da juventude, o consumo de ambrosia ou do elixir da vida, a obtenção do Velocino de Ouro, a descoberta do Santo Graal, ou a criação alquímica da Pedra Filosofal. O *Self* é o ser humano eterno e universal, descrito por Jung como o arquétipo da "imagem de Deus" dentro de cada um de nós. Descobrir o *Self* pode, portanto, ser interpretado como a realização da vontade divina interior.

No caminho do místico, ao atingir esse benefício final, a própria morte é transcendida, pois, como Jesus prometeu, aquele que conseguir realizar o Cristo interior, realizar o Reino dos Céus, "não provará a morte".[35] Essa pessoa estará em contato com a fonte da vida eterna e terá, assim, transcendido os limites da identidade pessoal. Ele ou ela terá provado a *ambrosia* dos deuses, acessado o eterno à medida que ele se manifesta no reino do espaço e do tempo. Da mesma forma, o Santo Graal, para invocar outro dos símbolos favoritos de Joseph Campbell, só pode ser alcançado pela pessoa que viveu a própria vida e não seguiu o caminho de outra pessoa. É o culminar e o fruto da individuação, a realização da individualidade única de cada um, do seu destino de vida único.

---

34 Jung, *Memories, Dreams, Reflections*, p. 224.

35 Ver Ross, *Gospel of Thomas, logion* 19, 21.

CAPÍTULO 9

A jornada de retorno: o mundo transformado

"Todo herói de cultura logrou realizar uma síntese entre
a consciência e o inconsciente criador. Ele descobriu
no seu próprio íntimo o centro criador, o ponto da renovação
e do renascimento que, no festival da fertilidade do ano-novo,
é representado na identificação com a divindade criadora e
da qual depende a continuidade do mundo.."[1]
— Erich Neumann

Até agora, exploramos as duas primeiras fases: a da separação e a da transformação. A terceira fase é a do retorno. Depois de romper com a sociedade, se voltar para dentro, descer ao submundo da psique, passar por uma iniciação transformadora e conquistar a vitória sobre o inconsciente, o herói, então, tem de retornar ao mundo

[1] Neumann, *Origins and History of Consciousness*, p. 212. [*História das Origens da Consciência*. São Paulo: Cultrix, 2ª ed., 2022, p. 183.]

diurno com a dádiva que foi recuperada das profundezas. Ele ou ela deve ensinar o que foi aprendido e compartilhar os *insights* da experiência. No âmbito psicológico, durante essa fase, a pessoa enfrenta o desafio de incorporar a energia liberada do inconsciente na estrutura da sua vida. É preciso aprender a expressar e a usar essa energia a serviço do *Self*.

O caminho do retorno

Muitos dos temas introduzidos na fase da partida e da separação estão presentes na jornada do herói. No entanto, o motivo do retorno não recebe tanta ênfase nos livros e nos filmes quanto as demais fases da jornada do herói. Muitas vezes, há algum tipo de vitória decisiva e, então, num instante, o herói e sua comitiva são levados de volta à terra natal, desfrutando de glória e contentamento nos braços de uma pessoa amada; a ação e a aventura estão concluídas; a ordem é restaurada; o mundo se renova. O retorno, em geral, não é explorado com muita profundidade. Como veremos, porém, é uma fase crucial da aventura, com seus desafios e exigências peculiares.

Uma forma da fase de retorno é a do *voo mágico*, representado pela fuga do herói dos perseguidores e guardiões do tesouro. Esse motivo se refere, em particular, a uma situação em que houve um roubo de bênçãos, como Campbell o chama, como Prometeu roubando o fogo dos deuses ou Jasão roubando o mágico Velocino de Ouro. No âmbito psicológico, o roubo é compreendido como se houvesse uma violação da natureza pela consciência humana. A natureza é privada de seus poderes, de seus segredos, o que provoca uma violenta reação de compensação por parte do inconsciente.

Jung disse que a individuação envolve uma "quebra do homem meramente natural".[2] Para que a natureza seja percebida como espírito pela

---

[2] Jung, *Mysterium Coniunctionis*, p. 471.

consciência humana, o modo instintivo natural de ser precisa ser transgredido. O desenvolvimento da consciência do ego acarreta a perda da inocência natural; a totalidade inconsciente da psique é destruída. A individuação, como percebemos, é uma corrida contra a natureza, embora seja, de modo paradoxal, um processo natural. A fuga mágica do mito sugere a reação dos poderes da natureza a essa violação.

Talvez essas reflexões sejam também relevantes para a nossa situação coletiva atual. Na jornada evolutiva que trouxe o desenvolvimento da consciência humana e da civilização, talvez nós próprios estejamos sofrendo agora algo semelhante ao destino de Prometeu. Ao extrair os poderes da natureza por meio do poder da ciência e da inovação tecnológica, ultrapassando, ainda, a matriz contida no cristianismo e abandonando a segurança metafísica e psicológica que isso proporcionava, somos agora, ao que parece, forçados a enfrentar os poderes reativos da natureza e do inconsciente ou a fugir deles. Será que voamos alto demais, como fez Ícaro? Ficamos muito distantes da Terra, da natureza e dos nossos fundamentos instintivos? Estaremos diante de uma *enantiodromia* catastrófica? Os sintomas que vemos à nossa volta – a crise ecológica, a extinção em massa de espécies, o terrorismo global, a crise financeira global, as pandemias de vírus e muito mais – sugerem que essa interpretação não deve ser facilmente descartada.

Outro tema da etapa de retorno que constitui uma alternativa à fuga mágica é o *resgate com auxílio externo*. O herói é libertado, trazido de volta ao mundo diurno, por meio de algum tipo de intervenção externa, e não por meio de um ato de vontade. O retorno não é iniciado pela fuga de forças vingadoras internas; em vez disso, aplicam-se forças externas. Muitas vezes, são as necessidades práticas da vida – a urgência em ganhar dinheiro, ter um lugar para morar e cuidar de sua família, por exemplo – que desviam sua atenção da vida interior, de volta do submundo, para o mundo diurno. Quando chegar a hora certa, essas pressões externas podem desempenhar uma função inestimável para ajudar a restaurar o equilíbrio da vida após um período de reorientação interior. Podem forçar você a voltar a um modo de vida mais extrovertido e normal, afastando-se do fantástico mundo interior de imagens míticas, emoções intensas e dramáticas, que, em geral, exercem um poderoso fascínio hipnótico. Em última análise, o resgate não acontece apenas uma vez, mas muitas vezes, à medida que avançamos por meio de um padrão alternado de envolvimento do inconsciente e de atividade no mundo.

Atravessando o limiar do retorno

Deixar para trás essa aventura incrível, embora traumática, e retornar à monótona e mundana realidade da vida cotidiana é o desafio de atravessar o limiar do retorno. No final, o herói retorna da aventura ou da iniciação: Jonas é vomitado pela baleia; Odisseu chega à sua casa após uma longa viagem; Frodo e Sam voltam para o Condado; Jesus volta para o Pai; Buda retorna ao mundo depois de sua iluminação para ajudar outros a alcançar a libertação; Ofélia se reencontra com a família espiritual depois de muitas vidas de separação; Dorothy retorna para a fazenda no Kansas ("não há lugar como o seu lar").

"O primeiro problema do herói que retorna", de acordo com Campbell, "consiste em aceitar como real, depois de ter passado por uma experiência da visão de completeza, que traz satisfação à alma, as alegrias e tristezas passageiras, as banalidades e ruidosas obscenidades da vida. Por que voltar a um mundo desses?".[3] O desafio é libertar-se uma e outra vez da realização bem-sucedida que conheceu e comprometer-se de novo com a realidade cotidiana do mundo comum.

---

[3] Campbell, *The Hero with a Thousand Faces,* p. 189. [*O Herói de Mil Faces*. São Paulo: Cultrix, 1989, p. 215.]

No período de convalescença, depois de um acidente sofrido, Jung, já com idade avançada, noite após noite, durante sua internação hospitalar, teve uma série de visões cosmológicas fantásticas, por meio das quais obteve uma visão profunda da natureza, da realidade e do significado de sua existência. No entanto, certa manhã, as visões passaram e, de repente, para sua grande decepção, ele estava no meio de um mundo comum, recuperando-se em uma cama de hospital. À luz do dia, foi-lhe permitido contemplar uma realidade que, em comparação com as suas fantásticas experiências noturnas, pareceram-lhe então bidimensionais, planas, banais e desvitalizadas, como um modelo recortado em um papelão. Como ele poderia voltar a considerar esse mundo real e comprometer-se com a vida?

Esse dilema é semelhante ao desafio que o herói enfrenta ao retornar depois de uma permanência no submundo ou nas alturas cósmicas da realização espiritual, durante a excitação e a intensidade pulsantes da aventura do herói. É também semelhante à situação enfrentada pelos soldados que regressam da guerra. Como sublinhou Campbell, a guerra, apesar de todos os seus horrores, confere à vida uma intensidade que, em geral, não está presente. É uma "beleza terrível", como disse Yeats, pondo fim à "comédia casual" da existência em tempos de paz.[4] O soldado em guerra sente-se vivo de verdade, porque a vida na guerra é vivida à beira da morte. Em condições extremas, tudo se torna precioso, cada momento vivido com intensidade, cada pequeno prazer saboreado. O padre francês Pierre Teilhard de Chardin* fez uma análise semelhante, ao perceber, por meio de sua experiência servindo ao exército no fronte, durante a Primeira Guerra Mundial, que os soldados nas trincheiras despertavam para "o gosto pela vida", usando suas palavras; eles foram capazes de extrair

---

4 Yeats, "Easter 1916", em *The Collected Poems of W. B. Yeats*, pp. 152-54.

* Pierre Teilhard de Chardin (1881-1955) foi um padre jesuíta, teólogo, filósofo e também paleontólogo que voltou seu trabalho para a construção de uma visão integradora entre ciência e teologia. (N. da T.)

mais do seu poder e experimentar maior intensidade de sentimento. Energias das quais em geral não dispomos, em tempos de guerra, surgem em nós de forma repentina e vívida; então, temos uma noção de como a vida poderia ser vivida se essas energias também estivessem acessíveis na vida cotidiana. "Construam suas cidades perto do Vesúvio", instruiu Nietzsche, pois dessa forma o perigo estaria sempre presente e despertaria dentro das pessoas maior fruição de estar vivo.[5] Quando uma pessoa vive diante da morte, segundo ele, não foge e nem se esconde atrás dos confortos superficiais e das ilusões entorpecentes da vida mundana. Em *O Poder do Mito*, Campbell conta a história de nativos cavalgando para a batalha contra Custer, dizendo uns aos outros "que dia maravilhoso para morrer!".[6] Que contraste, observou ele, da forma como somos condicionados a reagir à perspectiva da morte. Não há sentido para esses guerreiros se conterem em virtude do medo despertado por uma autoproteção. O medo gera um desperdício total de energia e atenção na ação que temos pela frente. É um ato de afirmação total da vida diante da morte.

O ponto crucial da travessia do limiar do retorno é, portanto, o desafio de deixar para trás um modo de experiência mais intenso, inebriante e encantado para retornar à realidade mundana vivenciada no dia a dia. Ao lidar com o mundo cotidiano, o herói manifesta, muitas vezes, por meio de experiências dolorosas, a sensação de distanciamento até mesmo dos estados de consciência mais potentes e profundos. O herói que retorna deseja, naturalmente, apegar-se à emoção e à aventura, apenas para conhecer a elevação espiritual e a vida com grandes e importantes feitos. Porém, a totalidade da psique exige que se aceite também a pequenez e a mesquinhez da vida. Reiteramos: ninguém é apenas um herói, é também muitas outras coisas: um marido ou uma esposa,

---

5 Nietzsche, *Gay Science*, p. 228.

6 Campbell and Moyers, *The Power of Myth*, p. 188.

um pai ou uma mãe, um filho ou uma filha; tem uma profissão, compromissos e ambições pessoais; e assim por diante. O retorno ao mundo comum pode ter um efeito esmagador sobre o ego, servindo para aniquilar ainda mais a obstinação individual e qualquer falso sentimento de identidade egoica. Quando uma pessoa retorna de uma maravilhosa aventura de autodescoberta e de autossuperação, com uma presunção psicológica ou qualquer sentido exaltado do próprio valor, essa sensação deve ser deixada para trás. É necessário ter uma atitude pragmática, mas também prosaica. Qualquer sensação ilusória de que alguém é, de algum modo, superior no nível espiritual é destruída pela vida no mundo cotidiano, em meio à comunidade das pessoas comuns. O místico tem de passar por uma morte psicoespiritual completa, o que significa morrer para qualquer sensação de sentir-se como um ser especial. "O conhecimento infla", de acordo com um antigo ditado alquímico; o inflar psicológico pode resultar de um encontro profundo com o inconsciente. Em última análise, porém, a individuação conduz, como disse Jung, a uma visão mais ou menos realista do mundo. Todas as falsas imagens e as ilusões sobre a vida de uma pessoa devem ser abandonadas; todas as formas de identificação inconsciente com os arquétipos devem ser reconhecidas e superadas. A realização do *Self* está além do apego psicológico a todas essas imagens.

A passagem do limiar de retorno é a contrapartida da passagem do primeiro limiar. Esse último marca o ponto decisivo de entrada no submundo, o movimento da consciência para longe do mundo diurno, para longe da atividade extrovertida, para o mundo interior e as profundezas do inconsciente. Durante a travessia de retorno, o ego, mesmo enquanto continua a passar por uma transformação profunda por meio de um encontro dialético com o inconsciente, deve dirigir sua vontade e sua atenção para as tarefas que estão à sua disposição no mundo.

Comunicação: compartilhando o benefício

Outro desafio que o herói enfrenta durante a viagem de retorno, de acordo com Campbell, e que é relevante sobretudo para a mitologia criativa, é o de comunicar a verdade descoberta à comunidade mais ampla, encontrando uma forma de torná-la relevante para o conhecimento e o consenso estabelecido, para a realidade do lugar e do período da história. A dádiva, o ouro, o tesouro – aquilo, enfim, que é trazido das profundezas – pode, por vezes, adverte Campbell, transformar-se em cinzas se a cultura não estiver preparada para receber a mensagem. O mensageiro pode estar sujeito a olhares interrogativos, sorrisos significativos, ou até mesmo ser ridicularizado e perseguido. Vale recordar a perseguição sofrida por Jesus pelo Estado romano, ou Copérnico e Freud, ambos ridicularizados por suas teorias por certos quadrantes quando apresentados pela primeira vez. Em *A Gaia Ciência* e *Assim Falou Zaratustra*, o "louco" Nietzsche, ao anunciar aos quatro ventos a morte de Deus, acabou por sofrer o desprezo do "rebanho":

> Eles não me entendem: não sou boca para esses ouvidos. Talvez eu tenha vivido muito tempo nas montanhas, escutado demais as árvores e os riachos: agora falo com eles como com pastores de cabras.
>
> Plácida está minha alma e brilhante como as montanhas pela manhã. Mas eles me consideram frio e zombeteiro com piadas temíveis.
>
> E agora eles olham para mim e riem: e, rindo, eles ainda me odeiam. Há gelo em seu riso.[7]

Pode haver um final trágico para a grande aventura. O espírito dos tempos pode reagir com fria ignorância contra o homem ou a mulher que esteja sintonizado com o espírito das profundezas.

---

[7] Nietzsche, *Thus Spoke Zarathustra*, p. 47.

Nesta fase, nos encarregamos de comunicar nossas percepções ao mundo, de encontrar uma maneira de permitir que o mundo ouça e compreenda nossa verdade revelada. A comunicação requer um constante intercâmbio entre as profundezas internas e o mundo exterior. A passagem do limiar de retorno não marca o fim do encontro do ego com o inconsciente; ao contrário, há um processo constante de transformação contínua e de aprofundamento da visão da vida. Na verdade, a individuação – acreditava Jung – nunca chega de fato a um ponto final. É um ideal a ser constantemente buscado.

Uma das principais responsabilidades da fase de retorno e comunicação é aproveitar as próprias percepções e experiências para ajudar os outros. Campbell deu grande valor ao voto de *Bodhisattva*, por meio do qual, ao atingir a iluminação, o *Bodhisattva* escolhe abandonar a libertação final das tristezas da existência, abandonar o nirvana e retornar para ajudar os outros a alcançar a própria libertação espiritual do ciclo de autopropagação de nascimentos e mortes. O objetivo de um *Bodhisattva* é ajudar as pessoas a encontrar a libertação da dor e do sofrimento da existência. Uma das expressões favoritas de Campbell era a "participação alegre nas tristezas do mundo" – a qual traduz muito bem a atitude de um *Bodhisattva*.[8]

Nietzsche e Jung, como vimos, foram ambos afetados pelo que consideravam ser o crescente afastamento dos ensinamentos da Igreja em relação aos desafios da vida do indivíduo moderno. Suas experiências nos levaram muito além da compreensão do espírito apresentado no cristianismo ortodoxo. Ambos foram, assim, impelidos a formular as próprias filosofias de vida e seus mitos, dirigindo o próprio trabalho a um estrato emergente de pessoas que desejavam entrar em contato com o poder transformador e o mistério da psique inconsciente. Dessa maneira, sua experiência de vida individual adquiriu uma profunda importância coletiva.

---

8 Campbell, *The Way of Myth*, pp. 123 e 141.

Jung fez um grande esforço para comunicar os próprios *insights*, tanto para a comunidade mais ampla, informada no âmbito científico, quanto para o público cristão. Percebendo que já não vivia inserido no mito cristão, dedicou-se à descoberta e à formulação de seu próprio mito, centrado no seu modelo de individuação, que o levou muito além dos ensinamentos do cristianismo ortodoxo.[9] No entanto, ele não abandonou o cristianismo, pois reconhecia o seu lugar central na psique ocidental e o profundo significado espiritual de seu simbolismo.

Na verdade, embora a individuação seja um caminho solitário e individual, isso não quer dizer que não possa ocorrer dentro de uma das tradições religiosas estabelecidas. Contudo, para que isso ocorra, é essencial que os ensinamentos religiosos sejam interpretados em seu aspecto psicológico, observando a sua relevância para a transformação psicológica. O significado dos símbolos deve ser "amplificado" ou elaborado de novo, no intuito de que os ensinamentos religiosos permaneçam vitais e relevantes. Essa renovação e a expansão de significado são exatamente o que Jung tentou fazer para o cristianismo, por meio de suas explorações do processo de individuação, do gnosticismo e do significado psicoespiritual da alquimia. Esse foi o principal trabalho da fase de comunicação da jornada de vida de Jung.

Uma consequência da luta do indivíduo para comunicar suas percepções e experiências pode ser, portanto, justamente esse tipo de contribuição para a evolução das próprias tradições estabelecidas. O caso de Pierre Teilhard de Chardin ilustra esse ponto. Teilhard de Chardin permaneceu com a tradição jesuítica de sua educação mesmo enquanto trabalhava como um pioneiro paleontólogo e teórico evolucionista. Embora muitas de suas teorias científicas e evolucionistas contradissessem os ensinamentos religiosos ortodoxos, chegando a ser censuradas pelas autoridades

---

9 Ver Jung, *Memories, Dreams, Reflections*, p. 195.

jesuítas, Teilhard não se limitou a afastar-se dessa ordem eclesiástica, mas tentou encontrar uma forma de integrar suas percepções intelectuais com sua devotada fé em Cristo e na herança cristã. Ele percebeu – assim como Jung – que o problema surge quando os ensinamentos de uma religião se tornam uma doutrina rígida, não mais uma fonte de revelação contínua, e a mensagem espiritual é perdida ou malcompreendida. Ao negligenciar a consideração do significado dos seus símbolos, a religião deixa de crescer e evoluir. É uma peculiaridade de nossa época o grande sincretismo religioso em voga. Todas as diferentes religiões estão expostas a ideias de outras tradições e culturas, o que ajuda a revitalizá-las. O indivíduo, reunindo diversas percepções em busca do significado de sua própria vida e do mito pessoal, é o veículo para tal revitalização.

Hospitalidade aos deuses

O heroísmo no mito tem a ver com sacrifício; em termos psicológicos, sacrificamos a antiga identidade egoica para que uma identidade nova e mais profunda possa nascer. O ato final da jornada do herói é a morte e o renascimento para uma nova vida. Embora fundamental para o processo de individuação, o arquétipo do herói é, em si, apenas um arquétipo entre muitos na psique. Também deve servir ao centro e à totalidade da psique, o *Self* maior. A fase de luta heroica durante a individuação não prossegue de modo indefinido. Na verdade, Jung afirma que o heroísmo exagerado pode tornar-se uma cãibra, pois tudo se transforma, então, em uma luta titânica, uma aventura a ser desafiada, um obstáculo a ser superado e uma batalha a ser vencida.

Embora o princípio da consciência do ego permaneça dominante, existe o grave perigo de inflação psicótica por meio da identificação com o *Self* e com o poder criativo do inconsciente. Então, como salienta Jung, o heroico *Übermensch* de Nietzsche representa "o orgulho arrogante, a *hybris*, da consciência individual".[10] Para se relacionar com sucesso com os poderes do inconsciente, deve haver uma transformação de uma atitude de vontade heroica e de conquista para uma receptividade reverente aos poderes arquetípicos do inconsciente. "A psique", como observa o analista junguiano Roger Brooke,

> não pode se desenvolver e se realizar por meio de uma atitude egoica de domínio heroico. Tanto para Jung quanto para Heidegger, Nietzsche está no auge da vida egoica (Jung) ou antropocêntrica (Heidegger) e, como tal, simboliza o niilismo. Daí a metáfora norteadora da vida e obra de Jung [...] não é Fausto (ou Nietzsche), mas Filêmon, o humilde eremita, que deu hospitalidade aos deuses em nossa época ímpia.[11]

Brooke acrescenta, citando Heidegger, que "O homem não é o senhor dos seres. O homem é o pastor do Ser.".[12] O ego, recorrendo à linguagem da parábola do Novo Testamento, é como um inquilino preparando a casa (do Ser) para o retorno do proprietário (o *Self*). Não é ele próprio o dono ou o senhor da casa.

Essa mudança para uma atitude de hospitalidade para com os deuses e de reverência, em vez de luta heroica, só é plenamente possível depois de a parte ogro-tirano do ego ter sido destruída e os instintos serem subjugados. Em geral, primeiro, vem a luta e, depois, segue-se uma aceitação reverente na qual os arquétipos são convidados a entrar na vida da pessoa; os deuses, despojados de seu poder de compulsão arquetípica, estão livres para dançar através do campo do ser, em vez de baterem contra as paredes de um ego autocrático isolado. Essa condição reflete um envolvimento

---

[10] Jung, *Psychology and Alchemy*, p. 479.

[11] Brooke, *Jung and Phenomenology*, p. 90.

[12] Heidegger, *Being and Time*, p. 221 (citado por Brooke, *Jung and Phenomenology*, p. 90).

mais relacional e participativo com o inconsciente, essencial para o desenvolvimento da individuação.

Campbell usa a imagem do "dançarino cósmico", criada por Nietzsche, para transmitir a ideia de uma pessoa que é capaz de se mover para a frente e para trás entre o mundo diurno da consciência e as profundezas internas da natureza – o inconsciente – e, assim, unir os dois. Na fase de retorno da jornada do herói, é preciso tornar-se o "mestre de dois mundos", o iniciado que pode dançar com leveza entre as profundezas internas e a esfera de ação externa, estabelecendo uma ponte entre a consciência e o inconsciente. O ego, já transformado, pode, assim, servir como veículo para a expressão do *Self* no mundo.

Sob a ótica da experiência pessoal, à medida que entramos com mais plenitude nessa transformação, a intensidade visceral do desejo diminui e é substituída por uma forma de ser possível de ser descrita como uma brincadeira séria, uma brincadeira proposital. Nessa fase, em grande medida, a consciência chega a um acordo ou se reconcilia com o poder instintivo da natureza. Os instintos, agora controlados e colocados em relação com a consciência, tornam-se subservientes ao *Self*; descarregados de seu excesso de energia, eles têm o seu lugar na vida do indivíduo; no entanto, já não se apoderam e nem dominam a consciência. O indivíduo torna-se um emissário do divino no mundo, dando expressão ao poder criativo das profundezas interiores da natureza.

Liberdade e a transcendência da obstinação

A seção final da jornada, que Campbell chama de *liberdade para viver*. Supõe-se, muitas vezes, que o curso do desenvolvimento psicológico conduz a uma liberdade cada vez maior. À medida que a individuação prossegue, porém, sua liberdade individual, de certa maneira, tem de ser abandonada. A partir de então, sua liberdade depende de como você responde aos impulsos criativos, que emergem de suas profundezas e que não se originam de sua vontade consciente. Ao falar de si mesmo, Jung afirma: "Como toda personalidade criativa, eu não era livre, mas dominado e impelido pelo demônio interior".[13] A individuação é o processo pelo qual você se reconcilia com essa perda de liberdade. A parte de você que deseja ser livre torna-se subserviente à sua totalidade, à autoridade do *Self*. Você pode perceber, de fato, que não existe liberdade real fora do *Self*, fora do *Logos* – a ordem cósmica que governa todas as coisas, ou, em termos cristãos, a Palavra e a Vontade de Deus.

A liberdade aqui implícita se refere, portanto, não à liberdade pessoal, não à liberdade no âmbito do ego, mas a uma condição de liberdade psicológica a serviço do *Self*, a qual reafirma um estado de libertação de resistências psicológicas incapacitantes, que permite uma afirmação sincera da vida como ela é. A individuação também traz a liberdade das influências limitantes do mundo externo. Quanto mais uma pessoa for capaz de sintonizar-se com sua autoridade interior, menos será afetada de modo negativo por influências externas. Os modos de vida e as atitudes e as opiniões errôneas do mundo coletivo desaparecem. Padrões de vida antigos e condicionados no âmbito cultural desaparecem. E o modo do "eu" que funcionava dentro desses padrões coletivos também desaparece. Uma pessoa é livre para ser o que sempre foi em termos de potencial. O esforço para ser alguém, para se adaptar às demandas do coletivo, não é mais necessário. Na verdade, o esforço de tentar ser alguém, de tentar viver de uma determinada maneira, é totalmente destruído. Doravante, os esforços da pessoa são direcionados à expressão do seu *daemon* criativo e à realização do padrão de vida do *Self*. Transcendemos os padrões socioculturais e percebemos a liberdade de nossa natureza inerente.

---

[13] Jung, *Memories, Dreams, Reflections*, p. 390.

Tal liberdade, contudo, não é um ponto final estático ou um estado de paz imutável, mas uma condição de tensão dinâmica entre a consciência e o inconsciente, uma tensão criativa enraizada no *Self*. Jesus descreve o Reino do Pai (Céu) como "um movimento e um repouso".[14] É uma condição para poder experimentar todo o poder da energia vital com sensatez e equilíbrio.

Para Jung, a tensão dinâmica entre a consciência do ego e o inconsciente nunca é totalmente resolvida; na verdade, é uma pré-condição, segundo ele, da consciência autoconsciente. Campbell, influenciado pela filosofia mística do Oriente, dispõe-se a ir além de Jung em sua avaliação do significado do ponto de chegada da jornada do herói:

> O sentido é bem claro; é o sentido de toda prática religiosa. O indivíduo, por meio de prolongadas disciplinas espirituais, renuncia completamente aos vínculos com suas limitações e idiossincrasias, esperanças e temores pessoais, já não resiste à autoaniquilação, que constitui o pré-requisito do renascimento na percepção da verdade, e assim fica pronto, por fim, para a grande sintonia. Suas ambições pessoais estão dissolvidas, razão por que ele já não tenta viver, mas simplesmente relaxa diante de tudo o que venha a se passar nele; ele se torna, por assim dizer, um anônimo. A Lei vive nele com seu próprio consentimento irrestrito.[15]

Para Campbell, a vontade própria deve ser totalmente extinta e o indivíduo deve tornar-se, então, uma personificação viva da lei divina. Vale citar de novo aqui a instrução de Yoda a Luke Skywalker em *O Retorno do Jedi*, em resposta aos esforços tensos do aspirante a Jedi para alcançar o domínio. "Tentar não, faça ou não faça, tentativa não há", declara

---

[14] Ross, *Gospel of Thomas*, *logion* 50, 38.

[15] Campbell, *The Hero with a Thousand Faces*, pp. 204-05. [*O Herói de Mil Faces*. São Paulo: Cultrix, 1989, p. 231.]

Yoda. A vontade pessoal, a tentativa e o esforço devem ser totalmente vencidos, de modo que permaneça apenas uma expressão espontânea do divino por intermédio do *Self* no ser humano. Voltamos, então, à noção de jogo criativo e de liberdade da resistência do ego à vida como ela de fato é. A consciência, despojada de vontade própria, permite que surja uma resposta lúdica à vida. O espírito humano transformado, como observa Roberto Assagioli, adquire, assim, "um poder agudo e formidável: é capaz de *wu wei*, ou seja, ação sem ação, à qual nada pode resistir".[16]

A transformação que acontece durante o processo de morte-renascimento psicoespiritual ocorre aos poucos; primeiro, em vislumbres, depois, por períodos mais longos, à medida que o velho ego gradualmente sofre uma morte completa – uma experiência dolorosa, desmoralizante e, em última análise, aniquiladora. No ato final, no fim da jornada transformadora, o herói será sacrificado pela maior identidade e pela totalidade da psique. Ou seja, o ego experimenta uma morte final e o indivíduo renasce como o *Self*. As fases finais dessa morte definitiva do ego só podem ser experimentadas como uma obliteração esmagadora da resistência psicológica, que os místicos chamam de "noite escura da alma".[17] A noite escura, explica Assagioli, é "um cadinho no qual se fundem todos os elementos humanos que ainda vão constituir [a alma]", caracterizada por "um estado interior de sofrimento e privação", que pode durar muitos anos.[18] É um "estágio misterioso" de

---

[16] Assagioli, *Transpersonal Development*, p. 114.

[17] Embora o termo "noite escura da alma" seja hoje frequentemente empregado para descrever qualquer período de crise existencial, quando alguém se sente isolado do divino ou de uma fonte de maior significado para a vida, segundo Assagioli, deveria ser reservado para os estágios agonizantes finais da vida, para a purificação e a transformação na jornada espiritual.

[18] Assagioli, *Transpersonal Development*, pp. 114; 153-54.

> [...] "purificação passiva", em que a consciência do místico passa por uma experiência negativa nova e mais radical, em que realmente ocorre a morte de sua antiga personalidade, ou o "Adão", de fato, toma conta – uma condição necessária para sua ressurreição em Cristo. É nessa morte mística, creio eu, que o sofrimento humano atinge seu nível mais elevado: é um tormento inexpressável, uma verdadeira agonia consciente.[19]

As provações da noite escura, porém, serão seguidas pela iluminação e pela libertação de um novo amanhecer, trazendo a cessação do sofrimento e uma "gloriosa ressurreição espiritual".[20] Despojado de obstinação, o herói adentra em um caminho místico espiritual, em uma condição de unificação absoluta com o espírito.

O indivíduo também se reconcilia com o mundo. Ao tornar-se você mesmo, ao realizar o *Self*, a separação defensiva do mundo é curada. O processo de individuação é concebido por Jung como "uma jornada de isolamento e alienação da consciência do ego separada para a comunhão indissolúvel com o mundo em geral".[21] Na verdade, o cumprimento das tarefas e dos deveres da própria aventura de vida, a hipótese do grande fardo da realização do *Self*, poderia nos permitir, como o mítico Atlas, carregar sobre os ombros o peso do destino do planeta inteiro. Empreender a própria individuação é simultaneamente participar da transformação de toda a consciência planetária. A individuação traz, assim, a satisfação única que advém de influenciar, em um nível profundo, a transformação do desenvolvimento histórico-evolutivo da civilização humana.

---

19 Assagioli, *Transpersonal Development*, p. 136.

20 *Ibidem*, p. 127.

21 Jung, *Two Essays on Analytical Psychology*, p. 178.

O efeito da aventura bem-sucedida do herói, como sugere Campbell, é a reativação e a liberação da energia vital. O herói explora as fontes da vida no inconsciente, supera resistências psicológicas profundamente enraizadas, liberando, assim, a energia psicológica que estava travada em complexos inconscientes. A libido, até então ligada a desejos ou impulsos compulsivos, é liberada para ser usada pelo ego a serviço do *Self*. Dessa forma, o herói renova e rejuvenesce a terra devastada, servindo como recipiente para a expressão criativa do espírito no mundo.

O reencantamento do mundo

No final previsto da jornada espiritual do herói, a luta heroica cessa, tendo cumprido o seu propósito. Do ponto de vista psicológico, o poder represado no instinto foi confrontado, integrado e superado; o poder latente do destino de alguém foi completado na realidade, nos acontecimentos da vida. A aventura chega, assim, ao final, e o reino é unificado, os aspectos resistentes à vida da psique foram banidos ou transformados, e os aspectos destrutivos, aceitos e afirmados, incluídos na nova totalidade. Em *Star Wars*, depois de sua morte, o redimido Darth Vader toma seu lugar ao lado de Yoda e Ben Kenobi. Por meio do encontro com o lado sombrio, a unidade e a totalidade da existência são recuperadas. O poder das trevas, aparentemente perdido para a Ordem Jedi, é redimido por meio do heroísmo de Luke Skywalker.

A experiência de renascimento ou ressurreição é a concretização do padrão arquetípico do herói. Por intermédio da conclusão do processo de morte-renascimento, a consciência do ego se curva diante da Grande Realidade que a trouxe à tona, e o aspecto divino do *self* é, assim, exaltado. Ocorre uma entrega e, com ela, talvez, um pungente retorno da consciência à alma e ao mundo. Visto através dos olhos da alma, o mundo poderia ser reconhecido e lembrado como era no passado, antes de ser contaminado e obscurecido por milhares de coisas. Para o herói espiritual triunfante, o mundo encantado da infância é conhecido de novo: imaculado, misterioso, familiar, estrondoso, vivo, maravilhoso, murmurante, promissor e borbulhante. Uma inocência, uma simplicidade, que antes parecia ter desaparecido e que nunca mais voltaria, revela-se mais uma vez, agora casada com a sabedoria aprendida, o autoconhecimento arduamente conquistado, uma consciência concentrada e uma vontade resoluta. Depois da noite escura da alma, explica Assagioli, "o próprio mundo se transforma", e o místico "sente o poderoso batimento cardíaco da unidade suprema em todas as coisas e em todos os seres".[22]

Apesar de todo sofrimento inevitável que acarreta, a individuação traz consigo a experiência do profundo significado da vida que pode sustentar alguém mesmo durante as provações e tribulações mais árduas. Ao acessar um fluxo de energia vital indisponível para a consciência comum do ego, pode-se atingir plenitude, intensidade e profundidade de experiência que normalmente faltam. Experimentando todo o poder da paixão da vida, levado pela emoção da aventura da vida, o caminho da individuação oferece à vida uma qualidade eternamente desconhecida e emergente, restaurando a experiência de um frescor e uma singularidade primaveril – condição profetizada e prometida nas palavras de Cristo: "Eu te darei o que nenhum olho viu, nenhum ouvido ouviu, e o que nenhuma mão tocou, e o que não brotou no coração do homem".[23]

A descrição de Campbell do cumprimento da jornada, tomada de empréstimo dos contos de fadas dos irmãos Grimm, toca um acorde poético adequado: "Quando o Príncipe da Eternidade beijou a Princesa do Mundo, esta não ofereceu resistência: 'Ela abriu os olhos, despertou e o olhou com amizade [...]. Juntos, desceram as escadas, e o rei, a rainha e

---

[22] Assagioli, *Transpersonal Development*, p. 113.

[23] Ross, *Gospel of Thomas, logion* 17, 20.

toda a corte acordaram e todos se entreolharam com estupefação'".[24] Nessa união real reside a consequência ideal da viagem épica do herói através do país das maravilhas do inconsciente: o casamento místico dos opostos, a libertação do espírito adormecido da natureza e a intersecção do eterno e do temporal na *unio mystica*, que, segundo Jung, equivale a uma união do indivíduo com "a base eterna de todo ser empírico".[25] Aqui, na visão romântica da realização da odisseia espiritual do eu moderno, a individuação aproxima-se do seu final de rejuvenescimento triunfante e de afirmação alegre da vida. "Onde reinam a alegria e a expectativa primaveris", observa Jung, "o espírito pode abraçar a natureza e o espírito da natureza".[26]

---

[24] Campbell, *The Hero with a Thousand Faces*, p. 209. [*O Herói de Mil Faces*. São Paulo: Cultrix, 1989, p. 236.]

[25] Jung, *Mysterium Coniunctionis*, p. 534.

[26] *Ibidem*, p. 490.

Bibliografia

Abrams, M. H. *Natural Supernaturalism: Tradition and Revolution in Romantic Literature*. 1971. Reimpressão, Nova York: W.W. Norton & Co, 1973.

Assagioli, Roberto. *Transpersonal Development: The Dimension Beyond Psychosynthesis*. Londres: The Aquarian Press, 1991.

Aurobindo Ghose, Sri. *The Life Divine*. Pondicherry, Índia: Sri Aurobindo Ashram Press, 1970.

Bair, Deidre. *Jung: A Biography*. Londres: Little, Brown and Company, 2003.

Barrett, William. *Irrational Man: A Study in Existential Philosophy*, 1958. Reimpressão, Nova York: Anchor Books, 1990.

Bascom, William. 'The Forms of Folklore: Prose Narrative.' 1965. *In*: *Sacred Narrative: Readings in the Theory of Myth*. Organizado por Alan Dundes. Berkeley: University of California Press, 1984.

Blake, William. "The Auguries of Innocence". Disponível em: http://www.artofeurope.com/blake/bla3.htm. Acesso em: 31 jan. 2024.

Boeck, Wilhelm e Jaime Sabartes. *Pablo Picasso*. Harry N. Abrams, 1961.

Brooke, Roger. *Jung and Phenomenology*, 1991. Londres: Routledge, 1993.

Campbell, Joseph. *The Flight of the Wild Gander*. Chicago: Gateway, 1972.

Campbell, Joseph. *The Hero with a Thousand Faces*. 3ª ed. Novato, CA: New World Library, 2008. [*O Herói de Mil Faces*. São Paulo: Cultrix, 1989.]

_____. *The Hero's Journey: Joseph Campbell on His Life and Work*. Organizado por Phil Cousineau. San Francisco, CA: HarperSanFrancisco, 1991.

_____. *The Inner Reaches of Outer Space*: Metaphor as Myth and Religion. Novato, CA: New World Library, 2002.

_____. *The Masks of God, Vol. III: Occidental Mythology*, 1964. Reimpressão, Nova York / London: Penguin Arkana, 1991.

_____. *The Masks of God, Vol. IV: Creative Mythology*, 1968. Reimpressão, Nova York e Londres: Penguin Arkana, 1991.

_____. *The Mythic Dimension: Selected Essays 1959-1987*. Organizado por Anthony Van Couvering. Novato, CA: New World Library, 1997/2007.

_____. *Myths to Live By: Mythology for Our Time*. Londres: Souvenir Press, 1973.

_____. *Reflections on the Art of Living: A Joseph Campbell Companion*. Seleção e edição: Diane K. Osbon. Nova York: HarperCollins, 1991.

_____. *Thou Art That: Transforming Religious Metaphor*. Novato, CA: New World Library, 2001.

Campbell, Joseph e Bill Moyers. *Joseph Campbell and the Power of Myth with Bill Moyers*. Nova York: Mystic Fire Video, 1988.

_____. *The Power of Myth*, 1988. Reimpressão, Nova York: Anchor Books, 1991.

Campbell, Joseph e Frazer Boa. *The Way of Myth: Talking with Joseph Campbell*. Boston, MA: Shambhala Publications, 1989.

Chauduri, Haridas. *The Evolution of Integral Consciousness*. Wheaton, IL: Quest Books, 1978.

Clarke, John J. *Jung and Eastern Thought: A Dialogue with the Orient*. Londres: Routledge, 1994.

Corbett, Lionel. *The Religious Function of the Psyche*. Londres: Routledge, 1996.

Cornford, F. M. *From Religion to Philosophy: A Study in the Origins of Western Speculation*. Nova York: Harper & Row, 1957.

Dante Aligheri. *The Divine Comedy*. Tradução: C. H. Sisson. Oxford: Oxford University Press, 1998. [*A Divina Comédia*. São Paulo: Cultrix, 1987 (fora de catálogo).]

Dostoevsky, Fyodor. *Notes from Underground*. Tradução: Richard Pevear e Larissa Volokhonsky. Londres: Vintage Books, 1993.

Dundes, Alan (org.) *Sacred Narrative: Readings in the Theory of Myth. Berkeley*. University of California Press, 1984.

Edinger, Edward. *Anatomy of the Psyche: Alchemical Symbolism in Psychotherapy*. Peru, IL: Open Court, 1991. [*Anatomia da Psique – O Simbolismo Alquímico na Psicoterapia*. São Paulo: Cultrix, 1990.]

_____. *The Creation of Consciousness: Jung's Myth for Modern Man*. Toronto: Inner City Books, 1984. [*A Criação da Consciência – O Mito de Jung para o Homem Moderno*. São Paulo: Cultrix, 1986 (fora de catálogo).]

_____. *Ego and Archetype*: Individuation and the Religious Function of the Psyche. 1973. Reimpressão. Peru, IL: Open Court, 1992. [*Ego e Arquétipo – Uma Síntese Fascinante dos Conceitos Psicológicos Fundamentais de Jung*. São Paulo: Cultrix, 2ª ed., 2020.]

Eliade, Mircea. *Cosmos and History: The Myth of the Eternal Return*. Nova York: Harper & Row, 1959.

_____. *The Sacred and the Profane: The Nature of Religion*. Traduzido por Willard R. Trask. Nova York: Harvest Books, 1968.

Eliot, T. S. "The Waste Land". *In*: *Selected Poems*. Londres: Faber and Faber, 1954.

Estés, Clarissa Pinkola. *Women Who Run with the Wolves: Myths and Stories of the Wild Woman Archetype*. Nova York: Ballantine Books, 1995.

Frazer, James G. "The Fall of Man." 1918/1923. *In*: *Sacred Narrative: Readings in the Theory of Myth*. Organziado por Alan Dundes. Berkeley: University of California Press, 1984.

Freud, Sigmund. *Civilization and its Discontents*, 1930. Nova York: W. W. Norton & Co., 1989.

_____. *New Introductory Lectures on Psycho-Analysis*. Edição-padrão, 1933. Traduzido por James Strachey. Reimpressão. Nova York: W. W. Norton & Co., 1965.

Frey-Rohn, Liliane. *From Freud to Jung: A Comparative Study of the Psychology of the Unconscious*. Traduzido por Fred Engreen e Evelyn Engreen. Nova York: Delta, 1974.

Gebser, Jean. *The Ever-Present Origin*. Traduzido por Noel Barstad e Algis Mickunas. Atenas, OH: Ohio University Press, 1984.

Goethe, J. W. von. *Faust Parts One and Two*. Traduzido por David Luke. Oxford: Oxford University Press (Dois Volumes), 1999.

Grof, Stanislav. *The Cosmic Game: Explorations of the Frontiers of Human Consciousness*. Albany, NY: State University of New York Press, 1998.

_____. *Psychology of the Future: Lessons from Modern Consciousness Research*. Albany, NY: State University of New York Press, 2000.

Hanegraaff, Wouter. *New Age Religion and Western Culture: Esotericism in the Mirror of Secular Thought*. Albany, NY: State University of New York Press, 1998.

Heelas, Paul e Linda Woodhead. *The Spiritual Revolution: Why Religion is Giving Way to Spirituality*. Oxford: Blackwell Publishing, 2005.

Hegel, G. F. W. *An Introduction to the Philosophy of History*. Traduzido por Leo Rauch. Indianapolis, IN: Hacket Publishing, 1988.

Heidegger, Martin. *Being and Time*, 1927. Traduzido por J. Macquarrie e E. Robinson. Oxford: Basil Blackwell, 1962.

Henderson, Joseph. *Shadow and Self: Selected Papers in Analytical Psychology*. Wilmette, IL: Chiron Publications, 1990.

Hesse, Hermann. *Steppenwolf*, 1929. Edição revisada. Traduzido por Basil Creighton. Londres: Penguin, 1965.

Hillman, James. *The Soul's Code: In Search of Character and Calling*. Nova York: Warner Books, 1996.

Hölderlin, Friedrich. *Selected Poems and Fragments*. Traduzido por Michael Hamburger. Londres: Penguin Classics, 1998.

Homero. *The Odyssey*. Traduzido por T. E. Lawrence. Reimpressão, Herts.: Wordsworth Editions, 1992.

Honko, Laurie. 'The Problem of Defining Myth.' 1972. *In*: *Sacred Narrative: Readings in the Theory of Myth*. Organizado por Alan Dundes. Berkeley: University of California Press, 1984.

Huxley, Aldous. *The Doors of Perception and Heaven and Hell*, 1954. Reimpressão. Nova York: Harper Perennial, 1990.

_____. *Huxley and God: Essays*. Organizado por Jacqueline Hazard Bridgeman. Reimpressão. Nova York: HarperSanFrancisco, 1992.

_____. *The Perennial Philosophy*, 1946. Reimpressão. Londres: Fontana Books, 1959. [*A Filosofia Perene*. São Paulo: Cultrix, 1991 (fora de catálogo).]

Jaffé, Aniela. *The Myth of Meaning in the Work of C. G. Jung*. Zurique: Daimon Verlag, 1986. [*O Mito do Significado na Obra de Carl G. Jung*. São Paulo, Cultrix, 2ª ed., 2021.]

James, William. *The Varieties of Religious Experience*. 1902. Editor: Martin E. Marty. New York: Penguin, 1985. [*As Variedades da Experiência Religiosa*. São Paulo: Cultrix, 2ª ed., 2017.]

Jensen, Ferbe (org.) *C. G. Jung, Emma Jung, Toni Wolff: A Collection of Remembrances*. San Francisco: The Analytic Psychology Club of San Francisco Inc., 1982.

Joyce, James. *A Portrait of the Artist as a Young Man*. Ware, Herts.: Wordsworth Editions Limited, 1992.

Jung, Carl Gustav. *The Collected Works of C. G Jung*. 19 vols. Traduzido por R. F. C. Hull. Princeton: Princeton University Press and London: Routledge & Kegan Paul, 1953-1979.

_____. *Aion: Researches into the Phenomenology of the Self*, 2ª ed. *The Collected Works of C. G. Jung*, vol. 9, part II. Traduzido por R. F. C. Hull. Princeton, NJ: Princeton University Press, 1969.

_____. *Alchemical Studies*. Vol. 13 de *The Collected Works of C. G. Jung*. Traduzido por R. F. C. Hull. Princeton: Princeton University Press, 1968.

_____. "Analytical Psychology and the Weltanschauung." 1928/1931. *In*: *The Structure and Dynamics of the Psyche*. Vol. 8 de *The Collected Works of C. G. Jung*. Traduzido por: R. F. C. Hull. Londres: Routledge & Kegan Paul, 1960.

_____. *Answer to Job. The Problem of Evil: Its Psychological and Religious Origins*. 1960. Traduzido por R. F. C. Hull. Reimpressão. Cleveland, OH: Meridian Books, 1970.

_____. "Archetypes of the Collective Unconscious." 1934/1954. *In*: *The Archetypes and the Collective Unconscious*, 2ª ed. *The Collected Works of C. G. Jung*, vol. 9, parte I. Traduzido por R. F. C. Hull. Princeton: Princeton University Press, 1968.

_____. *The Archetypes and the Collective Unconscious*, 2ª ed. *The Collected Works of C. G. Jung*, vol. 9, parte I. Traduzido por R. F. C. Hull. Princeton: Princeton University Press, 1968.

_____. *C. G. Jung Speaking: Interviews and Encounters*. Organizado por William McGuire e R. F. C. Hull. London: Pan Books, 1980.

_____. *Civilization in Transition*, 2ª ed. Vol. 10. *The Collected Works of C. G. Jung*. Traduzido por R. F. C. Hull. Princeton: Princeton University Press, 1970.

_____. "Commentary on 'The Secret of the Golden Flower'." *In*: *Alchemical Studies*. Vol. 13 de *The Collected Works of C. G. Jung*. Traduzido por R. F. C. Hull. Princeton: Princeton University Press, 1968.

_____. *Man and His Symbols*. Organizado por C. G. Jung e Marie-Louise von Franz, 1964. Reimpressão. Londres: Aldus Books Ltd., 1979.

_____. *Memories, Dreams, Reflections*, 1963. Organizado por Aniela Jaffé. Traduzido por Richard Wilson e Clara Wilson. Reimpressão. Londres: Flamingo, 1983.

_____. *Mysterium Coniunctionis*, 2ª ed. 1955-1956. Vol. 14 de *The Collected Works of C. G. Jung*. Traduzido por F. C. Hull. Reimpressão. Princeton: Princeton University Press, 1989.

_____. *Nietzsche's Zarathustra: Notes on the Seminar Given in 1934-9*. Organizado por James Jarrett, 2 vols. Princeton, Princeton University Press, 1988.

_____. "The Phenomenology of the Spirit in Fairytales." 1945/1948. *In*: *The Archetypes and the Collective Unconscious*, 2ª ed. *The Collected Works of C. G. Jung*, vol. 9, parte I. Traduzido por R. F. C. Hull. Princeton: Princeton University Press, 1968.

_____. *Psychology and Alchemy*, 2ª ed. Vol. 12 de *The Collected Works of C. G. Jung*. Traduzido por R. F. C. Hull. Princeton: Princeton University Press, 1968.

_____. *Psychology and Religion: West and East*. Vol. 11 de *The Collected Works of C. G. Jung*. Traduzido por R. F. C. Hull. Londres: Routledge & Kegan Paul, 1958.

_____. "The Psychology of the Child Archetype." 1940. *In*: *The Archetypes and the Collective Unconscious*, 2ª ed. *The Collected Works of C. G. Jung*, vol. 9, parte I. Traduzido por R. F. C. Hull. Princeton: Princeton University Press, 1968.

_____. *The Red Book*. Organizado e introduzido por Sonu Shamdasani. Traduzido por Mark Kyburz, John Peck e Sonu Shamdasani. Nova York: W. W. Norton & Co., 2009.

_____. *The Spirit in Man, Art, and Literature*, 1966. Vol. 15 de *The Collected Works of C. G. Jung*. Traduzido por R. F. C. Hull. Reimpressão. Princeton: Princeton University Press, 1971.

_____. "The Spiritual Problem of Modern Man." 1928/1931. *In*: *Civilization in Transition*, 2ª ed. Vol. 10 de *The Collected Works of C. G. Jung*. Traduzido por R. F. C. Hull. Princeton: Princeton University Press, 1989.

_____. *The Structure and Dynamics of the Psyche*. Vol. 8 de *The Collected Works of C. G. Jung*. Traduzido por R. F. C. Hull. Londres: Routledge & Kegan Paul, 1960.

_____. *Symbols of Transformation*, 2ª ed., 1967. Vol. 5 de *The Collected Works of C. G. Jung*. Traduzido por F. C. Hull. Princeton: Princeton University Press, 1976.

_____. "Synchronicity: An Acausal Connecting Principle", 1955. *In*: *The Structure and Dynamics of the Psyche*. Vol. 8 de *The Collected Works of C. G. Jung*. Traduzido por R. F. C. Hull. Londres: Routledge & Kegan Paul, 1960.

_____. *Two Essays on Analytical Psychology*, 2ª ed., 1966. Vol. 7 de *The Collected Works of C. G. Jung*. Traduzido por R. F. C. Hull. Reimpressão. Londres: Routledge, 1990.

_____. *The Undiscovered Self.* 1958. Nova York: Signet, 2006.

Jung, Carl Gustav e John Freeman. *Face to Face Interview: Professor Jung*. Londres: BBC Television, 1959.

Jung, Carl Gustav e Karl Kerényi. *Science of Mythology: Essays on the Myth of the Divine Child and the Mysteries of Eleusis.* Edição revisada. Reimpressão, Londres: Routledge, 2002.

Kaufmann, Walter (org. e trad.) *Existentialism: From Dostoevsky to Sartre.* Nova York: Plume, 1975.

Kearns, Joseph. "The Shape of Nihilism: A Cosmological Exegesis of Nietzsche's 'The Madman'." *In*: *Beyond a Disenchanted Cosmology. Archai: The Journal of Archetypal Cosmology*. Issue 3. Organizado por Keiron Le Grice, Grant Maxwell e Bill Streett. San Francisco: Archai Press, 2011.

King, Ursula. *Spirit of Fire: The Life and Vision of Teilhard de Chardin.* Maryknoll, NY: Orbis, 1996.

Lambdin, Thomas O.; B. P. Grenfell; A. S. Hunt. *The Gospel of Thomas.* Traduzido por Bentley Layton. Disponível em: http://www.sacred-texts.com/chr/thomas.htm. Acesso em: 1º ago. 2012.

Larsen, Stephen e Robin Larsen. *A Fire in the Mind: The Life of Joseph Campbell.* Nova York: Bantam Doubleday, 1993.

Le Grice, Keiron. *Archetypal Cosmology and Depth Psychology: Selected Essays.* Ojai, CA: ITAS Publications, 2021.

_____. *The Archetypal Cosmos: Rediscovering the Gods in Myth, Science and Astrology*. Edinburgh: Floris Books, 2010.

_____. "The Dark Spirit in Nature: C. G. Jung and the Spiritual Transformation of Our Time." *In*: Keiron Le Grice, *Archetypal Cosmology and Depth Psychology: Selected Essays.* Ojai, CA: ITAS Publications, 2021.

Lee, Bruce. *Bruce Lee: Artist of Life.* Compilado e organizado por John Little. Boston, MA: Tuttle Publishing, 2001.

Malinowski, Bronislaw. "The Role of Myth in Life." *In*: *Sacred Narrative: Readings in the Theory of Myth*. Organizado por Alan Dundes. Berkeley: University of California Press, 1984.

Mann, Thomas. "Freud and the Future", 1937. *In*: *Myth and Mythmaking*. Organizado por Henry A. Murray. Nova York: George Braziller, 1960.

Metzner, Ralph. *The Unfolding Self: Varieties of Transformative Experience*. Novato, CA: Origin Press, 1998.

Murray, Henry A. (org.) *Myth and Mythmaking*. Nova York: George Braziller, 1960.

_____. "The Possible Nature of a 'Mythology' to Come." *In*: *Myth and Mythmaking*. Organizado por Henry A. Murray. Nova York: George Braziller, 1960.

Nellis, Krystina. "Hollywood Heroines: Here to Stay?" BBC News Website. 14 ago. 2012. Disponível em: http://www.bbc.co.uk/news/entertainment-arts-19061388. Acesso em 20 fev. 2024.

Neumann, Erich. *The Great Mother: An Analysis of the Archetype*. 1955/1963, 2ª ed. Traduzido por Ralph Manheim. Princeton: Princeton University Press, 1991. [*A Grande Mãe*. São Paulo: Cultrix, 2ª ed., 2021.]

_____. *The Origins and History of Consciousness*, 1954. Traduzido por R. F. C. Hull. Princeton: Princeton University Press, 1995. [*História das Origens da Consciência*. São Paulo: Cultrix, 2ª ed., 2022.]

Nietzsche, Friedrich. *Basic Writings of Nietzsche*. Traduzido por Walter Kaufmann. Nova York: The Modern Library, 2000.

_____. "Beyond Good and Evil." *In*: *Basic Writings of Nietzsche*. Traduzido por Walter Kaufmann. Nova York: The Modern Library, 2000.

_____. *The Birth of Tragedy*: *Out of the Spirit of Music*. Traduzido por Shaun Whiteside. Organizado por Michael Tanner. Londres: Penguin Books, 1993.

_____. "The Case of Wagner." *In*: *Basic Writings of Nietzsche*. Traduzido por Walter Kaufmann. Nova York: The Modern Library, 2000.

_____. "Ecce Homo." *In*: *Basic Writings of Nietzsche*. Traduzido por Walter Kaufmann. Nova York: The Modern Library, 2000.

_____. *The Gay Science: With a Prelude in Rhymes and an Appendix of Songs.* Traduzido por Walter Kaufmann. Nova York: Vintage Books, 1974.

_____. "On the Genealogy of Morals." *In*: *Basic Writings of Nietzsche*. Traduzido por Walter Kaufmann. Nova York: The Modern Library, 2000.

_____. *Thus Spoke Zarathustra.* Traduzido por Richard J. Hollingdale. Nova York: Penguin, 1968.

_____. *Thus Spoke Zarathustra*. Traduzido por Thomas Common. Forgotten Books, 2008. Disponível em: http://www.forgottenbooks.org. Acesso em: 1º ago. 2012.

_____. *The Twilight of the Idols and The Anti-Christ*, 1990. Traduzido por Michael Tanner. Reimpressão. Londres: Penguin, 2003.

Otto, Rudolf. *The Idea of the Holy.*, 1923. Reimpressão. Londres: Oxford University Press, 1958.

Patterson, Stephen J. *The Gospel of Thomas.* Traduzido por James M. Robinson. The Gnostic Society Library/The Nag Hammadi Library. Disponível em: http://www.gnosis.org/naghamm/gth_pat_rob.htm. Acesso em: 1º ago. 2012.

Penrose, Roland. *Picasso: His Life and Work*, 3ª ed. Berkeley, CA: University of California, 1981.

Perera, Sylvia Brinton. *Descent to the Goddess: A Way of Initiation for Women.* Toronto: Inner City Books, 1981.

Platão. "Apology." *In*: *Five Dialogues: Euthyphro, Apology, Crito, Meno, Phaedo*, 2ª ed. Traduzido por G. M. A. Grube. Indianapolis, IN: Hacket Publishing Company, Inc., 2002.

_____. *Timaeus and Critias*. Traduzido por Desmond Lee. Londres: Penguin Books, 1977.

Rogerson, J. W. 'Slippery Words: Myth.' 1978-1979. *In*: *Sacred Narrative*: *Readings in the Theory of Myth*. Organizado por Alan Dundes. Berkeley: University of California Press, 1984.

Ross, Hugh McGregor (org.). *The Gospel of Thomas.* Traduzido por H. McGregor Ross. Londres: Watkins Publishing, 2002.

Samuels, Andrew. *Jung and the Post-Jungians*. Londres: Routledge, 1986.

Sartre, Jean-Paul. *Being and Nothingness: An Essay on Ontology*,1943. Traduzido por Hazel E. Barnes. Reimpressão. Abingdon, Oxon: Routledge, 2005.

Schopenhauer, Arthur. *The World as Will and as Representation*. Traduzido por E. F. J. Payne. Mineola, NY: Dover Publications, 1966.

Segal, Robert A. *Joseph Campbell: An Introduction*, 1987. Reimpressão. Nova York: Meridian, 1990.

_____. "Joseph Campbell's Theory of Myth". *In*: *Sacred Narrative: Readings in the Theory of Myth*. Organizado por Alan Dundes. Berkeley: University of California Press, 1984.

_____. *Myth: A Very Short Introduction*. Oxford: Oxford University Press, 2004.

Shamdasani, Sonu. *Jung and the Making of Modern Psychology: The Dream of a Science*. Cambridge: Cambridge University Press, 2003.

Solomon, Robert C. e Kathleen M. Higgins. *A Short History of Philosophy*. Nova York: Oxford University Press, 1996.

Spengler, Oswald. *The Decline of the West*. Londres: George Allen & Unwin, 1926.

Steinbeck, John. *Cannery Row*, 1945. Londres: Mandarin, 1995.

_____. *The Grapes of Wrath*, 1939. Nova York: Penguin, 2002.

Swimme, Brian. *The Hidden Heart of the Cosmos: Humanity and the New Story*. Maryknoll, NY: Orbis Books, 1996.

Tacey, David. *Spirituality Revolution: The Emergence of Contemporary Spirituality*. Hove, Sussex: Brunner-Routledge, 2004.

Tarnas, Richard. *Cosmos and Psyche: Intimations of a New World View*. Nova York: Viking, 2006.

_____. *The Passion of the Western Mind: Understanding the Ideas That Have Shaped Our World View*, 1991. Reimpressão. Londres: Pimlico, 1993.

Teilhard de Chardin, Pierre. *The Phenomenon of Man*. Nova York: Harper & Row, 1965. [*O Fenômeno Humano*. São Paulo: Cultrix, 1988 (fora de catálogo).]

Tolkien, J. R. R. *The Lord of the Rings*. Londres: Guild Publishing, 1980.

Toynbee, Arnold J. *A Study of History*, Vol. 1., 1946. Volumes I-VI por D. C. Somervell. Oxford: Oxford University Press, 1987.

_____. *A Study of History*, Vol. 2., 1957. Volumes VII-X por D. C. Somervell. Oxford: Oxford University Press, 1987.

van Gennep, Arnold. *The Rites of Passage*. Edição reimpressa. Chicago: University of Chicago Press, 1961.

Vogler, Christopher. *The Writer's Journey: Mythic Structure for Writers*, 3ª ed. Studio City, CA: Michael Wiese Productions, 2007.

von Franz, Marie-Louise. *Archetypal Patterns in Fairytales*. Toronto: Inner City Books, 1997.

_____. "The Process of Individuation." *In*: *Man and His Symbols*. Organizado por C. G. Jung e Marie-Louise von Franz, 1964. Londres: Aldus Books Ltd., 1979.

Washburn, Michael. *The Ego and the Dynamic Ground: A Transpersonal Theory of Human Development*, 2ª ed. Albany, NY: State University of New York Press, 1995.

Watts, Alan. *The Meaning of Happiness. The Quest for Freedom of the Spirit in Modern Psychology and the Wisdom of the East*, 2ª ed. Nova York: Harper & Row, 1970.

_____. *The Taboo Against Knowing Who You Are*, 1966. Reimpressão. Nova York: Vintage Books, 1989.

_____. The *Two Hands of God: The Myths of Polarity*, 1963. Reimpressão. Londres: Rider & Company, 1978.

Weber, Max. "Science as a Vocation", 1919. *In*: *From Max Weber: Essays on Sociology*. Traduzido e organizado por H. H. Gerth e C. Wright Mills. Reimpressão. Nova York: Oxford University Press, 1946.

Whitmont, Edward. *Return of the Goddess*. Nova York: Crossroad Publishing Company, 1982.

Wilber, Ken. *Sex, Ecology, Spirituality: The Spirit of Evolution*. Boston: Shambhala Publications, 2000.

Woodman, Marion. *The Pregnant Virgin: A Process of Psychological Transformation*. Toronto: Inner City Books, 1985.

Yeats, William Butler. "Easter, 1916." *In*: *The Collected Poems of W. B. Yeats*. Ware, Herts, UK: Wordsworth Editions, 1994.

Filmes e séries para televisão

Avildsen, John G. (diretor). *The Karate Kid*. Culver City, CA: Columbia Pictures, 1984. [No Brasil: *Karatê Kid*.]

Chaffey, Dan (diretor). *Jason and the Argonauts*. Culver City, CA: Columbia Pictures, 1963. [No Brasil: *Jasão e os Argonautas*.]

Darabont, Frank (diretor). *The Shawshank Redemption*. Burbank, CA: Warner Bros. Pictures, 1994. [No Brasil: *Um Sonho de Liberdade*.]

Davis, Desmond (diretor). *Clash of the Titans*. Beverly Hills, CA: Metro-Goldwyn--Mayer, 1981. [No Brasil: *Fúria de Titãs*.]

Del Toro, Guillermo (diretor). *Pan's Labyrinth (El Laberinto del Fauno)*. Nova York: Picturehouse, 2006. [No Brasil: *O Labirinto do Fauno*.]

Disney, Walt (produtor). *Fantasia*. Burbank, CA: Walt Disney Productions, 1940.

_____. *Pinocchio*. Burbank, CA: Walt Disney Productions, 1940. [No Brasil: *Pinóquio*.]

Donner, Richard; Richard Lester (diretores). *Superman II*. Burbank, CA: Warner Bros. Pictures, 1980. [No Brasil: *Superman II – A Aventura Continua*.]

Fellini, Federico (diretor). *8 1/2*. Culver City, CA: Columbia Pictures, 1963. [No Brasil: *Oito e Meio*.]

_____. *La Dolce Vita*. Nova York: Koch-Lorber Films, 1960. [No Brasil: *A Doce Vida*.]

Fleming, Victor (diretor). *The Wizard of Oz*. Beverly Hills, CA: Metro-Goldwyn--Mayer, 1939. [No Brasil: *O Mágico de Oz*.]

Hodges, Mike (diretor). *Flash Gordon*. Universal City, CA: Universal Studios, 1980. [No Brasil: *Flash Gordon*.]

Jackson, Peter (diretor). *The Fellowship of the Ring. Part 1 of The Lord of the Rings trilogy*. Los Angeles: New Line Cinema, 2001. [No Brasil: *A Sociedade do Anel, Parte 1 da trilogia O Senhor dos Anéis*.]

Lachowski, Andy e Larry Lachowksi (diretores). *The Matrix*. Burbank, CA: Warner Bros. Pictures, 1999. [No Brasil: *Matrix*.]

Lucas, George (diretor). *Star Wars*. Episodes I-VI. San Francisco: Lucasfilm, 1977, 1980, 1983, 2002, 2005, 2008. [No Brasil: *Star Wars*.]

Senensky, Ralph (diretor). "This Side of Paradise." *Star Trek* (Série Original). Criador e produtor: Gene Roddenberry. Los Angeles: Desilu Productions, 1967. [No Brasil: *Star Trek*.]

Shyamalan, M. Night (diretor). *Unbreakable*. Burbank, CA: Touchstone Pictures, 2000. [No Brasil: *Corpo Fechado*.]

Músicas

The Doors. *The Doors*. Burbank, CA: Elektra Records, 1967.

The Jimi Hendrix Experience. *Are You Experienced?* Londres: Track Records, 1967.